KB033860

부는 어떻게 완성되는가

부동산 세금 편

부는 어떻게 완성되는가

부동산 세금 편

고경남 지음

BM 황금부엉이

머리말

　몇 년간 주택 시장은 크게 요동쳤다. 누구도 상상할 수 없을 정도의 가격 폭등은 지금이 아니면 주택을 영원히 사지 못할 것이라는 불안 심리를 자극했다. 부동산 가격은 불안한 심리에 비례한다고 한다. 가격은 끊임없이 올라 정점을 찍었다.

　시장의 흐름을 감당할 수 없었던 당시 정부는 부동산 대책을 펼치기 시작했다. 2017년 8·2 부동산 대책을 시작으로 하루가 멀다고 다양한 정책이 쏟아져 나왔다. 그 부동산 대책들의 중심에 바로 세금이 있었다.

이제는 아무런 계획 없이 주택을 팔았다가는 매도 이익의 반 이상을 세금으로 낼 수도 있는 상황이 만들어졌다. 세금이 두려워 팔지 않으려다 보니 보유세가 무거워지기 시작했다.

시장 상황에 맞춰 집을 팔려는 움직임이 시작됐지만 금리 상승 등의 여러 이슈로 인해 거래가 쉽지 않아졌다. 몇 년 동안 폭등한 주택 시장이 이제는 하락 전환되면서 거래 절벽이라는 상황에까지 놓이게 됐다. 이러지도 저러지도 못하는 현실이 된 것이다. 그렇다고 가만히 있을 수는 없다. 재산을 불리기 어렵다면 지켜내기 위한 싸움을 해야 한다.

정책은 항상 시장의 흐름보다 한 발자국 뒤에서 따라온다. 일례로 주택 가격이 폭등하니 양도세를 더 많이 부과했다. 즉, 시장의 변화에 따라 세금 정책이 바뀌는데 이 변화의 흐름을 따라가지 못한다면 내 재산을 지키기가 어려운 세상이다.

"집을 팔려고 해도 세금이고, 가지고 있어도 세금입니다. 어떻게 해야 절세할 수 있을까요?"

상담을 진행하면서 가장 많이 받는 질문이다. 이 질문은 내 재산에 대해 무책임한 자세를 보여준다. 의사결정을 위한 선택지가 전혀 포함되어 있지 않기 때문이다. 질문의 시작은 '세금이 부과되지 않는 상황이란 없다'에서 출발해야 한다. 그리고 양도, 보유, 증여 등 다양한 선택지 중 내게 맞는 최적의 세금을 찾아내는 방법을 요구할 줄 알아야 한다.

부의 완성은 세금에 있다. 내 주머니에 들어오는 세후 수익만이 나의 순자산을 증가시켜주는 역할을 한다. 특히 덩치가 큰 부동산이라면 더욱 간과할 수 없다. 부를 만들기 위한 투자가 첫 번째 단계라면 최소한의 세금으로 그 부를 온전히 지키는 것이 마지막 단계다.

독자가 내게 맞는 최적의 세금을 찾는 데 도움을 주고자 이 책을 집필했다. 1장부터 5장까지는 주택 등의 취득, 보유, 양도에 대한 솔루션을, 6장과 7장에서는 부동산 전반에 걸친 증여 또는 상속에서 세금을 줄이는 기술을 담았다. 세금이라는 딱딱한 주제가 쉽게 다가갈 수 있도록 실제 다양한 상담 사례를 접목했다. 이 상담 사례들이 독자 스스로 필요한 세금전략을 세우는 데 큰 도움을 줄 것이다.

Tax Planning(세금전략)이라고 해서 세금을 직접 계산할 수 있어야 하는 것은 아니다. 정확한 세금 계산은 전문가의 영역이다. 올바른 방향만 잡고 있어도 세금은 반으로 줄어들 수 있다.

피할 수 없는 세금이라면, 제대로 알고 파헤칠 줄 알아야 한다. 이 책을 통해 단순히 절세 기술만을 알게 되는 것을 원치 않는다. 이 책을 보는 독자가 세금에 접근하는 올바른 방법을 찾을 수 있도록 노력한 만큼, 최선의 방향을 안내하는 나침반이 되길 바란다.

3장 택스 플랜 _ 보유

4장 택스 플랜 _ 양도

5장 택스 플랜 _ 유사주택

6장 택스 플랜 _ 증여

7장 택스 플랜 _ 상속

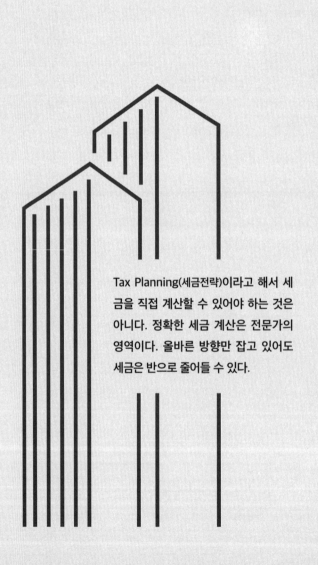

Tax Planning(세금전략)이라고 해서 세금을 직접 계산할 수 있어야 하는 것은 아니다. 정확한 세금 계산은 전문가의 영역이다. 올바른 방향만 잡고 있어도 세금은 반으로 줄어들 수 있다.

1장

피할 수 없는 세금,
제대로 알고 파헤치자

01

주택에 따라오는
세금 5대장

우리가 처음 접하는 일을 하고자 할 때 가장 먼저 무엇을 할까? 단연코 '정보 수집'일 것이다. 컴퓨터를 처음 사는 사람은 어떤 컴퓨터가 나에게 적합한지, 골프채를 구매하는 사람은 나에게 가장 좋은 골프채가 무엇인지 검색 등을 통해 알아보는 것처럼 말이다.

주택을 취득할 때도 마찬가지다. 어쩌면 그 어떤 일보다도 더 정확하고 정교한 정보들이 필요하다. 따져볼 것도 많다. 일상생활의 이동 경로와 맞는 위치인지, 가구원 수에 적합한 크기인지, 대출이 필요하다면 대출이 가능한 금액은 얼마인지, 그리고 어떤 세금이 발생하는지와 같이 많은 내용을 준비하고 공부해야 한다. 그런데 지금까지 상담을 해보면 대부분 세금을 미리 파악하고 준비한 경우를 찾아보기 어려웠다.

자산이 늘어나는 것이 제일 중요하지만 불필요한 비용을 줄이는 것 역시 자산관리의 핵심임에도 세금은 언제나 뒷전이다. 공격이 있으면 방어가 있듯이, 수익의 증가와 비용의 감소가 조화를 이뤄야 완벽한 자산관리를 할 수 있음을 명심해야 한다.

그렇다면 이 책에서 중점적으로 다루고자 하는 주택에 따라오는 세금에는 어떤 것들이 있을까?

취득세

주택을 취득하면서 가장 먼저 따라오는 세금은 '취득세'다. 주택의 소유과정 중 시작단계와 함께하는 세금이기 때문에 처음부터 관심을 가져야 한다.

취득세는 과거 취득세와 등록세가 합쳐진 세금으로 2011년부터 통합되어 운영되고 있다. 따라서 취득세에는 기존 등록세가 합쳐져 부과된다고 보면 된다.

'세금'이란 단어를 들었을 때 가장 궁금한 내용은 무엇일까? 결국 '내가 내야 할 세금은 얼마인가?'이다. 얼마의 세금을 내야 하는지 알기 위해서는 몇 퍼센트(%)가 어떤 금액에 곱해지는지 알아야만 한다. 여기서 퍼센트(%)는 세율, 그리고 세율이 곱해지는 금액은 과세표준이라고 한다.

서울에 있는 아파트를 10억 원에 취득했다면 납부해야 할 취득세는 얼마일까? 누구나 쉽게 계산해볼 수 있다. 앞에서 언급한 2가지만 확인하면 된다. 세율과 과세표준이다.

세율은 취득하는 아파트의 가격이 얼마인지에 따라 1~3%로 구분된다. 아파트 가격이 6억 원 이하라면 1%, 6억 원 초과이면서 9억 원 이하라면 대략 1~3% 사이(의 금액에 따른 비례세율), 9억 원을 초과하면 3%의 세율이 적용된다.

이 세율이 곱해지는 과세표준은 어떤 금액일까? 10억 원인 아파트를 취득하는 과정을 (아파트를 파는) 매도인과 (아파트를 사는) 매수인이 존재하는 매매 거래라고 부른다. 이 매매 거래에서의 과세표준은 아파트를 취득하기 위해 실제로 지급한 금액이 된다. 즉, 매수금액 10억 원이 과세표준인 셈이다.

계산은 아주 간단하다. 아파트를 취득하기 위해 지급한 10억 원의 과세표준에 9억 원을 초과할 때 적용되는 3%의 세율을 곱하면 취득세 3,000만 원이 나온다. 물론 이 금액에 농어촌특별세와 지방교육세가 추가로 붙지만 취득세만 계산한다면 크게 어렵지 않다는 것을 알 수 있다.

취득세는 주택을 취득할 때 필요한 자금이기 때문에 주택 구입 비용에 포함해서 고려해야 하는 필수항목이다. 적은 금액이라고 볼 수 없어서 주택 구입을 계획 중이라면 반드시 알고 있어야 하는 세금이다.

재산세 및 종합부동산세

자동차를 갖고 있지만 평소 운전을 많이 하지 않는다고 해도 1년에 두 번 세금고지서를 받는다. 바로 자동차세다. 자동차를 소유하고만 있어도 세금고지서가 날라온다.

주택도 마찬가지다. 우선, 주택을 소유하고 있다는 이유만으로 납부해야 하는 세금인 '재산세'가 있다. 말 그대로 재산이 있기 때문에 내야 하는 세금이다. 자동차세는 연납신청을 통해 1년 치를 한꺼번에 납부하면 약 6.4%(2023년 기준) 세금을 할인받을 수 있지만 안타깝게도 재산세에는 이런 제도가 없다.

재산세는 매년 6월 1일을 기준으로 주택을 소유하고 있는 사람이 납부해야 한다. 일반적으로는 재산세액의 반을 7월 16일부터 7월 31일까지, 나머지 반을 9월 16일부터 9월 30일까지 내는데, 납부할 재산세액이 20만 원 이하라면 7월에 금액 전체를 한 번에 납부하면 된다.

그런데 여기서 끝이 아니다. 주택을 소유하는 것만으로 내야 하는 세금이 하나 더 있다. 바로 '종합부동산세'다. 종합부동산세(이하 '종부세')는 재산세가 부과된 주택 중에서 가격이 일정 금액 이상을 넘는 주택에 부과하는 세금이다.

그동안 종부세는 '납부하는 사람만 납부하는 세금'이었다. 주변에서 종부세를 납부하는 사람을 흔히 볼 수 없었다. 그런데 최근 몇 년 사이에 주택 가격이 많이 오르다 보니 예전보다 많은 사람이 종부세를 걱정해야 하는 시대가 됐다.

재산세를 한 번 냈음에도 불구하고 또 내야 하는 세금이라 종부세를 납부할 때는 납부한 재산세 대부분을 차감해주기는 한다. 하지만 워낙 금액이 커 미리 대비하고 준비해야만 하는 세금이다. 주택을 팔아 이익이 났거나 월세를 받아 소득이 생겨 납부해야 하는 일반적인 세금이 아니다. 손에 쥘 수 있는 소득이 없어도 부과되는 세금이란 점에서 자칫 놓쳤다간 세금고지서를 받고 놀랄 수도 있다.

주택임대소득세

노후 대비를 위한 재테크 수단으로 최근 각광받고 있는 상품은 연금이다. 장기 투자를 통해 노후소득을 보장하는 방법으로 주목받고 있다. 하지만 연금상품이 인기가 많다고 해도 부동의 1

위는 월세소득이다. 특히 대한민국에서 월세소득은 큰 노동력을 들이지 않더라도 일정 수익이 보장되는 소득으로 누구나 가장 선호하는 수익 창출 수단이다. 하지만 소득이 있으면 세금이 따라오는 법, 월세소득에도 세금은 부과된다.

소득세의 일종으로 주택을 임대해서 버는 소득에는 주택임대소득세가 부과된다. 주택임대소득세는 보통 주택을 1채만 보유한 사람에게는 부과하지 않는다. 처음부터 임대할 목적으로 주택을 취득해서 1채만 보유하고 있다면 크게 걱정하지 않아도 되는 세금이다. 일반적으로 주택을 2채 이상 소유한 사람이 1채를 임대했을 때 발생한다. 그런데 주택을 1채만 보유하고 있어도 일정 금액 이상의 고가주택이라면 주택임대소득세를 내야 할 수도 있다.

2018년까지는 연간 2,000만 원 이하 금액이라면 소액으로 보고 과세하지 않았다. 월세로 따져보면 160만 원 정도의 금액이다. 그런데 2019년부터는 금액에 상관없이 주택임대소득이 있기만 하면 세금을 신고하고 납부해야 하는 것으로 법이 바뀌었다.

또한, 이전에는 주택 월세 좀 받는 것이 무슨 사업이냐며 사업자 등록을 하는 사람이 거의 없었다. 이제는 사업자 등록이 의무사항이다. 부동산 임대업을 하는 사업자와 마찬가지로 세무서에 사업자 등록을 반드시 해야 한다. 사업자 등록을 하지 않으면 2020년부터 가산세가 부과됐기 때문에 주의해야 한다.

주택임대소득 과세가 무서운 이유는 단순히 소득에 대한 세금 납부만으로 끝나지 않고 건강보험료에까지 영향을 미치기 때문이다.

소득이 없거나 적은 사람들 중에서 건강보험료를 직장가입자인 자녀 등의 밑으로 등재한 사람이 많다(이를 건강보험 피부양자라고 한다). 생활비 목적의 월세소득자들은 보통 피부양자에 해당해 건강보험료를 내지 않았다. 하지만 사업자 등록을 하고 사업소득이 발생하면 건강보험 피부양자 자격을 박탈당할 수 있다. 그래서 주택임대소득이 발생한다면 건강보험료까지 고려해야만 한다.

양도소득세
nnnnnnnnnnnnnnnnnnn

처음 주택을 취득할 때 다양한 계획을 세우고 여러 정보를 수집했던 것처럼, 마지막으로 보유하던 주택을 처분할 때도 충분한 계획을 세우고 세밀한 준비를 해야 한다.

주택의 가장 큰 목적은 주거지 제공이다. 따라서 1채의 주택을 보유하다 팔면 주거 이전의 자유를 보장하기 위해서 일정 금액까지는 세금을 부과하지 않는 비과세제도가 있다. 일정 금액을 넘어도 물가 상승률 감안의 개념으로 오래 보유해온 만큼 세금을 줄여주는 혜택도 받을 수 있다. 이를 장기보유 특별공제라고 한다.

그런데 현재 양도소득세 비과세규정은 단순히 1채의 주택만 보유하고 있다고 해서 적용받을 수 있는 혜택이 아니다. 주택을 취득한 시점과 지역에 따라 해당 주택에서 실제 거주 여부를 따지기도 한다. 또, 장기보유 특별공제도 단순히 보유한 기간으로만 계산하는 것이 아니라 실제로 거주를 얼마만큼 했는지에 따라 혜택의 크기가 달라진다. 그 주택이 정말 주거를 위해 사용되었는지를 판단하는 것이다. 이제는 장기보유 특별공제가 아니라 장기보유 거주 특별공제라고 이름까지 바꿔야 정확하다.

*

'집 1채인 사람은 팔아도 세금이 없다며?'라고 안일하게 생각하는 사람이 주변에 꽤 많다. 이 중에는 세금이 없어서 신고하지 않는 경우가 많은데 나중에 비과세가 아니어서 가산세까지 추가로 내는 모습을 종종 본다. 1주택도 1주택 나름이라는 것을 기억하고 내가 비과세 혜택을 받을 수 있는 진짜 1주택자인지를 판단할 수 있는 능력이 있어야 한다.

이처럼 주택 취득을 계획하고 있다면 취득함과 동시에 어떤 세금들이 다가올지 미리 파악하고 있어야 적절하고 합리적인 절세법을 찾을 수 있음을 명심해야 한다.

02

매년 7월,
세법 예고편에 집중하자

한 드라마에 푹 빠져 있다 보면 본편이 끝나고 나오는 다음 화 예고편을 놓치지 않으려고 애를 쓰곤 한다. 영화가 끝난 뒤, 엔딩 크레딧(영화 등의 작품에서 끝나고 나서 자막으로 나오는 출연진, 제작진 등의 명단)이 다 올라갈 때까지 앉아 있는 사람을 보기도 한다. 드라마 다음 화 예고편처럼 영화 후속작의 예고편이 담겨 있는 쿠키 영상을 보기 위해서다.

우리는 이 예고편을 보고 다음에 나올 내용을 나름대로 예상하고 기대하면서 이후 이야기를 상상하기도 한다. 한 번쯤은 다들 이런 경험이 있을 것이다.

세금도 비슷한 형태를 갖고 있다. '세금을 납부한다'는 개인의 소득이나 재산 일부를 국가에 제공하는 행위다. 이렇게 모인 세금으로 국가는 국민의 안녕을 위해 여러 방면에 사용하고 있다. 그런데 내게만 특별하게 이익이나 혜택이 주어진다고 생각이 들지는 않아서 누구나 세금에 거부감이 있을 수밖에 없고, 이 거부감이 나름 당연하다고 생각한다. 그래서 세금은 정해진 규칙에 근거해서 합리적인 방법으로 모두가 납득할 수 있게 징수해야 한다.

이 세금을 징수하는 규칙을 정해놓은 것이 '세법'이다. 세법도 항상 완벽할 수는 없어서 여타 법들과 마찬가지로 개정을 하며 고쳐나간다. 단, 조금 다른 점이 있다. 개정이 자주 일어난다는 점이다.

국가는 세법이 개정될 때 변경 내용을 항상 국민에게 알려야 하는 의무가 있다. 변경 내용을 '세법 개정안'이라고 하는데 드라마나 영화의 예고편과 같다고 보면 된다. 세법이 어떤 식으로 바뀔지 미리 안내해주는 절차다. 드라마나 영화의 예고편을 보고 다음 편을 예상하듯, 세법 개정안을 보고 내가 내야 하는 세금이 어떻게 바뀔지 예상할 수 있다. 그리고 예상에서 끝날 것이 아니라 생각하고 계획을 세워야 한다.

세금을 많이 낸다고 좋아하는 사람을 본 적이 있을까? 아마 흔치 않을 것이다. 세금은 법에서 허용하는 한 최대한 적게 내야 한다. 왜? 법에 근거해 최소한으로 세금을 내는 것은 탈세도 아니고 절세도 아니다. 그것이 바로 국민이 정한 합리적인 방법으로 내는 진짜 세금이기 때문이다. 이 합리적인 방법을 알지 못하고 미리 계획하지 않았기 때문에 정작 납부해야 하는 세금을 맞이했을 때 당황하고 당혹스러운 것이다.

세금은 어떤 행동을 완료하고 난 뒤에는 바꿀 수 없다. 예를 들어, 부동산 매매 계약을 체결하고 잔금까지 다 치른 후에는 정해진 금액을 납부하는 방법 외에는 줄일 수 있는 수단이 존재하지 않는다. 그래서 부동산 매수 및 매도 계획을 세울 때는 반드시 세금을 포함해야 한다.

세법 개정안은 보통 매년 7월 말에서 8월 초 사이에 발표된다. 기획재정부 홈페이지에 접속하면 누구나 쉽게 찾아볼 수 있다. 여기서 중요한 포인트가 있다. 개정안이 발표됐다고 발표된 날부터 세법이 바로 바뀌지 않는다는 점이다. 정부가 세법 개정안을 발표하고 난 뒤에는 다양한 의견 수렴과정과 관계기관과의 협의 등을 거친 후 국회 본회의를 통과해야 한다. 그런 다음에야 변경된 세법이 적용된다.

일반적으로 12월에 국회 본회의를 통과하고 다음 연도부터 바뀐 세법이 시작된다. 때로는 1~2년 정도 일정한 유예기간을 주고 바뀐 세법이 시작되기도 한다. '세법 개정안이 발표되고 시행하기 전까지'의 기간 동안 많은 계획을 세울 수 있다. 이 계획을 얼마나 잘 세우느냐에 따라 세금이 억 단위로 달라질 수도 있다.

2021년 7월쯤, 상가주택 매도와 관련해서 필자에게 상담을 요청한 고객이 있었다(1층 또는 1층, 2층을 상가로 사용하고 그 위층은 주거용인 주택으로 사용하는 건물을 상가주택이라고 한다). 전체 층수가 4층이며 2층까지는 상가로, 3층과 4층은 고객이 직접 거주하는 주택으로 사용하고 있었다. 이 상가주택을 매수하려는 사람이 나타났는데 가격이 조금씩이지만 계속 오르고 있어 당장 팔기를 아쉬워했다. 매도할 계획은 있었지만 1~2년 정도 더 갖고 있다가 가격을 더 올려서 팔고 싶은데 언제쯤 파는 것이 좋을지 조언을 얻으려는 상담이었다. 결과적으로 상담을 마치고 간 고객은 매수자와 계약을 체결했고 세금은 합리적인 수준의 금액으로 약 7,000만 원을 납부했다.

상가주택은 상가로 사용하는 부분과 주택으로 사용하는 부분의 세금을 따로 계산하는 것이 원칙이다. 단, 1세대 1주택자이면서 주택으로 사용하는 면적이 상가로 사용하는 면적보다 크면 전체 건물을 1주택으로 취급해 1주택자 양도소득세 비과세와 최대 80%의 장기보유 특별공제를 받을 수 있다.

20년 이상을 실제 주거용으로 사용한 건물이었기 때문에 취득 당시 금액과 매도할 금액 간의 차이가 상당했는데 주택 면적이 상가 면적보다 커 1주택자로서 받을 수 있는 혜택을 상가 면적을 포함한 건물 전체에 받을 수 있어 세금이 많이 나오지 않았다.

그렇다면 왜 1~2년 더 보유한 뒤 더 높은 가격에 팔지 않았을까? 2022년부터 법이 바뀌었기 때문이다. 2019년 세법 개정안에는 고가의 상가주택 양도소득세를 계산할 때 주택으로 사용하는 면적이 상가로 사용하는 면적보다 크더라도 실제 주택으로 사용하는 면적만을 주택으로 보겠다는 내용이 포함되어 있었다. 해당 내용은 국회를 통과했고 2년의 유예기간을 둔 후 2022년 1월 1일부터 시행됐다. 만약 고객이 가격을 조금 더 올려받겠다는 이유로 2022년 1월 1일 이후에 팔았다면 똑같은 가격이었다고 해도 납부해야 하는 세금은 3억 2,000만 원 정도가 된다. 가격을 더 높여 받지도 못하면서 세금은 약 2억 5,000만 원이나 더 내야 하는 상황이 벌어질 수 있었다.

이렇듯 세법 변화의 예고편인 세법 개정안은 우리에게 충분히 생각하고 합리적인 의사결정을 할 수 있도록 안내해준다. 복잡한 세금을 직접 계산하고 신고서를 만들 줄 알아야 하는 것은 아니다. 나만의 세금 방향성을 세울 줄 알아야 한다는 것이 핵심이다.

내 몸에 맞게 맞춰 입는 비스포크(Bespoke) 정장이 있다. 기성복이 아닌 오로지 내 취향에 맞는 색상, 디자인, 크기 등을 정해 원하는 스타일로 제조하는 방식이 이제는 냉장고, 청소기 등 가전제품에까지 널리 활용되고 있다. 세금에도 비스포크가 필요하다. 방대한 세법이 존재하지만 내게 해당하는 세법만 정확히 알고 있으면 된다. 납세의 의무가 국민의 의무인 것처럼 세법을 정확하게 활용하는 것은 국민의 권리다. 앞으로 발생할 세금을 정확히 파악하고 미리 계획하는 자세가 내 재산을 지키고 불릴 수 있는 유일한 방법임을 기억해야만 한다.

2장

택스 플랜 _ 취득

01

취득세 종류부터
파악해보자

주택을 취득하면 취득세를 납부해야 한다. '취득'이란 단어를 보면 당연히 '구입'이란 단어가 생각날 것이다.

주택을 취득하는 방법이 과연 돈을 주고 구입하는 방법만 있을까? 그렇지 않다. 주택을 취득하는 방법, 즉 주택 취득유형에는 대표적으로 3가지가 있다. 대가를 지불하고 매수하는 매매 취득, 대가를 지불하지 않고 무상으로 취득하는 증여 취득, 그리고 가족 중 누군가의 사망으로 인해 취득하는 상속 취득이다. 주택의 취득세는 취득원인에 따라 납부할 취득세 금액이 달라진다. 취득세율이 달라지기 때문에 그렇다.

무주택자가 1주택을 매매해 취득할 경우 취득세율은 1~3%가 적용된다. 상가 등의 취득세율이 4%라는 점에서 볼 때 다소 낮은 세율에 속한다.

1~3%라는 세율의 범위는 주택을 취득할 때 지불하는 실거래금액에 따라 달라진다. 실거래금액을 총 3구간으로 나누는데 6억 원 이하까지는 1%가, 9억 원을 초과하면 3%가 적용된다. 그럼 6억 원을 초과하고 9억 원 이하인 금액에는 몇 %의 세율이 적용될까? 이때는 1%나 3%와 같이 단일세율이 적용되지 않고 실거래금액에 맞춰 비례세율이 적용된다. 따라서 금액 크기에 따라 1~3% 사이의 세율이 적용되는데 계산식으로 살펴보면 다음과 같다(소수점 5번째 자리에서 반올림).

(주택 취득 실거래금액×2/3억 원−3)×1/100

원래는 6억 원을 초과하는 주택에도 2%의 단일세율이 적용됐는데 2020년부터 개정을 통해 금액에 비례하게 좀 더 합리적으로 변경됐다. 예를 들어, 7억 원인 주택을 취득한 경우에는 1.6667%의 취득세율이 적용되어 기존 2%에 비해 더 적은 금액을 납부할 수 있게 됐다. 반대로 8억 원인 주택을 취득한 경우에는 2.3333%가 적용되니 법이 개정되기 전보다 더 많은 세금을 납부하는 셈이 된다.

만약 부부가 공동명의로 아파트를 구입한다면 과세표준은 어떻게 결정해야 할까? 각각 취득하는 금액을 기준으로 정하는 것일까? 예를 들어, 부부가 구입하는 아파트 가격이 10억 원이라면 각자 5억 원에 해당하는 취득세율 1%가 적용되는 것일까? 그렇지 않다.

취득세는 전체 구입 가격을 기준으로 세율을 정한다. 5대 5인 공동명의로 아파트를 구입해도 1~3%의 매매 취득세율을 결정할 땐 전체 구입 가격을 기준으로 한다. 따라서 구입 가격 10억 원에 3%의 취득세율을 적용해 계산하고 해당 취득세를 각각 50%씩 납부하는 구조다.

대가를 지불하지 않고 취득하는 증여 취득이나 상속 취득을 무상 취득이라고 부른다. 쉽게 표현해서 공짜로 취득하는 것을 의미하는데 이때는 1~3%가 적용되는 매매 취득세율과 세율이 다르다. 증여로 주택을 취득할 때는 3.5%, 상속으로 취득할 때는 2.8%의 세율이 적용된다.

취득세에는 농어촌특별세와 지방교육세가 따라붙는다. 비중이 크지 않지만 정확한 취득세를 계산할 때 꼭 알아야 하는 세금이다. 농어촌특별세, 줄여서 농특세는 국민주택 규모인 주거 전용면적이 85㎡를 초과하는 주택에 부과된다. 보통 대형 평수의 주택이 해당한다. 농특세와 지방교육세를 포함하면 매매 취득세율은 1.1~3.5%, 증여 취득세율은 3.8~4%, 상속 취득세율은 2.96~3.16%가 된다.

매매로 취득하는 주택의 경우 실거래금액을 과세표준으로 계산하면 취득세를 쉽게 알 수 있지만 증여나 상속의 경우 실제 돈을 지불하고 주택을 취득하지 않아 실거래금액이 없다. 그럼 '세율이 곱해지는 과세표준은 어떤 금액으로 삼아야 할까?'라는 의문이 든다. 그동안 무상 취득을 원인으로 하는 증여나 상속은 공시 가격을 과세표준으로 했었다. 공시 가격이란 무엇인가? 단어가 의미하는 뜻 그대로 공개적으로 알려진 금액을 말한다. 국토교통부에서 해마다 감정을 통해 공표하고 있다. 국토교통부에서 운용하는 부동산 공시 가격 알리미 홈페이지(www.realtyprice.kr)에 들어가서 주소만 입력하면 아주 손쉽게 확인할 수 있다.

부모가 소유하던 주택을 증여해준다고 한다. 가장 먼저 확인해야 할 내용은 무엇일까? 부동산 공시 가격 알리미 홈페이지에 들어가서 공시 가격부터 확인해야 한다. 증여받을 주택이 단독주택이라면 '개별 단독주택 공시 가격'을 확인하고, 아파트라면 '공동주택 공시 가격'을 확인하면 된다.

그런데 2023년부터 취득세 과세표준이 달라졌다. 상속은 기존과 동일한 방식으로 계산하지만, 증여로 인한 취득은 이제 공시 가격을 사용하기 어렵다. 실제 증여받는 금액, 즉 증여세를 신고할 때의 증여금액을 기준으로 취득세를 계산하도록 변경됐다. 주택의 증여금액은 일반적으로 공시 가격보다 높은 경우가 많다. 따라서 앞으로 증여로 인한 취득 관련 취득세는 2023년 이전보다 대부분 더 많이 내야 하는 구조가 됐다고 볼 수 있다. 이러한 취득세 개정안은 통과 이후 1년간의 유예기간을 주었다. 그래서 세금에 관심이 있는 사람이었다면 2023년이 되기 전에 미리 증여해서 취득세를 더 많이 내지 않았을 것이다.

취득세 납부에도 혜택은 존재한다

취득세를 신고·납부기한까지 제때 내지 않으면 가산세까지 추가로 부담해야 한다. 무신고 가산세 20%에 납부 지연 가산세가 1일에 0.022%씩 붙는다. 납부 지연 가산세를 1년으로 따지면 8.03%로 상당히 큰 금액이다.

언제까지 신고와 납부를 해야 할까? 취득 원인별로 기간에 차이가 있다. 매매 취득은 취득일로부터 60일 이내, 증여 취득은 증여일이 속하는 달의 말일부터 3개월 이내, 상속 취득은 상속 개시일이 속하는 달의 말일부터 6개월 이내다. 매매 취득일은 계약서상 잔금 지급일을 말한다. 단, 잔금을 치르기 전에 소유권 이전 등기를 한다면 등기일이 취득일이 된다. 증여일은 증여 계약일, 그리고 상속 개시일은 사망일을 뜻한다. 보통 법무사가 취득세 납부와 소유권 이전 등기를 같이 처리해주는데 셀프 등기를 하는 사람들은 신고·납부기한을 놓치지 않도록 반드시 주의해야 한다.

주택 가격은 억 단위를 넘기 때문에 사실 납부해야 하는 취득세도 만만치 않다. 한때 '영끌'이라는 단어가 유행했었다. 주택 가격이 급상승하다 보니 너도나도 주택을 사는 데 혈안이 되어있던 시절에 나온 신조어다. 오죽하면 샤넬 백과 집값은 오늘이 가장 싸다는 말까지 나왔을까…. 그러다 보니 영혼까지 끌어모은다는 '영끌'로 주택을 구입하는 사람이 많았다. 저축한 금액과 각종 대출까지 모두 합쳐 내가 가용할 수 있는 자금을 전부 주택 구입에 사용하는 행위를 뜻하는데 가끔 주택 구입에 돈을 다 써버리는 바람에 취득세를 낼 돈이 수중에 남지 않는 경우를 본다. 이런 불상사가 생기면 안 되기 때문에 주택과 관련한 계획을 세울 때 항상 세금을 빼먹지 말아야 한다.

세금 납부 시 혜택을 얻고 싶다면 신용카드로 내는 것이 있다. 취득세를 현금으로 내야 한다는 법은 어디에도 규정되어 있지 않다. 국세를 신용카드로 납부할 때는 수수료가 발생하지만 지방세에 속하는 취득세를 납부할 때는 수수료가 없다. 각종 신용카드 이벤트도 다양하다. 일반적으로 포인트 적립 등에서는 제외되지만 실적으로 인정해주는 카드사가 많다. 실적을 채우면 여러 혜택이 주어지기도 한다. 또한, 신용카드 할부제도를 이용하는 것도 하나의 방법이 된다. 신용카드 이자가 발생할 수도 있지만 많은 카드사가 무이자 할부 이벤트를 진행하고 있다. 금액이 크기 때문에 카드 한도에 걸릴 수 있으니 미리 특별 한도를 신청해놓으면 좋다. 특별 한도를 사용하지 않고 여러 장의 카드를 사용하는 것도 생각해볼 수 있는 대안이다.

　납부하기 싫은 세금이라도 납부해야만 한다면 조금이나마 내게
이득이 될 수 있는 점을 부지런히 알아보는 것이 현명한 자산관리의
초석이 된다.

02

다주택자는
취득세가 12배

주택 가격의 상승이 세금 전반에 엄청난 영향을 줬다. 다양하고 복잡한 부동산 대책이 발표될 때마다 세제 개편은 항상 포함되어 있었다. 취득세도 예외는 아니었다.

취득세를 높이면 주택을 취득할 때부터 세금 부담이 커져 수요가 줄어들 것이라는 기대였을까? 두 번에 걸쳐 변화가 있었다.

2020년 1월 1일부터 4주택 이상 보유자에게만 1~3%의 주택 취득세율을 적용해주지 않았지만 채 1년도 지나지 않아 대폭 수정됐다.

다주택자 취득세 세율 인상은 2020년 7월 10일에 발표된 부동산 대책을 골자로 한다. '7·10 대책'이라 부르는데 주택을 1채 보유하고 있는 사람이 추가로 주택을 취득해 2주택자가 되면 다주택자로 분류된다. 따라서 2주택자부터 취득세율이 인상되는데 이를 취득세 중과라고 표현한다. 1주택자가 적용받는 1~3% 저율의 취득세가 아니라 고율의 취득세를 납부해야 한다.

주택 취득세율 중과는 조정대상지역이 포인트다. 조정대상지역은 주택 가격, 청약 경쟁률, 분양권 전매량 및 주택 보급률 등을 고려했을 때 주택 분양 등이 과열되어 있거나 과열될 우려가 있는 지역을 말하며 국토교통부 장관이 지정한다. 몇 년 사이에 수도권을 중심으로 대부분 지역이 조정대상지역으로 지정됐었는데 지금은 부동산 경기 하락의 이유 등으로 대부분의 지역이 해제됐다.

현재 적용되고 있는 다주택자 취득세율 중과는 조정대상지역 내 주택을 매매로 취득해 2주택자가 되거나 비조정대상지역 내 주택을 취득해 3주택자가 되면 8%, 조정대상지역 내 3주택자가 되거나 4주택 이상 보유자가 되면 12%의 세율로 과세되는 것을 말한다. 실거래금액을 구분하지 않기 때문에 매매 취득세율 중 가장 저율인 1%와 비교해보면 최대 12배 이상 차이가 나는 셈이다.

여기에 농어촌특별세와 지방교육세를 포함하면 조정대상지역 내 2주택자, 또는 비조정대상지역 내 3주택자는 8.4~9%, 조정대상지역 내 3주택자 또는 4주택 이상 보유자는 12.4~13.4%까지 세율

현행 다주택자 취득세 중과 세율

구분	1주택	2주택	3주택	4주택 이상
조정대상지역	1~3%	8%	12%	12%
비조정대상지역	1~3%	1~3%	8%	12%

이 올라간다. 2022년 12월 21일에 발표된 '23년 경제 정책 방향'에
는 다주택자 취득세 완화 대책이 포함되어 있었지만, 아직 법안이
통과되지 않아 적용 여부가 미지수다.

지역만 구분해도 취득세는 달라진다

서울 강남구에 주택을 1채 보유하고 있는 A는 서울 송
파구에 추가로 주택을 매수하려고 한다. 매수금액이 10억 원이라면
A는 취득세를 얼마 내야 할까?

서울 중 용산구, 강남구, 서초구, 송파구는 모두 조정대상지역에
해당한다. 즉, 조정대상지역에 주택 1채를 보유한 사람이 조정대상지
역 내 주택 1채를 취득해서 조정대상지역 내 2주택자가 되는 상황이
다. 취득세율은 중과되어 8.4~9%가 된다. 취득하는 주택이 주거 전
용면적 85㎡ 이하인 국민주택 규모라고 한다면 취득세는 10억 원의
8.4%인 8,400만 원이다. 1주택자가 내야 하는 취득세율 3.3%와 비교

해보면 5,100만 원의 차이가 난다. 실로 어마어마한 금액이다.

만약 A가 서울 송파구가 아니라 경기도 성남시 분당구에 있는 주택을 취득한다면 취득세가 달라질까? 2023년 10월 기준으로 분당구는 조정대상지역이 아니다. 취득세율의 중과는 현행법 기준으로 조정대상지역 내 2주택자부터 시작이다. A가 분당구에 있는 주택을 취득한다면 전체 주택은 2채가 되지만 조정대상지역 내 주택은 여전히 서울 강남구에 있는 주택 1채다. 비조정대상지역인 분당구에 있는 주택을 취득했으므로 취득세율 중과가 적용되지 않아 3,300만 원의 취득세만 납부하면 된다.

추가로 예를 들어보겠다. 강남구 외에 송파구의 주택을 매수한 A는 조정대상지역 내 2주택자가 됐다. 주택 가격이 반등하는 시점이라는 판단이 들어 이번엔 서초구의 또 다른 주택을 매수하려고 한다. 이때 취득세는 얼마나 차이가 날까?

3주택자가 된 A의 취득세율은 중과 적용을 받아 12%다. 정확히는 조정대상지역 내 3주택자라고 표현하는 게 맞다.

A는 취득세율을 12%로 알고 자금 운용을 계획해야 한다. 조정대상지역 내 2주택자인 상태에서 동일한 국민주택 규모의 주택을 10억 원에 매수한다면 취득세는 12.4%의 중과세율이 적용돼 1억 2,400만 원이 된다. 10억 원인 주택의 취득세가 주택 가격의 10%를 넘는다. 사실상 적은 돈이 아니라서 다주택자가 선불리 주택 매수를 시도하기란 쉽지 않다. 주택 투자가 목적이라면 투입되는 자금보다

발생하는 수익이 더 커야만 한다. 그러나 상대적으로 투입되는 금액이 수익보다 더 크다면 추가 매수를 하지 않는 것이 현명한 판단이 될 수도 있다.

동일한 상황에서 A가 비조정대상지역(예: 마포구, 성동구 등) 내 주택을 취득한다면 취득세는 줄어들 수 있다. A는 조정대상지역에 주택 2채를 보유하고 있는 2주택자다. 조정대상지역이 아닌 비조정대상지역 내 주택을 추가로 매수한다면 중과는 적용받겠지만 비조정대상지역 내 3주택자의 취득세율로 중과 적용을 받는다. 따라서 이때는 8,400만 원의 취득세를 낸다.

정리를 해보면, 7·10 대책 영향으로 주택의 취득세율이 중과됐고 2020년 8월 12일 이후부터 시행됐다. 매수하는 주택을 포함해서 조정대상지역 내 2주택자가 되거나 주택 수가 3채가 되면 8.4~9%의 취득세율이, 조정대상지역 내 3주택 이상 보유자가 되거나 주택 수가 4채 이상이면 12.4~13.4%의 취득세율이 적용된다. 부동산 거래 안정화를 위해 취득세율 중과제도를 완화하려고 하지만 아직 그 결과는 미지수다.

서울 강남구에 주택을 1채 보유하다가 비조정대상지역에 있는 주택을 취득하기로 계약하고 계약금과 중도금을 지급한 사람이 있다. 잔금을 치르기 전에 신규로 취득하려는 주택의 지역이 갑자기 조정대상지역으로 지정됐다면 조정대상지역 내 2주택 중과 취득세로 납부해야 할까? 다행스럽게도 신규로 매수하는 주택이 계약 당시 비조정대상지역에 있었고 매매 계약 체결과 계약금을 지불한 내용을 객관적으로 증명할 수 있으면, 조정대상지역으로 중간에 지정됐다고 해도 기존의 1~3%의 취득세율을 적용받을 수 있다.

다가구주택과 다세대주택은 다르다

하나의 건물에 여러 가구가 사는 주택을 다가구주택이라고 부른다. 다가구주택을 매수하면 1주택자의 취득세율이 적용될까? 다주택자의 취득세 중과세율일까?

다가구주택의 취득세율을 파악하려면 건축법을 알아야 한다. 건축법에서는 다음 3가지 조건을 모두 만족할 때 다가구주택으로 분류한다.

① 주택으로 쓰는 층수(지하층 제외)가 3개 층 이하일 것. 단, 1층의 전부 또는 일부를 필로티 구조로 해 주차장으로 사용하고 나머지 부분을 주택(주거 목적으로 한정) 외의 용도로 쓰는 경우에는 해당 층을 주택의 층수에서 제외한다.
② 1개 동의 주택으로 쓰이는 바닥면적의 합계가 660m² 이하일 것
③ 19세대(대지 내 동별 세대수를 합한 세대를 말한다) 이하가 거주할 수 있을 것

다가구주택은 건축법상 단독주택으로 분류되기 때문에 1동 자

체가 하나의 주택으로 취급되어 1주택자의 취득세율이 적용된다. 주택을 소유하지 않은 상태에서 다가구주택을 취득한다면 1~3%의 취득세율을 적용받을 수 있다. 단, 3가지 조건 중 하나라도 만족하지 못하면 공동주택으로 분류된다. 공동주택에 해당하면 호수별로 하나의 주택이 되고 다주택을 취득하는 것과 같다.

흔히 다가구주택과 다세대주택을 혼동한다. 건축법상 주택으로 쓰는 1개 동의 바닥면적 합계가 660㎡ 이하, 4개 층 이하인 주택을 다세대주택으로 분류하는데, 호수별로 개별 등기가 되어 있다. 따라서 다세대주택을 취득할 때 한 호수만을 취득하면 주택이 1채 추가되는 것일 뿐이지만, 다세대주택 건물 전체를 취득하면 구분되어 있는 호수별로 주택 수가 늘어나기 때문에 정확히 판단해서 취득세를 예상한 후 매수 계획을 세워야 한다.

주택을 전혀 보유하고 있지 않은 사람이 조정대상지역 내 주택을 건설할 토지를 소유하고 있다. 4층 주택을 신축하려고 하는데 다가구주택에 해당하지 않으니 4주택자의 취득세율로 내야 할까? 세법을 꼼꼼하게 살펴보면 알 수 있는데, 다주택자로서 조정대상지역 내 주택을 추가로 매수 취득할 때만 취득세율이 8%, 12%가 적용된다. 즉, 취득 원인이 매매로 인한 경우에만 적용되는 세율이다. 건축물을 신축할 때는 적용되지 않는 세율이라서 주택 신축 시에는 원시취득세율인 2.8%가 적용된다.

03

다주택 투자자의
주택 취득전략

다주택자 취득세율 중과의 핵심은 주택을 취득하는 당시에 다주택자에 해당하는지 여부다. 주택 수는 개인이 소유하고 있는 주택으로만 판단하는 것이 아니라 1세대를 기준으로 판단한다. 본인이 아닌 세대원이 주택을 소유하고 있다면 해당 주택도 주택 수에 포함해서 다주택자 여부를 판단해야 한다는 뜻이다.

공동으로 주택을 소유하고 있어도 마찬가지다. 주택 일부만 소유하고 있어도 취득세를 판단할 때 1주택자로 취급한다. 세대원이 함께 주택을 공동으로 소유하고 있다면 1세대를 기준으로 주택 1채만을 소유하고 있는 것과 같아서 1주택자가 된다. 따라서 주택 취득전략을 세울 때는 주택 수 판단이 우선되어야 하고, 주택 수 판단을 하기 위해서는 세대를 구분할 줄 알아야 한다.

세대 판단을 잘하면 취득세를 아낄 수 있다

'1세대'란, 주택을 취득하는 사람과 주민등록표에 함께 기재되어 있는 가족을 말한다. 부모와 함께 산다면 부모도 세대에 포함되고, 자녀가 독립하지 않았다면 자녀 역시 세대에 포함된다. 간혹 주택 투자를 하는 사람들이 세대를 분리하기 위해 위장 이혼을 하기도 한다. 단순 동거인은 세대를 구성하는 가족에 포함하지 않지만 이혼을 해도 생계를 같이 하고 있다면 위장 이혼으로 간주해 별도의 세대로 인정해주지 않는다.

위장 이혼과 같이 터무니없는 행동이 아니라면 세대 분리는 주택 수를 줄이는 방법이 될 수 있지 않을까? 부모가 주택 2채를 소유하고 있는 상태에서 자녀가 조정대상지역 내 주택을 매수하려고 하면 3주택자에 해당해 취득세 중과세율을 적용받는다. 이때 자녀가 세대를 분리하고 난 뒤, 주택을 매수하면 자녀 혼자 구성되어 있는 1세대는 무주택세대이기 때문에 동일한 주택을 취득해도 1~3%의 저율 취득세율을 적용받을 수 있다. 별도의 세대를 구성하는 것이

다주택자에서 벗어나는 방법이 된다.

세대를 분리하는 방법은 어렵지 않다. 주거공간을 함께 사용하지 않고 별도의 공간에서 독립적인 생활을 하면 된다. 별도의 공간과 독립적인 생활, 2가지 조건에 모두 해당해야 하는데 이 중 더 중요한 포인트는 독립적인 생활이다.

주택 수를 줄이기 위해 세대를 분리하는 사람들이 자주 범하는 오류가 있다. 첫 번째는 친척 집이나 월세가 저렴한 오피스텔을 임차해서 자녀를 전입 신고할 때 발생한다. 전입 신고를 완료하고 해당 공간에서 독립적으로 생활한다면 세대를 분리했다고 볼 수 있다. 문제는 전입 신고만 하고 실제로는 같이 사는 경우다.

전입 신고가 우선이 되는 것은 맞다. 공적인 장부에 기록을 남기는 행위가 우선 파악되는 자료임은 틀림없다. 하지만 함께 살고 있다면 독립적인 생활을 하고 있다고 볼 수 있을까? 과세관청은 그렇게 허술하지 않다. 다양한 방법으로 별도세대가 아니라는 것을 판단할 수 있다. 공과금 납부금액, 우편물의 주소지, 더 나아가서는 신용카드나 체크카드의 주요 사용처를 수집할 수도 있고 대중교통의 이용 반경을 파악할 수도 있다. 주요 사용처나 이동 반경이 전입된 지역과 차이가 있다면 과세관청은 별도세대로 인정하지 않는다.

두 번째는 전입 신고도 하고 실제로도 따로 살기 때문에 별도세대라고 착각하는 것이다. 하나의 독립된 세대로 인정받기 위해서는 스스로 생계 유지가 가능해야 한다. 생계 유지를 위해서는 당연히 소득활동이 필요하다. 그런데 자녀가 아직 학생이라면 과세관청 입장에서 합리적 의심은 더 커질 수밖에 없다. 소득활동은 더욱 파악하기가 쉽다. 소득이 있는 곳에는 언제나 세금이 있듯이 자녀 이름으로 신고되는 소득이 없다면 자녀 스스로 생계 유지가 가능하다고 볼 수 있을까?

자녀와 세대를 분리하려면 자녀가 독립세대로 인정받을 수 있는 기준을 먼저 파악하고 있어야 한다. 우선, 나이가 중요하다. 별도의 소득이 없더라도 만 30세 이상이면 스스로 독립적인 생활이 가능하다고 인정해주고 있다. 만 30세 이상인 자녀라면 소득 유무를 따지지 않고 세대를 분리해도 문제가 없다는 뜻이다.

만 30세가 되지 않아도 독립적인 세대로 인정받을 수 있는 조건이 있다. 소득활동이 있으면 된다. 소득활동에도 명확한 기준이 존재하는데 국민기초생활보장법에 따른 기준 중위소득의 40% 이상 수입이 있으면 된다. 국민기초생활보장법에서 정의하는 기준 중위소득은 1인 가구를 기준으로 월 2,077,892원(2023년 1월 1일 고시 기준)이다. 1인 기준 중위소득의 40% 이상 수입이 있으면 되니 월 831,157원이 된다. 따라서 만 30세가 되지 않은 자녀라도 평균적으로 직장을 다니고 있다면 독립세대로 인정받기 수월하다. 단, 미성년자가 아르바이트 등을 해서 수입이 있다고 해도 독립세대로 인정받을 수 없다는 점은 기억해두자.

자녀가 대학생이고 방학 동안 아르바이트로 소득이 있다면 별도세대로 인정받을 수 있을까? 이때는 금액과 기간이 중요하다. 예를 들어, 3개월의 방학 동안 400만 원의 소득을 벌었다면 독립적인 생계 유지가 가능하다고 판단할 수 없다. 기준 중위소득은 주택 취득일이 속하는 달의 직전 12개월 동안 발생한 소득을 기준으로 한다. 직전 12개월 동안 발생한 소득이 총 400만 원이면 기준 중위소득을 12개월로 환산한 금액의 40% 이상이 되지 않는다. 즉, 일시적으로 발생한 소득보다는 계속적이고 반복적인 소득을 갖췄을 때 독립세대로 분리하는 것이 현명한 방법이 된다.

반대로 세대 분리가 아닌, 세대를 합치더라도 별도세대로 인정받을 수 있는 기준이 존재한다. 연로한 부모를 동거 봉양하기 위해 세대를 합치는 효자·효녀가 여기 해당한다. 별도세대로 인정되는 자녀가 부모와 세대를 합치더라도 각자 독립된 세대로 여겨 주택 수를 따로 판단한다. 이때 부모의 나이가 중요한데 부모 중 한 사람은 만 65세 이상이어야 한다.

취득세가 중과되지 않는 주택

세법이 모든 상황을 통제할 수는 없다. 늘 그렇듯 취득세 중과에도 예외는 존재한다. 사장이 직원들의 주거환경 제공을 위해 주택을 취득한다고 하자. 직원들의 복지를 위한 일에 취득세가 중과된다면 어떤 사장이 직원 복지를 신경 쓰려고 할까? 물론 직원 임대용으로 주택을 취득한 후 사장이 사용하거나 가족이 사용하면 안 된다.

직원 복지를 위한 목적이 아닌 주택이라도 취득할 때 취득세가 중과되지 않는 주택이 있을까? 주택 가격 상승을 잠재우기 위해 취득세 중과가 시행되자 지방의 주택 매매 거래가 큰 폭으로 상승했다. 그중에서도 저가주택의 매매가 활발하게 이뤄졌는데 그 이유는 취득세 중과와 관련이 있다.

주택을 취득할 때 취득세가 중과되지 않는 주택 중 가장 대표적인 유형이 바로 저가주택이다. 정확히 표현하자면, 시가표준액이 1억 원 이하인 주택을 말한다. 취득세에서 의미하는 시가표준액이란, 부동산 공시 가격 알리미 홈페이지에서 확인할 수 있는 공시 가격이다. 공시 가격이 1억 원을 초과하지 않는 주택에는 취득세가 중과되지 않는다. 주택을 취득하는 목적이 투자에 맞춰져 있다면 저가의 주택을 취득해 가격 상승이나 임대 수입을 노리는 것도 하나의 방법이 될 수 있다.

주택 임대 수입을 주 수입원으로 하는 B는 이미 주택을 3채나 보유하고 있다. B는 주택을 단기 투자해 시세차익을 얻는 것보다 꾸준한 임대 수입을 원한다.

B가 작은 평형대의 주택을 취득해도 주택 가격이 5억 원이라면 이미 취득세부터 6,200만 원을 납부해야 한다. 그런데 공시 가격이

1억 원인 주택을 취득한다면 얘기가 달라진다. 일반적으로 공시 가격은 시세의 50~60% 정도의 금액이다. 낮게 잡아 공시 가격이 시세의 50%라 해도 매매 가격은 2억 원 정도가 된다. 취득세는 실제 지불한 매매가에 부과되니 1.1% 세율을 곱한다 해도 220만 원이다. 어림잡아도 취득세만 대략 28배가 차이 난다. 임대 수입을 아무리 높게 잡아도 28배 이상의 임대 수입을 얻을 수 있을까?

취득세 중과는 초기에 발생하는 매몰비용을 높게 설정해 버린다. 투자금액을 회수하기에 오랜 시간이 걸릴 수 있다는 뜻이다.

공시 가격이 1억 원 이하라도 취득세 중과가 되는 지역이 있다. 투자가치가 높고 투기 수요가 몰릴 수 있는 지역은 취득세를 중과하는데 도시 및 주거환경정비법 제2조 제1호에 따른 정비구역(종전의 주택건설촉진법에 따라 설립 인가를 받은 재건축조합의 사업부지 포함)으로 지정·고시된 지역 또는 빈집 및 소규모주택 정비에 관한 특례법 제2조 제1항 제4호에 따른 사업시행구역이 해당한다. 재개발사업, 재건축사업 등 투자가치가 높은 지역은 취득세 중과에서 제외되지 않으니 사업시행지로 지정되었는지 파악하는 것이 우선 점검사항이다.

04

어쩌다 2주택,
취득세율 중과세 피하는 방법

다주택자가 될 생각이 없는데 어쩌다 2주택자가 되는 경우가 있다. 그래서 주택에 투자하려는 의도가 없었는데 갑자기 주택 수가 늘어나는 바람에 혹시 내가 다주택자가 되는 것은 아닌지 걱정하는 사람이 생긴다. 대표적인 경우가 상속이다.

가족 중 누군가의 사망으로 인해 주택 소유권이 자동으로 승계되는 상속은 받는 사람이 의도하지 않아도 소유권이 이전된다. 상속인 중 누군가는 주택을 받아야 하기 때문이다. 그래서인지 이미 주택을 1채 보유하고 있는 상속인이라면 걱정이 많아진다.

상속주택의 가장 큰 핵심은 상속인이 주택 취득을 의도하지 않았다는 점이다. 사망을 가장 큰 원인으로 하는 상속은 피할 수 없고 선택할 수 없는 사정임이 분명하다. 이런 상속주택이 존재하면 상속인은 고민에 빠진다. 상속주택을 취득하면 다주택자가 되는 것은 아닌지, 다주택자를 피하기 위해 주택 상속은 포기해야 하는지, 다른 상속인들과 공동으로 지분을 상속받아도 괜찮은지 등 평소 자주 접할 수 없는 내용이라 쉽게 정답을 내릴 수 없다. 누구에게나 한 번쯤 일어날 수 있는 일이기 때문에 알아둬야 할 내용이다.

주택을 상속받아도 1주택자가 될 수 있다

세법에는 인간적인 면이 분명히 존재한다. 그중에서 상속과 관련된 내용이 가장 대표적이다. 상속은 피치 못한 사정이 포인트다. 예상할 수 없었던 일이기 때문에 세법도 다양한 방면에서 합리적으로 적용된다.

상속을 원인으로 취득하는 주택은 예외적으로 주택 수에 포함하지 않는다. 7·10 대책(2020년)이 발표될 때 지방세 시행령에서 주택 수 산정방법에 대한 구체적인 내용이 신설됐다.

주택 수를 계산할 때 상속주택은 상속인의 주택 수에 포함하지 않는다. 단, 기간이 존재한다. 상속을 받은 날, 즉 상속 개시일로부터

5년간 상속인의 주택 수에 포함하지 않는다. 상속 개시일은 사망일인 사망선고를 받은 날이 되므로 기간을 명확히 알고 있어야 한다.

뒤에서 설명하겠지만, 취득세에서 상속주택은 사망한 사람인 피상속인이 주택을 몇 채 소유하고 있었는지와는 상관이 없다. 취득의 원인이 상속이기만 하다면 상속주택으로 분류되고 해당 상속주택은 상속인이 5년 내 다른 주택을 취득할 때 주택 수에 포함하지 않는다. 다시 말하면, 상속으로 받은 주택을 1채 소유하고 있어도 그 상속주택은 주택 수에 포함하지 않고 취득세율이 결정된다.

다주택자 취득세 중과세율이 생기기 전에 상속을 받은 주택은 기간 계산을 어떻게 해야 할까? 취득세 중과세율의 시행일을 따져봐야 한다. 다주택자 취득세 중과세율은 2020년 8월 12일부터 시행됐다. 따라서 시행되기 전에 상속으로 주택을 취득했다면 2020년 8월 12일부터 5년의 기간을 계산하면 된다.

상속인이 다수라면 어떨까? 협의를 통해 상속인 중 1명이 주택 전체를 상속받을 수도 있지만 상속인들이 공동으로 동일한 지분을 나눠 가질 수도 있다. 이때는 모든 상속인이 5년의 기간을 적용받지 않는다. 상속주택의 소유자로 1명을 지정하는데 그 1명이 세법상 5년의 기간을 적용받는다. 나머지 상속인들은 상속주택을 소유하고 있는 것으로 보지 않는다. 이를 소수지분자라고 한다. 소수지분자들은 등기부등본상 소유권 등기는 되어 있지만 취득세에서 주택 수를 판단할 때는 주택을 갖고 있는 것으로 보지 않는다. 5년이란 기간도 적용받지 않는다. 언제 주택을 새로 취득해도 상속주택은 주택 수와 관련이 없어서 부담이 없음을 의미한다.

그렇다면 상속주택을 소유한 사람은 어떻게 판단할까? 가장 최우선 순위는 지분율이다. 상속주택을 나눠 가질 때 모두 똑같은 지분을 가져야 하는 것은 아니므로 다주택자가 염려되는 상속인이라면 지분율을 조금 양보하는 것이 세금 측면에서 훨씬 유리하다. 만약 지분율을 똑같이 맞춘다면 이때는 해당 상속주택에 실제 거주하는 사람이 소유자가 된다. 실제 거주하는 상속인이라도 지분율이 다른 상속인에 비해 낮다면 취득세에서의 상속주택 소유자는 지분율이 더 높은 사람이 우선이다. 실제 거주하는 사람이 없다면 나이가 가장 많은 사람이 소유자가 된다.

따라서 상속주택이 주택 수에 포함되지 않는 기간 5년과 소수지분을 활용해 상속주택을 어떻게 효율적으로 분배할지 고민해야 한다. 상속재산을 취득세만 고려해서 결정할 순 없지만 상속일 이후 주택 취득 계획이 가장 먼저 있는 상속인이 지분을 더 가져가는 것이 좋다. 5년이라는 예외기간을 한 번은 사용할 수 있기 때문이다.

이사를 위한 2주택, 매도기간을 반드시 지키자

보통 사람들 대부분은 처음부터 좋은 집, 넓은 집을 사지 못한다. 자신의 여건에 맞는 주택을 취득하고 차츰차츰 단계를 높여가는 것이 보편적이다. 자녀가 있어 더 넓은 공간이 필요하거나 입지가 더 좋은 지역으로 이동하기 위해 기존에 살던 집은 팔고 새로운 집을 취득한다.

한 번이라도 이 과정을 겪어봤다면 누구나 공감할 수밖에 없는 경우가 하나 있다. 내가 보유하는 주택을 파는 날짜와 새로 이사할 주택의 취득 날짜를 정확하게 같은 날로 '맞춘다'가 절대로 쉽지 않다는 것이다. 이 과정에는 최소 세 사람의 이해관계가 얽혀있기 때문이다. 나에게 집을 파는 사람의 일정, 내 집을 사는 사람의 일정, 그리고 내 일정, 이 3명의 일정을 맞추기란 여간 힘든 일이 아니다.

보유하던 주택을 먼저 팔고 이사할 주택을 구하려고 하면 주택을 알아보는 동안 거주할 수 있는 공간이 없어진다. 그래서 보통 이사할 주택을 먼저 구한 후, 내가 보유하던 주택을 파는 과정으로 진행을 많이 하는데 여기서 의문이 생긴다. '나는 2주택자인가?'

일정 조율이 어려워 잠시 주택을 2채 보유하고 있을 뿐인데 2주택자가 된다면 너무 억울할 것이다. 특히 2주택자부터 취득세 중과세율이 적용된다. 새로 이사할 주택을 취득하면서 납부해야 하는 세금이니 취득과 동시에 8%의 중과 취득세를 내야 한다면 의사결정에 혼란이 올 수밖에 없다.

따라서 세법에서는 이런 특수 상황을 고려해 일정한 유효기간을 준다. 정해진 유효기간 안에 보유하던 주택을 팔면 2주택자가 아닌

1주택자로 판단해주는 일종의 중복 가능기간이다. 이 기간을 '일시적 2주택 기간'이라고 한다.

일시적 2주택 기간은 기본원칙이 3년이다. 즉, 이사하기 위해 새로운 주택을 취득한 날로부터 3년이란 유효기간 안에 보유하고 있는 주택을 팔면 새로운 주택을 취득할 때 8%의 중과세율이 아닌 1~3%의 취득세율을 적용받을 수 있다. 취득세를 먼저 납부하고 3년 안에 기존 주택을 매도하는 형태다. 따라서 신규 주택 취득 시 1~3% 취득세를 납부하는데 만약 3년의 유효기간 안에 기존 주택을 팔지 못하면 다시 8%의 취득세와 가산세를 합친 금액을 납부해야 한다.

원칙적으로는 3년인데 조정대상지역이라는 단어가 포함된다면 유효기간은 3년에서 2년으로 줄어든다. 3년까지 기다려주지 않고 2년 안에 매도하라는 뜻이다. 이 유효기간 역시 7·10 대책(2020년)을 통해 시작됐는데 양도세와 함께 가기 때문이다. 그런데 2023년 1월 12일 이후부터 조정대상지역과 비조정대상지역을 구분하지 않고 3년의 기간으로 통일됐다. 현재는 조정대상지역과 비조정대상지역의 구분 없이 신규 주택을 취득한 후 3년 이내에 기존 주택을 매도한다면 1~3%의 취득세율을 적용받을 수 있다.

주택 1채를 보유하고 있는 C를 예로 개정 전 취득세를 좀 더 알아보자. 보유하고 있던 주택과 새로 취득하는 주택 모두 비조정대상지역에 있다. 이 경우 종전 주택을 3년 안에만 매도하면 신규 취득 주택의 취득세율은 1~3%다.

상황을 바꿔서 기존에 보유하고 있는 주택도 새로 취득하는 주택도 조정대상지역에 있다면 기존 주택을 3년이 아닌 2년 안에 매도해야 신규 취득 주택의 취득세율이 1~3%가 된다. 이 줄어든 유효기간 2년은 보유하고 있는 주택과 새로 취득하는 주택이 모두 조정대상지역에 속해있을 때만 해당한다. 다시 말하면, 원래 보유하고 있는 주택이 비조정대상지역에 있고 새로 취득하는 주택이 조정대상지역에 있다면 2년이 아닌 3년의 유효기간이 적용된다는 뜻이다. 따라서 신규 주택을 취득하고자 하는 C의 상황에서 경우의 수는 4가지가 나올 수 있다.

취득세 일시적 2주택 기간

기존 주택	신규 주택	일시적 2주택 기간
비조정대상지역	비조정대상지역	3년
비조정대상지역	조정대상지역	3년
조정대상지역	비조정대상지역	3년
조정대상지역	조정대상지역	2년

• 주: 2023년 1월 11일 이전 적용

일시적 2주택으로 인정받을 수 있는 기간은 2022년에 변화가 있었다. 정부 정책이 과도한 주택 세금 완화에 초점이 맞춰지면서 일시적 2주택의 유효기간을 늘려줬다. 조정대상지역 내에 기존 주택을 보유하면서 신규 주택을 조정대상지역 내에서 취득하면 일시적

2주택 유효기간은 1년이었다. 하지만 2022년 5월 10일부터는 해당 유효기간이 다시 2년으로 늘어났다. 양도세 변화와 결을 같이 해서 그렇다. 매도자 우위 시장의 열기가 차츰 줄어들면서 매매 거래 횟수가 줄어들어 1년 안에 주택을 매도하는 것이 어려워졌다. 시장 상황에 맞춰 기간을 좀 더 여유롭게 늘려준 것이다.

2022년 5월 10일부터 일시적 2주택자가 되는 사람들은 여유가 더 생겼다고 볼 수 있다. 그뿐만이 아니다. 2021년 5월 10일 이후에 신규 주택을 취득한 일시적 2주택자라면 2022년 5월 10일부터 자동으로 1년이 연장된다. 유효기간이 끝나기 전에 시행령이 개정되면서 1년을 더 추가로 얻게 된 셈이다. 여기에 다시 한번 2023년 1월 12일 이후 종전 주택을 처분하는 경우부터는 조정대상지역과 비조정대상지역을 구분하지 않고 3년의 유효기간을 적용한다. 다시 또 1년의 기간이 연장됐다고 이해할 수 있겠다.

따라서 기한이 촉박하다는 이유로 급매를 해야 할 이유가 사라졌음을 의미하고, 좀 더 합리적인 의사결정을 할 수 있는 새로운 상황으로 변화됐다고 할 수 있다.

세법은 모든 법률 중에서 가장 빈번하게 바뀌고 시장 상황도 반영된다는 점을 반드시 명심하자. 그리고 과거와 현재의 변화하는 과정 및 흐름을 잘 파악하고 있어야 세금을 반으로 줄일 수 있는 투자 방향을 세울 수 있다.

05

모르면 손해,
남들보다 취득세 적게 내기

생애 최초 주택 취득자에게 있는 기회

2019년에 결혼하면서 신혼집을 알아보던 D는 전세와 매매를 고민하다가 대출을 포함해 4억 원인 소형 아파트를 구매했다. 주택 가격이 상승하는 추세이기도 하고 신혼의 보금자리를 내 집에서 시작하고 싶은 이유도 컸다.

취득세는 440만 원이라고 전해 듣고 납부도 완료했다. 영끌로 취득하는 주택이라 적은 돈은 아니었지만 태어나 처음으로 내 집 마련을 했다는 생각에 뿌듯했다.

친구와 내 집 마련 이야기를 하다가 뜻밖의 이야기를 들었다. 생애 처음으로 내 집 마련을 하는 사람은 취득세를 적게 낼 수 있다는 이야기였다. 필자에게 해당 내용을 문의한 D는 취득세 감면대상이 맞다는 결론을 받았다. D는 서둘러 취득세 환급 신청을 했고 납부한 취득세의 50%를 돌려받을 수 있었다.

지방세특례제한법에서는 생애 최초로 주택을 취득하는 신혼부부에게 취득세 감면 혜택을 제공하고 있다. 혼인 신고일을 기준으로 5년 이내에 해당하거나 주택 취득일로부터 3개월 이내 혼인 예정인 예비 신혼부부에게 주어지는 혜택이다.

그동안 취득세 감면은 신혼부부에게만 주어지고 기간이 한정적이라는 이유 때문에 안타깝게도 많은 사람이 누릴 수 있는 혜택은 아니었다. 그래서 7·10 대책(2020년)에서 대상 범위가 확대됐다. 신혼부부뿐만 아니라 생애 최초 주택 취득자에게도 혜택이 돌아갈 수 있도록 개정됐다. 생애 처음으로 본인 명의로 주택을 구입하는 사람은 취득세 50%를 감면받을 수 있도록 변경됐다. 그런데 생애 최초라 하더라도 50%라는 큰 감면 혜택이 주어지기 때문에 충족해야 하는 요건이 생각보다 까다롭다.

우선, 주택 취득이 생애 최초이어야 하며 취득자 본인과 배우자를 포함해서 판단한다. 소득 조건도 만족해야 한다. 본인과 배우자의 연간소득 합계액이 주택 취득일 직전 연도 기준으로 7,000만 원을 넘으면 안 된다. 근로소득 또는 사업소득이 소득 기준을 판단하는 연간소득에 해당하고 근로소득이나 사업소득이 있는 사람이 이자, 배당 또는 기타소득이 있으면 이 소득도 합쳐서 평가한다. 신혼부부 에게만 혜택이 한정됐을 때는 홑벌이 가구 5,000만 원, 맞벌이 가구 7,000만 원이었지만, 대상이 확대되면서 소득도 홑벌이와 맞벌이를 구분하지 않고 7,000만 원 이하로 변경됐다.

가장 중요한 요건인데 고가주택을 취득하는 사람들은 감면 혜택을 받을 수 없다. 즉, 취득 주택의 가격 제한이 있다는 의미다. 실거래금액을 기준으로 3억 원 이하의 주택을 취득해야 하고, 수도권에 소재하는 주택이라면 주변 시세를 고려해 4억 원 이하의 주택을 취득해야 한다. 면적에 대한 제한은 없다.

지금까지 말한 조건을 모두 만족해 주택을 취득한 사람은 취득세 50%를 감면받을 수 있고, 주택 가격이 1억 5,000만 원 이하라면 취득세가 아예 면제된다. 그렇다고 해도 취득 가격 제한으로 인해 여전히 주택 취득자들 대부분에게 혜택이 돌아가기는 어려운 상황이다 보니 많은 사람이 관심을 두지 않는 현실이긴 하다.

그래서 2022년 6월 21일에 또 다른 부동산 대책이 발표되면서 조건이 대폭 완화됐다. 6·21 대책에는 생애 최초 주택 구입자 관련 취득세 감면대상을 소득이나 주택 가격에 제한 없이 누구나 적용받을 수 있도록 하는 개편안이 포함되어 있었다. 이 개편안은 취득 가격 제한만 수정되어 2023년 3월 14일에 시행됐고, 부동산 대책이 발표됐던 시점인 2022년 6월 21일 이후부터 취득하는 경우에 소급 적용을 하기로 했다. 따라서 연소득이 얼마이든, 취득하려는 주택의 가격이 12억 원 이하라면 생애 최초 주택 구입자의 경우 200만 원 한도 내에서 취득세를 면제받을 수 있다.

상속주택이라면 무주택자의 지분율을 높이자

세법이 늘 엄격하지만은 않다. 가장 대표적인 경우가 상속이다. 상속으로 인한 주택의 취득은 다주택 여부를 따지지 않고 2.8%의 취득세율이 적용된다. 농어촌특별세와 지방교육세가 포함되면 2.96~3.16%다.

만약 주택 1채 외에 다른 재산이 전혀 없는 아버지가 사망했다면 3% 정도의 취득세율마저도 누군가에게는 높은 세율이라고 볼 수 있지 않을까? 상속이 발생하면 각자가 처한 상황에 따라서 생계가 곤란해지기도 한다. 약 3%의 세율도 누군가에게는 큰 부담이 될 수 있기 때문이다. 아버지 사망 이후에도 계속 거주해야 하는 주택이 등기부등본상 이름만 바뀜에도 불구하고 취득세를 납부해야 한다면, 남은 가족은 주거 안정의 불안을 느낄 수 있지 않을까?

그래서 세법은 상속 중에서도 주거 안정까지 고려해야 하는 특수한 상속만큼은 납세자의 부담을 더 덜어주려고 노력한다. 취득세율 중 가장 낮은 0.8% 저율로 적용하게 해서 부담을 낮춰준다.

물론 다른 취득세율에 비해 큰 혜택을 받는 일이기 때문에 만족해야 하는 조건이 분명 존재한다. 우선, 주택을 상속받는 상속인이 무주택자여야 한다. 여기서 의미하는 무주택자는 상속인뿐만 아니라 상속인과 생계를 같이 하는 세대원까지 전부 포함한다. 이를 무주택인 상태에서 주택을 취득한다고 하여 1세대 1주택자라고 말한다. 상속주택을 취득하는 상속인이 1세대 1주택자에 해당하면 0.8%의 취득세율이 적용되고, 농어촌특별세는 비과세이기 때문에 지방교육세를 포함해 최종적으로 0.96%가 되니 1%가 채 되지 않는 세율로 취득세를 납부하고 마무리할 수 있다.

사망한 피상속인과 같은 세대일 필요는 없다. 상속으로 주택을 취득하는 상속인과 세대별 주민등록표에 함께 기재되어 있는 가족 모두가 무주택자라면 저율의 취득세를 납부할 수 있다. 따라서 상속재산을 협의할 때 주택은 상속인 중 무주택자가 받는 것이 취득세를 줄일 수 있는 가장 효과적인 방법이다.

그런데 상속재산 협의를 세금만 고려해서 분할하는 것이 쉽지만은 않다. 상담을 진행하다 보면, 여러 이해관계 때문에 세금이 더 많이 나오는 방향으로 결정되기도 한다. 이럴 때는 전부 양보하지 않아도 된다. 1%만 양보해도 취득세를 모두 줄일 수 있다. 상속주택을 공동으로 소유해도 세법에서는 단 1명만을 상속주택의 소유자로 판단하기 때문이다.

E는 최근 어머니가 사망하면서 주택 1채를 상속받게 됐다. 막내인 E를 포함해 형제가 4명이다 보니 많은 재산이 아닌데도 상속재산 협의가 원만하지 않았다. 형제 중 E만 무주택자여서 E가 상속받는다면 취득세는 0.8%로 마무리될 수 있지만, 다른 형제들이 취득세 때문에 포기할 가능성이 없어 보였다. 필자와 상담을 한 E의 형제들은 최종적으로 E의 지분을 26%로 결정하고, 나머지 지분을 똑같이 나눠 가졌다. 딱 1%의 지분 변경이었다.

상속주택은 공동으로 상속받아도 지분율이 가장 큰 사람을 주택의 소유자로 판단한다. 지분율이 모두 똑같다면 상속주택에 실제 거주하는 사람을, 거주하는 사람이 없다면 마지막으로 가장 나이가 많은 사람을 소유자로 결정한다. 막내인 E는 거주할 생각은 없었기 때문에 만약 협의가 이뤄지지 않아 지분을 25%씩 똑같이 나눠 상속받았다면 최연장자를 기준으로 4명 모두 3.16%(농어촌특별세와 지방교육세 포함)의 취득세를 납부해야 했다. 하지만 E의 지분을 1% 높여 26%가 된다면 상속주택 취득세 특례를 적용받아 0.96%(농어촌특별세와 지방교육세 포함)의 취득세만 납부하면 된다.

여기서 E뿐만 아니라 나머지 형제 3명도 동일한 취득세를 납부할 수 있다는 점이 중요한 포인트다. 상속주택 취득세 특례는 상속주택 소유자를 기준으로 모두 동일한 취득세를 적용하기 때문이다. 상속주택의 공시 가격이 10억 원이었다면 취득세가 총 3,160만 원에서 960만 원이 되는 기술이다. 지분율 1%만으로 세금을 2,000만 원 이상 줄일 수 있다. 따라서 상속주택의 소유자를 누구로 결정할지는 굉장히 중요한 부분이고 반드시 계획하에 이뤄져야 한다.

06

자금조달계획서는
철저하게 작성하자

주택을 매수하려면 여러 계획을 세워야 한다. 그런데 아쉽게도 그 계획에서 세금은 언제나 1순위가 아니다. 취득한 뒤부터 발생하는 세금을 먼저 고민하는 사람은 없다. 그렇다면 가장 1순위는 무엇일까? 바로 취득 자금 마련이다.

편의점에서 한두 푼 하는 과자 한 봉지 사는 것이 아니라서 자금 계획이 가장 우선시되어야 한다. 하지만 어떻게든 돈만 마련한다고 주택 취득이 문제없이 해결되지 않는다. 자금 마련 방법은 곧 세금과 결부된다는 점을 명심해야 한다.

F는 서울에 작은 평수의 주택(5억 원)을 취득하기 위해 대출을 받았다. 그동안 모은 자금이 3억 원뿐이었다. 어머니가 2억 원을 보태 준다고 했지만 F는 증여세를 내고 싶지 않아 금융기관에서 2억 원을 대출받기로 했다. 나중에 취득자금을 소명하기도 수월할 것이라고 생각했기 때문이다.

8·2 대책(2017년)이 발표되면서 주택을 취득할 때 제출해야 하는 서류가 생겼다. '주택 취득자금 조달 및 입주계획서'다. 줄여서 자금조달계획서라고 부르는데 주택을 취득할 때 자금을 어떤 방식으로 마련하는지 그 계획방안을 작성하고 제출해야 한다.

주택 매수 계약을 하면 계약 체결일로부터 30일 이내에 '부동산 거래 신고 등에 관한 법률'에 따라 관할 지자체장이나 국토교통부의 부동산 거래관리시스템 홈페이지에 주택의 실제 거래 가격 등을 신고해야 한다. 신고하지 않거나 늦게 한다면 500만 원 이하의 과태료가 부과될 수도 있다. 법에서 정한 의무사항이며 신고할 때 자금조달계획서를 함께 첨부해서 제출해야만 한다.

8·2 대책이 발표될 때만 해도 투기 우려가 있는 일부 지역에 한정됐지만 이후 수차례 개정과정을 거쳐 현재는 조정대상지역에 해당하는 지역이 대상이다. 우선, 투기과열지구와 조정대상지역은 규제지역으로 주택 가격과 상관없이 매수 계약을 체결했다면 전부 자금조달계획서 제출대상이 된다. 그리고 투기과열지구 및 조정대상지역을 제외한 비규제지역은 거래액이 6억 원 이상일 때 자금조달

계획서를 제출해야 한다. 이 자금조달계획서는 주택을 어떤 자금으로 취득하는지 판단하는 근거 자료가 되고, 작성 내용이 불성실하거나 의심 가는 정황이 있다면 취득자금에 대한 조사가 나온다. 조사대상이 되어 주택 취득 자금 출처에 대해 조사를 받게 되면, 어떤 방식으로 마련한 자금인지 입증해야 하고 입증할 수 없는 자금에 대해서는 증여세 등이 부과될 수 있다. 세금 탈루 혐의가 있는 것으로 간주될 수 있다는 말이다. 따라서 F처럼 취득자금을 완벽하게 소명할 수 있어야만 주택 취득을 완성할 수 있다.

자금 출처 입증자료는 꼼꼼하게 준비

현재 주택법상 투기과열지구와 조정대상지역은 대부분 해제되어 서초구, 강남구, 송파구, 용산구 등 4개 지역만이 남았다(2023년 1월 5일 고시 기준). 단, 많은 지역이 해제됐다고 해도 여전히 4개 지역은 투기지역으로 남아있어 주택을 매수할 때 자금조달계획서에 추가로 첨부해야 하는 서류가 있다. 자금을 조달하는 방법의 객관적인 입증자료가 필요하다. 거래금액과 상관없이 무조건 첨부해야 하는 서류이기 때문에 자금 조달 계획부터 입증자료까지 완벽하게 준비해야 한다.

자금 조달방식은 자기자금과 차입금, 2가지 방식으로 나눠진다.

주택 취득자금 조달 및 입주계획서 기재항목별 제출 서류

	항목	제출 서류
자기자금	금융기관 예금액	예금 잔액증명서, 잔고증명서 등
	주식·채권 매각대금	주식 거래내역서, 예금 잔액증명서 등
	증여, 상속	증여세·상속세 신고서 및 납세증명서
	현금 등 그 밖의 자금	소득금액증명원 및 근로소득 원천징수영수증
	부동산 처분대금 등	부동산 매매계약서 및 임대차계약서 등
차입금 등	금융기관 대출액 합계	금융거래확인서, 부채증명서, 금융기관 대출 신청서 등
	임대보증금	부동산 임대차계약서
	회사 지원금, 사채, 그 밖의 차입금	금전을 빌린 사실과 확인할 수 있는 서류

• 출처: 국토교통부 보도자료

자기자금에는 은행에 모아놓은 금액이나 주식 등을 처분한 금액, 소유 중인 부동산을 처분해서 신규 주택을 취득한다면 부동산 처분금액 등이 해당되고 그에 맞는 입증자료를 준비해야 한다. 차입금에는 금융기관으로부터 받는 대출금이나 개인 간의 사적 금전대차 거래인 차용 거래가 해당될 수 있다. 취득하는 주택에 세입자가 거주하고 있다면 세입자의 보증금도 차입금에 해당한다.

지자체는 제출받은 자금조달계획서와 입증자료 등을 분석한다. 분석 시 자금 출처에 대한 의심이 간다면 국세청에 보고할 수 있다. 보고받은 국세청은 매수자의 자금 조달과정을 철저하게 조사하고 세금 탈루 혐의가 있다면 가산세와 함께 세금을 추징한다.

'취득자금의 80%만 소명하면 된다'라는 말이 있다. 아주 오래된 말이다. 그런데 국세청의 PCI 분석 시스템(소득·지출 분석 시스템) 도입 이후부터는 80%만 소명한다고 원만하게 넘어가기 어려워졌다. 이제 국세청은 소명의 개념이 아니라 철저한 조사의 개념을 취하고 있다. 특히 주택의 취득자금에 대해서는 자금 마련과정을 낱낱이 조사하고 있어서 증여 등이 의심된다면 쉽게 넘어가지 않는다는 점을 명심해야 한다.

"얼마까지는 증여로 추정하지 않는 기준금액이 있지 않나요?"라는 질문을 받고는 한다. 상속세 및 증여세 사무처리규정에 증여 추정 배제기준이 나와 있기는 하다. 사무처리규정이란, 국세 공무원들이 업무를 처리하는 규정을 의미한다. 재산을 취득할 때 해당 재산의 취득자금이 기준금액에 미달한다면 증여로 추정하지 않겠다는 뜻이다. 그런데 현실적으로 금액이 매우 낮다. 부동산을 취득하는 사람이 40세 이상이면 3억 원까지가 최대 금액이다. 이보다 더 중요한 포인트가 있다. 취득금액과 관계없이 증여받은 사실이 확인되면 증여세를 부과한다는 것이다. 즉, 증여를 받았음에도 불구하고 증여세 신고를 하지 않거나 부족한 취득자금을 부모가 보태준 상황이라면 조사과정에서 빠져나갈 수 없다.

따라서 가능한 범위 내에서 주택의 취득자금은 객관적인 자료로 입증할 수 있는 금액으로 마련해야 한다. 부모가 여력이 되더라도

증여 추정 배제 기준

구분	취득 재산		채무 상환	총액 한도
	주택	기타 재산		
30세 미만	5천만 원	5천만 원	5천만 원	1억 원
30세 이상	1.5억 원	5천만 원	5천만 원	2억 원
40세 이상	3억 원	1억 원	5천만 원	4억 원

• 출처: 상속세 및 증여세법 사무처리규정(2023.09.13. 국세청훈령 제2590호)

정당하게 증여세를 내고 증여받을 계획이 아니라면 부족한 자금은 금융기관 차입을 1순위로 계획하는 것이 좋다. 금융기관의 차입금은 본인 능력으로 스스로 상환해야 하기 때문에 자금 출처를 입증할 때 가장 객관화된 자료가 될 수 있다.

07

부동산 취득자금,
차용증 작성의 모든 것

지금은 반등 시기를 기다리고 있지만 최근 몇 년 동안 주택 가격은 폭등하다시피 상승했다. 지금 사지 않으면 영원히 사지 못할 수도 있다는 인식이 주택 가격 상승에 가속도를 붙였다. 그러다 보니 자금이 부족한 20~30대에게도 그 영향력이 미쳤고, 우선 사고 보자는 심리가 강해졌다. 그래서 20~30대의 주택 수요 심리가 크게 증가했고 실제 매수로도 이어져 한때는 20~30대의 주택 매수가 큰 비중을 차지했다.

상대적으로 자금이 부족한 20~30대의 주택 취득이 증가하다

70

보니 국세청에서 꺼내든 카드가 자금조달계획서다. 자금이 부족한 20~30대의 주택 취득에는 일반적으로 부모의 증여자금이 들어간다는 것을 포착하기 위해서였다. 부모뿐만 아니라 조부모 등 일가친척의 자금이 포함되기도 한다.

그 이전에도 주택 등 부동산을 취득할 때 가족 간 증여는 항상 존재했었다. 그런데 그 자금의 출처를 본격적으로 조사하기 시작한 시기가 바로 자금조달계획서 작성 때부터다. 주택의 취득자금을 어떻게 마련하는지 계획서를 작성해 제출해야 하다 보니, 증여세를 내고 싶지 않은 납세자들은 차용증이라는 증서를 만들기 시작했다. 부모가 자녀에게 증여한 것이 아니라 자금을 빌려주고 상환을 받겠다는 의미의 서류다.

문제는 차용증을 증여세를 내지 않아도 되는 수단으로 알고 있다는 것이다. 차용증은 증여했지만 증여가 아니라는 것을 증명하는 서류가 아니다. 금전을 빌려주고 금전을 다시 돌려받기 위해 대여자와 차용자가 작성하는 서류이면서 금전 거래의 존재를 증명해주는 서류일 뿐이다.

차용증은 구체적으로 작성

주택을 취득하면 계약일로부터 30일 이내에 주택 매매

실거래 가격 신고를 해야 한다. 실제로 이 주택이 얼마에 거래되는지 국가에 보고해야 한다는 것이다. 이 실거래 신고를 할 때 첨부해야 하는 서류가 있다. 조정대상지역 내 주택을 취득했다면 자금조달계획서를 첨부해야 한다. 이때 자금이 부족한 사람은 자금조달계획서에 차용 거래를 입증하기 위한 차용증을 기록한다. 차용증서 또는 금전소비대차계약서는 상호 간의 금전을 대여하고 상환하기를 약정하는 증서다.

국세청은 원칙적으로 주택 등 부동산을 취득할 때 특수관계인 간의 차용을 인정하지 않는다. 단, 다수의 판례가 보여주듯이 특수관계인 사이라도 실제로 자금을 상환하고 적정한 이자를 지급한다면 자금 대여로 인정해주고 있다. 즉, 차용증은 당장의 증여를 증여가 아닌 것으로 꾸미는 서류가 아니라는 뜻이다. 차용은 상환과정과 적정한 이자 지급이 반드시 수반되어야 하는 행위다. 실제로 빌린 돈을 상환하고, 이자 지급, 나아가서 담보 제공까지 한다면 더 구체적으로 증명할 수 있다.

공증을 받아두는 것은 좋다. 하지만 공증이라는 행위가 차용 거래를 입증해주는 충분 조건은 아니다. 공증은 거래 당사자들이 직접 이 계약서를 작성했음을 입증해주는 절차일 뿐이다. 공증을 받았지만 빌린 차용자가 상환할 의지가 없고, 빌려준 대여자도 상환받을 의지가 없다면 공증이 차용 거래를 대변해주지 않는다. 실제로 상환하는 구체적인 내용이 필요하다.

실제로 돈을 빌려주고 상환받을 의지도 충분하다면 차용증 작성은 어떤 식으로 해야 할까? 우선, 차용증의 내용은 구체적일수록 좋다. 채권자, 채무자의 인적사항이 기본적으로 포함되어야 한다. 그리고 대여하는 금액, 그 금액에 대한 이자율은 몇 %인지, 이자의 상환 방식은 언제, 어떻게 할 것인지, 원금의 상환은 어떤 방식으로 할 것인지, 상환하지 못하는 경우 어떻게 할 것인지에 대한 내용이 구체적으로 포함되어야 한다. 이 모든 내용이 포함되어 있다면 차용증은 적정하게 작성된 것으로 볼 수 있다. 남은 것은 실제로 상환하는 과정이다.

정해진 이자율에 맞춰 꼭 지급할 필요는 없다

차용증 작성에서 가장 중요한 포인트는 이자율이다. 그래서 이자율을 얼마로 책정해야 하는지, 이자를 지급하지 않고 원금만 상환해도 되는지에 대한 궁금한 사람이 많다.

차용증에는 2가지 증여가 있다. 첫 번째는 원금 증여, 두 번째는 이자 증여다. 원금 증여의 경우 특수관계인 간의 차용 거래 자체를 인정해주지 않기 때문에 차용 거래라고 해도 원칙적으로는 증여로 판단한다. 하지만 실제로 상환하고 있고 상환과정을 증명할 수 있다면 차용 거래로 인정받을 수 있다. 따라서 상환과정이 존재해야만 원금을 증여받은 것이 아니라고 증명할 수 있다.

상환과정을 증명하는 가장 쉬운 방법은 무엇일까? 바로 적정한 이자의 지급이다. 부모와 자녀가 아닌 제3자와의 금전 대여 거래로 생각하면 누구나 쉽게 납득할 수 있다. 가족관계가 아닌 제3자에게 자금을 대여한다고 할 때, 이자를 받지 않아도 된다거나 원금을 상환하지 않아도 된다는 생각을 하는 사람이 있을까? 아마 없을 것이다. 그런 생각을 갖고 있다면 그것은 대여가 아니라 기부다. 여기서 의미하는 적정한 이자는 과연 몇 %의 이자율을 말하는 것일까? 세법에서는 특수관계인 간의 차용 거래 시 이 정도의 이자는 지급받아야 한다고 정해져 있는 이자율이 있다. 연 4.6%이다. 연 4.6%의 이자를 지급받지 않는다면, 이 또한 가족끼리 이자를 적게 지급했다고 판단하여 덜 받는 이자금액에 대해서도 증여로 간주한다.

G는 주택 취득을 하기 위해 부족한 자금을 어머니로부터 빌릴 예정이다. 빌리고자 하는 자금은 5억 원이고 세법에서 정해진 이자율인 4.6%의 이자를 지급할 생각이다. 연간 지급해야 하는 이자금액은 2,300만 원이다.

만약 이 이자금액을 한 푼도 지급하지 않는다면 우선 원금 5억 원은 증여로 추정된다. 상환 의지가 있는지 확인하기 어렵기 때문이다. 그리고 적정 이자금액인 2,300만 원을 지급하지 않는다면 특수한 관계에서 이자를 적게 지급했다고 판단해 덜 지급한 이자금액에 대해서도 증여세를 부과한다.

그렇다고 무조건 4.6%를 다 지급해야 하는 것은 아니다. 일정한 금액까지는 덜 지급해도 이자부분에 대해서 증여로 판단하지 않는 금액이 있다. 이 금액이 연간 1,000만 원이다. 즉, 국세청은 연간 1,000만 원까지 이자를 덜 지급해도 적정한 이자로 판단한다는 뜻이다. 2,300만 원에서 1,000만 원을 차감하면 1,300만 원이 나온다. 연간 이자로 1,300만 원까지만 지급해도 가족끼리 이자를 적게 지급한다고 판단하지 않는다. 연 1,300만 원을 이자 지급액으로 본다면, 연 이자율은 2.6%가 나온다. 즉, 차용증 또는 금전소비대차계약서를 작성할 때 적정 이자율로 2.6%까지 낮게 책정해도 된다.

그럼 G가 차용하는 자금이 5억 원이 아닌 2억 원이라고 한다면 이자율은 얼마까지 책정할 수 있을까? 원금 2억 원의 4.6% 이자는 연 920만 원이다. 이 금액은 덜 지급해도 된다는 1,000만 원에 미치지 못한다.

1,000만 원까지는 이자를 지급하지 않아도 된다고 했으니 이자 지급을 하지 않아도 괜찮은 것일까? 그렇다고 볼 수만은 없다. 이자를 한 푼도 지급하지 않는다면 원금 자체를 차용한 것으로 인정받기 어려워진다. 따라서 상호 간의 적정한 수준에서 이자율을 책정해 이자를 지급하는 것이 향후 자금 출처에 대해 소명하기 유리하다. 이자를 지급하고 싶지 않다면 원금을 매월 상환하는 방식으로 대안을 마련해볼 수 있다. 상환과정을 명확히 입증한다면 자금 출처를 인정받을 수 있기 때문이다.

이자를 지급받는 대여자에게도 세금 이슈는 따라온다. 부모가 자금을 대여하고 이자를 지급받는다면 부모에게는 이자소득이 발생한다. 은행 등에서 예금을 통해 이자를 받게 되면 흔히 15.4%(지방소득세 포함)의 이자소득세를 먼저 떼고 남은 금액을 받는다. 이자소득도 근로소득이나 사업소득과 같은 소득의 일종이기 때문에 세금을 내야 한다. 자녀에게 자금을 대여하고 지급받는 이자금액 역시 이자소득에 해당하므로 이자소득세를 내야 한다. 이때는 15.4%(지방소득세 포함)가 아니라 27.5%(지방소득세 포함)의 세율이 적용된다. 이 이자소득에 대해서는 이자를 지급하는 자녀가 원천징수를 한 후 직접 신고하고 납부해야 한다. 이자를 지급받은 부모는 매년 종합소득세 신고 기간에 다른 소득과 합산해 종합소득세 신고를 진행해야 한다.

이렇게 주택 등 부동산의 취득자금 출처를 차용증서로 입증한다면 국세청은 매년 사후관리를 통해 상환 여부를 확인하고 있다. 전부 상환이 완료되기 전까지 해마다 상환되고 있는 내역을 검증한다는 뜻이다. 차용증은 반드시 상환해야 하는 자금임을 명심해야 한다.

3장

택스 플랜 _ 보유

갖고만 있어도 내는 세금,
재산세와 종부세

세금 징수의 대원칙은 '소득이 있는 곳에 세금이 있다'
이다. 소득활동을 하는 대한민국 국민이라면 누구나 한 번쯤 들어본
적 있는 문장이다. 그런데 이 대원칙과 관계없이 내야 하는 세금도
있다. 바로 재산세와 종부세다.

재산세와 종부세는 소득이 발생해서 내는 세금이 아니다. 단순
히 보유하고 있다는 이유만으로 내야 하는 세금이라는 점에서 차이
가 있다. 직접 피땀 흘려 얻은 소득에도 세금을 부과하면 반감이 드
는 것이 사람 마음이다. 그런데 갖고 있다는 이유 하나만으로 세금

을 내야 하니 재산세와 종부세 고지서를 달갑게 반길 수 있는 사람이 과연 있을까? 특히 주택에 대한 재산세와 종부세는 거부감이 더욱 클 수밖에 없다. 나와 가족의 안락한 보금자리를 위해 취득한 주거공간일 뿐인데 국가에 임차료를 지급하는 기분을 느끼게 한다. 피할 수 없다면 즐기라 했던가, 즐길 수는 없더라도 어떤 세금인지는 제대로 알고 납부할 수 있어야 한다.

재산세는 주택 자체에 부과되는 세금

재산세는 주택에만 부과되는 세금이 아니다. 재산세가 부과되는 과세대상은 총 5가지다. 토지, 건축물, 주택, 항공기, 그리고 선박이다. 이 5가지 중 우리 일상생활과 가장 밀접하게 연관된 대상이 주택이기 때문에 주택에만 부과된다고 생각할 수 있다.

가장 관심 있는 주택의 재산세를 살펴보면 보편적인 세금과의 차이점이 하나 있다. 재산세는 주택이라는 부동산 자체에 부과되는 세금이라는 점이다. 주택 자체에 부과되는 세금이란 말은 주택을 몇 채 보유하고 있든, '각각 개별 주택별로 세금을 부과하고 있다'는 의미로 이해할 수 있다.

좀 더 이해하기 쉽게 우리가 자주 접하는 소득세와 비교해보자. 우리가 알고 있는 소득세는 사람을 기준으로 부과한다. 어떤 종류의 소득을 벌었는지가 아닌 누가 얼마의 소득을 벌었는지에 초점이 맞춰져 있다. 어떤 소득을 벌었든지 간에 세금을 내야 하는 주체는 사람이기 때문에 모든 종류의 소득을 합쳐 세금을 내야 한다. 이를 종합소득세라고 한다. 그런데 주택에 대한 재산세는 개별 주택마다 부과하는 세금이다. 좀 더 풀어서 표현하자면, 세금을 내야 하는 주체는 개별 주택 자체지만 주택이 납부할 수는 없으니 그 소유자가 납부하는 개념이라고 볼 수 있다. 이를 세법 용어로는 물건별 과세라고 부른다.

물건별 과세의 핵심은 누진세율에 있다. 누진세율이란, 과세표준 구간에 따라 세율이 달라지는 구조를 말한다. 전기세 누진세는 들어봤을 것이다. 전기를 많이 쓰면 쓸수록 전기세가 폭탄으로 돌아오는 것과 같은 맥락이다. 하지만 물건별 과세인 주택 재산세는 이 누진세율구조에서 유리하다. 가령 A 주택과 B 주택을 소유하고 있다면, A 주택의 재산세와 B 주택의 재산세는 각각 따로 부과된다. 한 사람이 A와 B 주택을 모두 갖고 있어도 A 주택의 재산세와 B 주택의 재산세를 따로 계산한다는 말이다.

A 주택의 공시 가격이 5억 원, B 주택의 공시 가격도 5억 원이라고 해보자. 물건별 과세인 재산세는 각 주택의 공시 가격인 5억 원에 대한 세금을 계산해서 부과한다. 반대로 사람별로 과세되는 인별 과세라면 A 주택과 B 주택의 공시 가격을 합친 10억 원에 대한 세금을 계산해서 부과할 것이다. 이는 세율구간이 올라 더 많은 세금을 납

부할 수 있다는 점을 시사한다. 재산세와 종부세의 가장 큰 차이점이 바로 여기에 있다.

주택 재산세의 과세기준일은 매년 6월 1일이다. 매년 6월 1일에 주택을 소유하고 있는 사람에게 재산세를 부과하고 고지서를 받은 사람은 7월과 9월에 납부한다. 재산세를 부과하기 위해선 해당 주택의 가격이 얼마인지 평가되어야 하는데 평가금액은 국토교통부에서 고시하는 공시 가격을 사용하게 되어 있다. 부동산 공시 가격 알리미에서 매년 4월 말에 공시 가격이 발표된다. 그래서 공시 가격을 미리 확인하면 재산세를 예상해볼 수 있다.

재산세는 소유하고 있다는 결과에 부과되는 세금이기 때문에 과도한 세금을 부과하지 않으려고 한다. 그래서 과세표준을 만들 때 공시 가격에 공정시장가액비율을 곱한다. 공정시장가액비율을 좀 더 쉽게 표현하면 세금을 조정해주는 장치라고 할 수 있다. 세금이 낮아지기 위해서는 세율이 낮아지거나 세율을 곱하는 과세표준이 낮아져야만 한다. 공정시장가액비율은 이 과세표준을 낮춰주는 장치인 것이다.

현재 주택 재산세의 공정시장가액비율은 60%이다. 주택 공시 가격이 5억 원이라면 5억 원이 과세표준이 아니라 5억 원의 60%인 3억 원이 과세표준이 된다. 따라서 공정시장가액비율이 낮아지면 낮아질수록 세금을 납부하는 납세자에게는 유리해진다.

재산세는 0.1~0.4%의 누진세율을 적용하고 있다. 최근 몇 년간

주택 가격의 상승으로 인해 공시 가격이 많이 올라갔다. 공정시장가액비율이 60%로 고정되어 있어서 공시 가격이 올라가면 당연히 재산세는 많이 나올 수밖에 없다. 그래서 재산세에는 안전장치가 하나 더 있다. 세 부담 상한률이라고 부르는 '한도'다. 전년도에 비해 급작스러운 재산세 상승을 방어하는 수단으로 공시 가격 기준 3억 원 이하는 105%, 6억 원 이하는 110%, 6억 원 초과는 130%의 세 부담 상한률을 직전 연도 재산세액에 곱해 한도를 설정한다(2023년 재산세 부과 기준). 이렇게 계산된 재산세에 지역자원시설세, 지방교육세, 경우에 따라서는 재산세 도시지역분이 포함되어 우리가 납부하는 재산세 납부세액이 된다.

재산세의 기본 구조는 크게 복잡하지 않다. 굳이 정확하게 알 필요도 없다. 주택 재산세는 줄일 방법이 특별히 없기 때문이다. 재산세를 줄이고 싶다면 방법은 딱 하나밖에 없다. 주택을 소유하지 말아야 한다. 따라서 재산세에서는 물건별 과세라는 이 한 가지 사실만 정확하게 짚고 넘어가면 된다.

종부세는 개인에게 부과되는 세금

보유하고 있다는 이유 하나만으로 납부해야 하는 세금은 재산세에서 끝나지 않는다. 재산세를 한 번 납부했는데도 불구하고 한 번 더 납부해야 하는 세금이 있는데 바로 종부세다. 종부세(종합부동산세) 역시 주택뿐만 아니라 토지에도 부과되는 세금이지만 이슈는 항상 주택에 있다.

종부세의 핵심은 고액의 부동산 소유자다. 2005년부터 시행된 종부세는 다양하게 변화해 왔지만 주택 가격 상승의 영향에 따라 현재는 주택 보유자들이 고민하는 세금 중 가장 큰 비중을 차지하고 있다.

종부세의 기본구조는 재산세와 크게 다르지 않다. 재산세와 동일하게 매년 6월 1일 주택을 소유하고 있는 사람에게 부과된다. 7월과 9월에 재산세를 납부하고, 납부한 사람들 중 고액의 주택을 소유하고 있는 사람에게는 12월에 종부세 고지서를 보낸다. 단, 고액의 주택을 소유한 사람에게만 부과하는 세금이기 때문에 주택 가격이 일정 금액을 넘지 않으면 종부세는 부과되지 않는다. 그렇다면 그 일정 금액은 얼마일까? 세제 개편을 통해 2023년부터 현재 9억 원의 공제금액이 적용되고 있다. 기존 6억 원에 3억 원이 추가된 금액이다. 주택의 공시 가격이 9억 원을 넘지 않는다면 종부세는 부과되지 않는다. 이 9억 원을 종부세에서는 기본 공제금액이라고 한다. 따라서 종부세는 주택의 공시 가격에서 기본 공제금액인 9억 원을 뺀 금액에다 재산세와 동일하게 공정시장가액비율을 곱해 과세표준을 만드는 과정을 거친다.

종부세의 공정시장가액비율은 60~100% 사이에서 정해지는

데 2018년까지 80%의 비율로 적용되다가 2019년부터 5%씩 단계적으로 상향됐다. 따라서 순서대로 2019년 85%, 2020년 90%, 2021년 95%, 2022년 100%로 2022년부터는 공정시장가액비율이 100% 적용 예정이었다. 하지만 종부세 부담을 줄이고자 2022년 종부세 부과분에 대해 일시적으로 공정시장가액비율을 재산세와 동일한 60%로 변경했다. 따라서 보유 주택의 공시 가격 합계액이 10억 원이라면 기본 공제금액 9억 원을 차감하고 공정시장가액비율 60%를 적용해 6,000만 원이라는 과세표준이 만들어진다.

세율은 0.5~2.7%의 7단계 누진세율이 적용되어 주택 공시 가격 합계액이 클수록 더 많은 세금이 나오는 구조다. 계산된 세금에서 재산세로 납부했던 금액 대부분을 차감해주기 때문에 똑같은 보유세를 두 번 내는 개념은 아니라고 볼 수 있고, 직전 연도 납부한 재산세와 종부세 합계액의 150%를 넘는 금액은 부과하지 않는 세 부담 상한률도 적용하고 있다.

재산세가 부과되는 구조와 종부세가 부과되는 구조 간에 다소 차이가 있지만 큰 맥락에서는 거의 같음을 알 수 있다. 그런데도 종부세와 재산세 간의 차이가 발생하는 이유에는 인별 과세와 물건별 과세라는 과세방식의 차이가 있기 때문이다. 재산세는 언급했듯이 물건별 과세다. 부부가 공동으로 주택을 갖고 있어도 그 주택에 부과된 재산세를 지분비율대로 나눠 낼 뿐이지 세금이 달라지지는 않는다. 지분비율을 달리 바꾸더라도 부부가 내야 하는 재산세 총세액은 바뀌지 않는다는 말이다.

종부세는 다르다. 인별 과세인 종부세는 납세자인 주택 소유자가 보유하고 있는 주택 가격의 전체 합계액에 따라 세금이 달라진다. 예를 들어, A 주택의 공시 가격이 12억 원, B 주택의 공시 가격이 6억 원이라고 가정하자. 부부가 똑같이 5대 5로 A 주택과 B 주택을 공동 소유하고 있다면 둘 다 종부세는 없다. 각자 보유하고 있는 주택의 공시 가격은 A 주택 공시 가격의 50%인 6억 원과 B 주택의 공시 가격의 50%인 3억 원으로 총 9억 원이 된다. 따라서 공제금액 9억 원을 차감하면 종부세 과세표준이 0이 된다. 종부세에서 공제해주는 9억 원은 개인별로 적용받을 수 있는 금액이기 때문이다.

A 주택은 남편이, B 주택은 아내가 단독으로 소유하고 있다면 상황은 달라진다. 남편은 공제금액 9억 원을 초과하는 3억 원에 대해 종부세를 내야 하지만 아내는 공시 가격이 9억 원을 넘지 않아 종부세가 없다. 이렇듯 물건별 과세인 재산세는 어떤 방법을 동원해도 세금을 변경시킬 수 없지만 인별 과세인 종부세는 소유권 변경 등을 통해 세금이 달라질 수 있어 종부세 과세기준일 전에 계획을 세울 필요가 있다. 따라서 보유세의 핵심은 종부세에 있으며 종부세를 조종하고 싶다면 매년 6월 1일을 기억해야 한다.

02

1주택자
종부세 줄이기

　　돈을 번 것도 아닌데 갖고 있다고 세금을 내야 하니 보
유세에 대한 거부감은 상당히 크다. 특히 주택을 1채만 보유하고 있
는 사람들은 투자라고 생각한 적도 없는데 세금만 많이 내니 여간
억울하지 않을 수 없다. 그래서 세법에서는 1주택자에게는 특별한
혜택을 마련해두고 있다.

　　재산세에서는 1세대 1주택자에 해당하면 0.05%의 세율을 인하
해준다. 일반적인 주택분 재산세 세율이 0.1~0.4%라면 1세대 1주
택자의 재산세 세율은 0.05~0.35%다. 단, 주택의 공시 가격이 9억

원 이하인 경우로 한정해서 적용한다.

공정시장가액비율에도 특혜가 적용된다. 2022년도 부과분의 경우 1세대 1주택자에게 적용되는 공정시장가액비율이 60%가 아닌 45%가 적용됐다. 그리고 2023년도 납세분은 공시 가격(시가표준액)을 기준으로 달리 적용한다. 3억 원 이하 주택에는 43%, 6억 원 이하 주택에는 44%, 6억 원을 초과하는 주택에는 45%를 적용한다. 특례 세율을 적용받을 수 있는 1세대 1주택자는 주택의 공시 가격이 9억 원 이하여야 하는 조건이 있지만, 특례 공정시장가액비율에는 공시 가격 9억 원 이하의 조건을 따지지 않는다.

12억 원까지는 종부세가 없다

아무래도 종부세는 징벌적 과세라는 인식이 커서 1주택자에게는 재산세에 비해 더 많은 혜택이 주어진다.

공시 가격 12억 원인 주택을 서울에 1채 보유하고 있다면 종부세는 얼마일까? 정답은 '0원'이다. 개인별로 부과하는 종부세는 누구에게나 공평하게 9억 원의 공제금액을 적용하고 있다. 공시 가격이 9억 원 이하라면 종부세를 내지 않는다는 뜻이다. 하지만 1주택자는 공시 가격이 9억 원을 넘더라도 종부세를 내지 않는다. 1주택자에게만 특별히 특별공제액을 적용해 12억 원을 차감해주기 때문이다.

원래는 9억 원의 공제금액이 적용됐지만 주택 가격 상승, 공시 가격 상승 등으로 인한 1주택자의 세 부담을 대폭 완화하기 위해서 금액을 상향 조정했다. 2022년 종부세 납세분의 경우 한시적으로 1주택자에게 14억 원의 공제금액을 적용하려고 했지만 끝내 법안 통과가 이뤄지지 않았다. 단, 국회 본회의를 통과하면서 합의에 따라 12억 원의 공제금액으로 상향 조정됐다. 따라서 현재 기준으로 주택 공시 가격이 12억 원 이하라면 1주택자에게 종부세가 부과되지 않는다. 공시 가격 기준이다 보니 60% 정도로 감안해 시세로 바꿔본다면 대략 20억 원 정도의 주택이다. 고액의 부동산에 해당한다고 볼 수 있다.

내가 소유하고 있는 주택의 공시 가격이 12억 원을 넘는다고 해도 걱정할 필요는 없다. 1주택자에게는 세액 공제라는 굉장히 큰 혜택이 추가로 주어진다. 단어가 의미하는 뜻 그대로 납부할 세금을 차감해준다는 것이다. 세금으로 100만 원이 나왔을 때 세액 공제율이 30%라면 30만 원을 차감해주고, 50%라면 50만 원을 차감해주는 혜택이다. 이 혜택은 1주택자만 받을 수 있다.

세액 공제는 2가지 종류로 나눠지는데 보유기간과 나이에 따라 다르게 적용된다. 보유기간에 따라 적용되는 보유기간별 공제는 5년 이상 보유했을 때 20%, 10년 이상 보유했을 때 40%, 15년 이상 보유했을 때 50%로 장기간 보유할수록 그 공제율이 커지는 구조다.

종부세 세액 공제

보유기간별 공제		연령별 공제	
5년 이상	20%	만 60세 이상 65세 미만	20%
10년 이상	40%	만 65세 이상 70세 미만	30%
15년 이상	50%	만 70세 이상	40%

나이에 따른 연령별 공제 또한 만 60세 이상일 때 20%, 65세 이상일 때 30%, 70세 이상일 때 40%로 나이가 많을수록 혜택을 많이 받는다. 이 두 공제는 합쳐서 적용받을 수 있지만 최대 한도는 80%로 정해져 있다. 즉, 90%를 적용받을 수는 없다는 뜻이다.

H는 서울에 공시 가격 18억 원인 주택 1채를 보유하고 있다. 종부세는 얼마나 나올까? 재산세를 제외한 종부세만 고려해 본다면 150만 원 정도다. H가 10년 이상 보유했다면 약 92만 원, 15년 이상 보유했다면 약 76만 원까지 줄어든다. 나이까지 고려하면 종부세는 더 줄어들 수 있다. 만 60세 이상이라면 약 46만 원, 만 65세 이상이라면 약 30만 원이다. 하지만 15년 이상 보유했고 나이가 만 70세 이상이라고 해도 종부세는 약 30만 원에서 내려가지 않는다. 세액 공제율이 최대 한도인 80%를 넘기 때문이다.

부부 공동명의로 종부세를 아끼자

1주택자의 종부세 혜택은 아이러니하게도 단독명의로 소유한 사람에게만 적용되어 왔다. 그도 그럴 것이 종부세는 개인별로 부과되는 세금이기 때문에 50%씩 지분을 갖고 있다면 각자 9억 원의 공제금액을 적용받는다. 그러면 공시 가격 18억 원인 주택까지는 종부세가 없다.

하지만 공제금액이 상향되기 전인 2022년 전까지는 1주택자라고 해도 부부 공동명의가 유리할지, 단독명의가 유리할지 유불리를 따져볼 필요가 있었다. 흐름을 살펴보고자 한다면, 2021년 이전부터의 종부세 과세체계를 이해해보는 것이 좋다.

2021년 전까지는 1주택자의 공제금액 혜택으로 9억 원이 적용됐기 때문에 12억 원(개인별 기본 공제금액 6억 원)과는 차이가 있어 큰 문제가 없었다. 하지만 종부세 부담이 대다수 주택 소유자들에게 와닿기 시작하고 1주택자의 공제금액이 11억 원까지 올라가면서 공동명의자와의 불합리함이 대두됐다. 1주택 소유라고 해도 공동명의자는 세액 공제 혜택을 받을 수 없었기 때문이었다.

그래서 불합리함을 해소하고자 2021년부터 부부 공동명의 1주택자에게도 1주택 단독명의자와 동일한 방식으로 종부세를 납부할 수 있게 하는 제도가 생겼다. 이 제도를 부부 공동명의 1주택자 과세 특례라고 한다. 1주택만을 소유하고 있는 부부가 공동명의라고 해도 단독명의자와 동일한 혜택을 받고 싶다면 신청할 수 있다. 과세 특례를 적용받으면 단독명의자와 동일하게 당시 기준으로 11억 원의 공제금액과 세액 공제 혜택을 받을 수 있게 된다. 단, 부부인 경우에만 가능하고 아버지와 딸, 어머니와 아들처럼 부부가 아닌 공동명의자들은 과세 특례를 신청할 수 없다.

선택지가 생겼으니 부부 공동명의 1주택자라면 어떻게 행동해야 할까? 무턱대고 세액 공제를 받겠다고 과세 특례를 신청하는 것은 매우 어리석은 행동이다. 기본 공제금액이 상향되기 전에는 부부 공동명의 1주택자의 종부세를 계산할 때 따져볼 것이 있었다. 반드시 단독명의로 세액 공제까지 적용받는 것과 공동명의로 기본 공제금액만을 적용받는 것 사이의 유불리를 판단할 줄 알아야 했다. 2021년 당시 부부 공동명의 1주택자라면 각각 6억 원의 공제금액을 적용받을 수 있어 12억 원까지는 종부세가 부과되지 않았다. 반대로 단독명의 1주택자라면 공제금액이 11억 원으로 1억 원 덜 공제받지만 세액 공제 혜택이 있어 더 유리해질 수도 있었다. 따라서 당시에는 주택의 공시 가격이 13억 원 이상이면서 세액 공제를 70% 이상 적용받을 때, 또는 공시 가격이 14억 원 이상이면서 세액 공제를 50% 이상 적용받을 때 단독명의 1주택자의 종부세가 더 낮아지는 효과가 있었다.

그런데 2023년부터는 아니다. 기본 공제금액이 상향됐기 때문에 내가 보유하고 있는 주택이 상당한 고가의 주택이면서 세액 공제를 크게 받을 수 있는 상황이 아니라면 어려운 세금을 굳이 비교해볼 필요가 없다. 일반적으로는 부부 공동명의로 적용받는 것이 훨씬 유리해지기 때문이다.

기본 공제금액은 개인별로 9억 원이다. 1주택을 각각 부부가 50%씩 보유하고 있다면 공시 가격이 18억 원 이하인 주택에 대해서는 종부세가 부과되지 않는다. 공시 가격을 기준으로 시세를 대략 파악해보면 30억 원 정도의 주택이라고 볼 수 있다.

고가의 주택을 보유하고 있는 사람이라면 비교해볼 만하다. 그래도 세액 공제율이 최대 공제율인 80% 정도를 받을 때만 유리한 경우가 발생한다. 1세대 1주택 단독명의자가 세액 공제를 받아서 부부 공동명의보다 유리하게 되는 최초의 시점은 공시 가격이 22억 원이면서 세액 공제율을 최대 80% 적용받을 때다. 이 이상의 공시 가격이라 해도 대부분 세액 공제율을 최대 80% 적용받을 수 있어야 유리해진다.

따라서 내가 보유한 1주택의 공시 가격을 가장 최우선으로 파악해야 한다. 공시 가격이 22억 원 이하라고 한다면 부부 공동명의자 각각 개별적으로 종부세를 납부하는 편이 유리하다. 반대로 65세 이상이면서 보유기간이 15년 이상으로 세액 공제율을 80%까지 다 받을 수 있다면 과세 특례 신청이 유리해진다.

그렇다면 과세 특례 신청이 유리하다고 판단됐을 때 세액 공제율은 누구를 기준으로 판단할까? 보유기간별 공제와 연령별 공제는 둘 중 한 명의 납세자를 기준으로 판단한다. 이를 주된 납세자라고 표현하는데 부부 공동명의의 주택 지분율이 서로 다르다면 지분율이 더 높은 사람이 주된 납세자가 된다. 보통 부부 공동명의의 주택은 지분율이 5대 5로 동일한 경우가 많은데 이처럼 지분율이 똑같다면 둘 중 한 명을 주된 납세자로 선택할 수 있다.

주된 납세자를 선택할 때 포인트는 당연히 세액 공제를 더 많이 받을 수 있는 사람으로 해야 한다는 것이다. 보유기간별 공제와 연령별 공제를 잘 따져본 후 주된 납세자를 선택해야 한다. 보통 취득일 이후부터 보유기간을 계산하기 때문에 처음부터 공동명의로 취득한 주택은 보유기간의 차이가 존재하지 않는다. 하지만 연령별 공제는 개개인의 나이에 따라서 적용되는 공제이기 때문에 보유기간 공제율이 서로 똑같더라도 누구를 주된 납세자로 선택하느냐에 따라 공제율이 달라질 수 있다. 따라서 지분율이 똑같을 때는 누구로 선택해야 세액 공제를 더 받을 수 있는지 파악해서 신청해야 한다.

부부 공동명의 1주택자 과세 특례는 매년 9월 16일부터 9월 30일까지 신청할 수 있는 기간을 준다. 따라서 부부 공동명의의 1주택자들은 우선 내 주택의 공시 가격과 세액 공제율을 확인할 수 있어야 한다. 그리고 과세 특례를 신청하는 것과 신청하지 않는 것 중 어떤 것이 유리한지 판단해야 하며, 과세 특례를 선택할 경우 누구로 할지도 판단해서 결정해야 한다.

03

다주택자라면 종부세 흐름을 알자

매년 12월이 되면 가장 많이 접하는 주된 상담 내용이 있다. 주택 종부세다. 그동안 많은 사람이 관심을 둔 세금은 아니었는데 최근 몇 년 사이 집값이 폭등하면서 가장 관심 있는 세금이 되었다는 사실은 누구도 부정할 수 없다.

1주택자라고 해도 상승한 공시 가격 대비 공제금액이 크지 않아 종부세 부담을 무시할 수 없다. 주택을 2채 이상 보유하고 있는 사람에게는 그 부담이 더 클 수밖에 없다. 더군다나 최근에는 주택 시장이 불황이라 팔고 싶어도 팔 수 없어 보유세 부담을 온전히 떠안고 있어야만 하는 상황이다.

2023년부터는 세제 개편을 통해 종부세 부담이 완화됐다. 기본 공제금액도 6억 원에서 9억 원으로 상향됐고, 다주택자의 중과세율 적용도 3주택자이면서 과세표준 12억 원을 초과하는 구간부터 적용한다.

과거에 종부세는 주택 투기를 막기 위한 수단으로 여러 차례 사용됐다. 부동산 경제와 정치적인 영향에 따라 영향을 많이 받는 세목이라는 점에 주목해야 한다. 따라서 어떤 이유 때문에 종부세 부담이 커지고, 또는 다시 완화되고 하는지 과거 흐름을 파악할 수 있어야 한다. 주택 세금의 흐름을 파악하는 것도 주택 시장의 미래가치를 파악하는 것만큼 중요하기 때문이다.

다주택자 종부세 중과는 주택 시장이 과열되면서 시작됐다. (여러 가지 이유가 있었겠지만) 주택 가격이 급격히 상승하면서 여러 채의 주택을 보유한 다주택자도 늘어났다. 이 다주택자들의 주택 소유를 억제하기 위해 나온 세금 카드가 종부세 중과제도였다.

종부세의 중과는 2018년 9월 13일, 일명 '9·13 대책'에서 시작됐다. 1주택만을 보유한 사람과 2주택, 3주택을 보유한 사람을 차별해 추가로 세금을 더 걷는 제도가 시행됐다. 하지만 효과가 크지 않아 2019년 12월 16일에 '12·16 대책'이 추가로 발표되면서 다시 한번 세율을 인상하고 세 부담을 증가시키기 위한 세 부담 상한률을 조정하게 됐다. 이때부터 종부세 부담이 커지자 부동산 신탁이 유행하게 됐다.

부동산 신탁의 주요 목적은 신탁회사가 소유자 대신 주택을 관리해주는 데 있지만, 종부세 부담을 줄이기 위한 목적으로 가입하는 경우가 많았다. 주택 수를 판단할 때 위탁자가 아닌 신탁회사인 수탁자가 주택을 소유한 것으로 보고 종부세를 부과했기 때문이다. 2채, 3채를 보유한 사람들은 종부세 중과를 적용받아야 하지만 주택 수에서 제외되어 더 높은 세율을 적용받지 않을 수 있었다. 그래서 세법이 부동산 신탁을 해도 주택 수의 판단은 위탁자인 원래 소유자의 주택으로 판단한다는 내용으로 개정됐다. 그리고 2020년 7월 10일(7·10 대책)에 종부세 부담을 중과하는 내용이 발표되면서 종부세 부담은 급격히 상승하게 됐다. 이후 새 정부가 주택 보유세를 완화하고자 2022년 6월 13일에 발표한 '새 정부 경제정책 방향'을 통해 현재의 종부세 구조가 만들어졌다. 최종 국회 본회의를 통과하면서 다소 변경이 되긴 했지만, 현재의 종부세는 부동산 경기 침체의 영향으로 많이 완화된 상태다.

2023년 현재 종부세는 3주택 이상 보유자와 아닌 자로 나눌 수 있다. 세제 개편을 통해 다주택자 중과세율 적용이 3주택이면서 과세표준 12억 원을 초과하는 경우부터만 적용된다. 기존 종부세율은 0.6~3%에서 0.5~2.7%로 내려갔고, 중과세율은 0.5~5%로 개편되면서 고가주택을 보유한 3주택 이상 보유자가 아니라면 종부세 부담은 예년보다 많이 완화된다.

저평가 주택을 소유하자

|||||||||||||||||||||||||||||||||||||||||||||||||||||||

I는 주택 2채를 보유하고 있다. 2채 모두 공시 가격이 10억 원이라고 하면 예상되는 종부세는 얼마일까? 2주택 모두 조정 대상지역에 있다고 해도 종부세 중과가 적용되지 않기 때문에 I가 납부해야 하는 예상 종부세 금액은 대략 340만 원(재산세 제외)이다.

종부세 중과제도로 인해 다주택을 소유하기보다는 똘똘한 1채의 주택을 선호하는 현상이 강해졌지만, 이제는 다시 저가의 다주택으로 움직이고 있다. 당연하게도 종부세 중과세율이 많이 완화됐기 때문이다.

그렇다고 똘똘한 1채의 의미가 사라졌다고 할 수는 없다. 부부 공동명의주택은 각각의 기본 공제금액을 합쳐 18억 원까지는 종부세가 없으므로 충분히 활용도가 높다고 볼 수 있다. 단, 주택 투자를 추가로 하고 싶다면, 저평가된 주택을 취득해 주택의 장기적인 투자 가치를 실현하는 것도 현재 종부세법하에서는 충분히 고려할 수 있는 전략이 된다. 종부세 중과세율을 적용받으려면 과세표준 기준으로 12억 원은 초과해야 하기 때문이다. 따라서 저평가된 주택을 발굴해 취득하는 것은 종부세 부담이 없는 현재 기준에서 새로운 전략이 될 수 있다. 단, 종부세 세액 공제를 적용받을 수 있는 1세대 1주택자라면 주택 수가 늘어나면서 1세대 1주택자 특례 적용이 불가능해 아쉬울 수 있다. 이때는 지방 저가주택을 활용해볼 수 있다.

지방 저가주택을 보유하고 있다면 주택을 2채 보유하고 있어도 1세대 1주택자처럼 종부세를 납부할 수 있다. 1세대 1주택자가 지방 저가주택을 함께 보유하고 있는 경우에는 1세대 1주택자 판정 시 해당 지방 저가주택을 주택 수에 포함하지 않는다. 지방 저가주택을 함께 보유하고 있더라도 기본 공제금액인 12억 원과 세액 공제 혜택까지 다 받을 수 있음을 뜻한다.

물론 종부세를 납부하지 않아도 된다는 말은 아니다. 기본 공제 금액과 세액 공제 혜택을 판단할 때 주택 수에서 제외하고 판단하는 것이지 공시 가격 등은 합산된다. 또한, 세액 공제 혜택은 지방 저가주택에 해당하는 종부세에는 해당하지 않는다. 하지만 주택을 추가로 소유하고 있는데도 불구하고 기본 공제금액을 1세대 1주택자와 마찬가지로 12억 원까지 챙길 수 있고 최대 80%의 세액 공제 혜택을 받을 수 있다는 점에서 재테크와 세테크가 동시에 만족된다고 할 수 있다.

지방 저가주택은 주택 수에 포함되지 않기 때문에 지켜야 하는 조건이 있다. 공시 가격 기준으로 3억 원 이하여야 하며 수도권 및 광역시·특별자치시(광역시에 소속된 군, 읍·면 지역은 제외)가 아닌 지역에 소재하는 주택이어야 한다. 지방에 세컨드 하우스를 소유하고자 하는 수요가 커지는 상황에서 잘 선별한 지방 저가주택은 종부세 부담이 적을 뿐만 아니라 추가적인 임대 수익도 창출하는 수단이 될 수 있다.

04

종부세를 줄여주는
주택 수 판단방법

현재까지 종부세 과세체계는 많은 변화를 겪어왔다. 특히 중과세율로 인해 주택 수에 따라 종부세율이 달라져 종부세를 줄이기 위해서는 주택 수의 조정이 필요하다.

주택 수 판단이 중과세율 외에도 중요한 부분이 있다. 바로 종부세 1세대 1주택자의 혜택이다. 1세대가 1주택만을 보유하는 경우 적용되는 혜택이지만 1세대가 1주택만을 보유하지 않더라도 특별한 상황에서는 1세대 1주택자와 마찬가지 혜택을 받을 수 있다. 따라서 세대별 주택 수 판단은 굉장히 중요한 부분이다.

상속이라는 특별한 상황

|||||||||||||||||||||||||||||||||||||||||||||||

상속은 예상할 수 없는 부득이한 상황이다. 상속이 발생할 당시에는 경황이 없어 잘 챙길 수 없지만, 시간이 흐른 뒤 납세자가 가장 궁금해하는 부분이 상속으로 취득한 주택과 세금이다. 상속이 발생하면 원하든 원하지 않든 소유권이 상속인에게 넘어가기 때문에 이 상속주택에까지 과중한 세금을 부담시키는 것에는 무리가 있다. 따라서 이 상속주택을 보유하고 있는 사람은 종부세 계산 시 1세대 1주택자와 동일한 혜택을 받을 수 있다.

우선, 무주택자가 상속으로 주택을 취득한 경우에는 당연히 1세대 1주택자이기 때문에 기본 공제금액 12억 원을 적용받을 수 있고 당사자 상황에 맞는 세액 공제까지 받을 수 있다.

기존에 1세대 1주택을 보유하고 있는 사람이 상속으로 인해 주택을 취득하게 되면, 1세대 1주택 판단 시 상속주택은 보유하고 있는 주택 수에 포함하지 않는다. 즉, 주택을 2채 보유하고 있지만 1채만 보유하고 있는 것으로 간주한다.

상속주택에 대한 혜택은 기존 종부세에서도 존재했었다. 2021년 종부세 납세분까지는 종부세 중과세율 부담 때문에 종부세 중과세율을 판단할 경우에만 상속주택을 주택 수에서 제외했고, 1세대 1주택 판정 시에는 주택 수에서 제외되지 않았다. 하지만 2022년에 법이 개정되면서부터 상속주택은 1세대 1주택 판정 시에도 주택 수에서 제외되고 있다.

상속주택을 1세대 1주택 판정 시 제외한다고 종부세 자체를 과세하지 않는 것은 아니다. 원래 보유하고 있던 1세대 1주택에 대해서는 기본 공제금액 12억 원과 세액 공제 혜택을 적용해주되, 상속주택의 공시 가격은 종부세 계산 시 합산해서 계산한다고 보면 된다. 따라서 상속주택에 해당하는 종부세금액에는 세액 공제를 적용해주지 않는다.

이 상속주택에 대한 혜택은 상당히 크기 때문에 일정한 유효기간이 존재한다. 상속 개시일인 상속이 발생한 날을 기준으로 5년이 넘지 않은 경우에만 유효한 혜택이다. 따라서 상속주택을 취득하고 5년간 추이를 지켜보면서 상속주택을 매도할지, 기존에 소유하고 있던 주택을 매도할지, 아니면 2채의 주택을 계속 보유할지 등에 대해 고민해야 한다. 만약 상속주택이 저가라면 기간의 제한이 없다. 수도권 기준으로 공시 가격이 6억 원 이하, 비수도권 기준으로 공시 가격이 3억 원 이하인 경우가 저가 상속주택에 해당하는데 이때는 5년이라는 기간의 제한이 없다.

상속주택은 반드시 1명의 상속인이 취득해야 하지는 않는다. 상속인이 여러 명인 경우 상속주택을 공동으로 소유할 수도 있는데 이때 지분율이 40% 이하인 상속인을 소수지분자로 분류하고 있어 소수지분자인 경우에도 유효기간에 제한 없이 1세대 1주택자 판정 시 주택 수에서 제외할 수 있다. 이때는 공동상속인 중 해당 상속주택의 주된 소유자에게만 5년의 유효기간이 존재한다.

같이 살아도 별도세대가 될 수 있다

종부세 1세대 1주택자를 판정할 때 지금까지는 주택 수에만 초점을 맞춰왔다. 주택 수 판단이 매우 중요하지만 1주택자 앞에 있는 1세대를 판단하는 것도 중요하다. 별도세대로 인정받을 수 있는지부터 파악한 뒤, 세대를 분리해야 세 부담 측면에서 불이익이 생기지 않는다.

여느 세목과 동일하게 1세대는 독립적으로 생계를 유지할 수 있는 경우에만 인정해준다. 배우자가 있다거나 30세 이상인 경우 또는 국민기초생활보장법 제2조 제11호에 따른 기준 중위소득의 40% 이상 소득이 있으면서 독립적인 생계를 유지할 수 있는 경우 등이 1세대로 인정받을 수 있다. 기본적으로 이와 같은 조건을 충족하고 있지 않다면, 주민등록등본상 세대를 분리해 별도세대를 구성하고 있어도 종부세에서는 별도세대로 인정해주지 않는다.

그렇다면 이렇게 세대를 분리하는 경우와 반대로 세대를 합치는 경우도 생각해볼 수 있다. 주택을 보유하고 있는 사람과 (또 다른) 주택을 보유하고 있는 사람이 세대를 합치면 당연히 합쳐진 1세대는 주택 2채를 보유하게 된다. 종부세도 2주택자에 해당하는 세금이 부과된다.

　그런데 세대를 합칠 수밖에 없는 상황이 있다. 예를 들어, 혼인하는 경우가 그 대표적인 상황이다. 혼인하기 전부터 각각 1주택을 보유하고 있던 사람이 혼인을 통해 세대를 합쳐 1세대 2주택자가 됐을 때 세금 부담이 가중한다면 쉽게 받아들이기 힘들 것이다. 이런 불합리함을 해결하기 위해 종부세에서는 1세대를 판정할 때 혼인의 경우에는 예외적인 경과규정을 두고 있다. 혼인한 날로부터 5년 동안은 각자가 1세대로 인정받을 수 있고 1세대 1주택자의 혜택을 가져갈 수 있다. 결혼하면서 주택을 마련하는 경우가 일반적인 경우라고 할 수 있지만 결혼 연령대가 점차 상승하고 있고 결혼 전에 자신의 주거지를 마련하는 사람도 늘고 있는 추세다. 이미 혼인 전에 각자 주택을 보유하고 있다고 해서 걱정할 필요 없이 5년 동안은 각자 1세대 1주택 혜택을 챙길 수 있다는 것을 알아두면 된다.

　또 다른 대표적인 경우로는 연로한 부모를 모시고 사는 동거 봉양으로 인한 합가가 있다. 부모를 봉양하기 위해 세대를 합치는 경우로 혼인으로 인한 2주택자가 되는 경우보다 더 자주 발생한다고 볼 수 있다. 이때도 마찬가지로 세대를 합친 날을 기준으로 일정 기간은 각자 1세대 1주택자로 판정해준다. 단, 혼인과 달리 동거 봉양의 경우에는 그 기간을 더 늘려 10년 동안 혜택을 유지할 수 있다.

　동거 봉양을 위한 세대 합가를 할 때는 부모의 나이가 중요하다. 직계존속인 부모의 나이가 60세 이상일 때만 인정해주기 때문에 10

년 동안의 혜택을 다 받기 위해서는 부모 중 한 명의 나이가 60세 이상인 경우 동거 봉양을 하는 것이 좋다. 세대 합가 당시에 부모 모두 60세가 되지 않았다고 해서 60세가 된 시점부터 10년의 기간이 주어지는 것은 아니다. 세대를 합친 날로부터 10년의 기간은 계산되는데 부모 중 한 명이 60세가 된 시점부터 각각의 1세대로 판정한다. 따라서 가능하다면 나이가 충족된 시점부터 세대 합가를 하는 것이 종부세 부담 측면에서는 유리함을 인지하고 있어야 한다.

05

종부세도
매도일이 중요하다

　　부득이하게 2주택자가 되는 상황이 발생하기도 한다. 갑작스러운 상속으로 인해 상속주택을 취득하거나 연로한 부모를 모시기 위해 세대를 합치거나 주택을 소유하고 있는 사람끼리 혼인하는 경우 등 이유는 다양하다. 이때는 일정 기간 1주택자의 혜택이 주어진다.

　　여기에 추가로 흔히 발생하는 경우가 하나 더 있다. 1채의 주택을 소유하고 있는 사람이 이사 등을 위해 새로운 주택을 취득해 잠시나마 2주택자가 되는 경우다. 기존 주택을 매도하는 날과 새로운 주택을 매수하는 날을 같은 날로 맞추는 것은 생각보다 쉬운 일이 아니라서 2주택자가 되는 중복기간이 발생하기도 한다. 이 기간을 세법에서는 일시적 2주택 기간이라고 하는데 다른 세목들에서는 특례가 있었지만 종부세에서는 특례가 존재하지 않았다. 따라서 부득이하게 2주택자로 종부세를 납부해야 하는 상황이 존재했었는데 2022년부터 시행령 개정을 통해 종부세에서도 일시적 2주택자에 대한 혜택을 마련해뒀다.

J는 오래 보유한 주택을 1채 갖고 있다. 은퇴도 하고 자녀들도 다 분가해 작은 집으로 이사하려고 새롭게 주택 1채를 취득했다. 기존에 보유하고 있는 주택이 고가이고 평수도 커 매수자를 쉽게 찾지 못해 우선 이사할 주택부터 취득한 것이다.

이렇다 보니 J는 종부세 과세기준일인 6월 1일에 주택을 2채 소유한 2주택자가 되어버렸다. 2022년 법이 개정되기 전이었다면 J는 별다른 조치 없이 2주택자로 취급받아 2주택자에 해당하는 종부세를 내야 했다. 더욱이 종부세 중과제도가 존재했기 때문에 조정대상지역 내 주택이었다면 2배 높은 세율을 적용받아 세 부담이 상당했을 것이다.

하지만 J는 걱정하지 않아도 된다. 일시적 2주택이라는 특례제도를 활용하면 1세대 1주택자 혜택을 그대로 유지할 수 있다. 물론 이사할 신규 주택을 취득해 소유하고 있는 것은 맞기 때문에 신규 주택에 대한 종부세는 부과된다. 신규 주택에 대한 종부세가 부과된다고 해도 기존에 보유하고 있던 주택에 대해서는 1세대 1주택자 혜택을 적용받을 수 있어 보유기간에 따른 세액 공제와 나이에 따른 세액 공제를 모두 챙길 수 있다.

여기서 J는 1세대 1주택자의 혜택을 얻기 위해 어떻게 해야 할까? 아무런 행동을 하지 않고 있으면 이사하기 위해 주택을 취득해 일시적 2주택자가 된 사람인지, 아니면 주택을 소유하기 위해 추가로 주택을 취득한 사람인지 국세청은 알 수가 없다. 따라서 부부 공동명의 1주택자의 과세 특례 신청과 마찬가지로 9월 16일부터 9월 30일까지 기간 동안 일시적 2주택 특례를 신청해야 한다. 이렇게 신청하면 1세대 1주택자의 혜택을 받을 수 있다.

일시적 2주택이라는 단어가 뜻하는 바와 같이 2주택을 보유하는 기간은 일시적이어야 한다. 종부세에서 의미하는 일시적이라는 기간은 구체적으로 신규 주택을 취득한 날로부터 3년 이내 기존 주택을 매도하는 경우로 한정한다. 즉, 최대 3년 동안만 혜택을 받을 수 있다. 예를 들어, 주택을 1채 보유하고 있는 사람이 신규 주택을 5월 31일에 취득했다면 그해 6월 1일 기준의 종부세와 다음 해 6월 1일, 그리고 그다음 해 6월 1일까지 총 3번의 혜택을 볼 수 있다. 시행령이 개정된 2022년에는 2년의 기간으로 한정했지만 부동산 거래가 잘 성사되지 않자 2023년 시행령 개정을 통해 기간을 1년 연장했다. 단, 종부세법에서 정하고 있는 3년이라는 기간 안에 기존 보유 주택을 매도하지 않는다면 그동안 덜 납부한 종부세에 이자까지 가산해 추징하기 때문에 조심해야 한다.

따라서 일시적 2주택 특례에 해당한다면 반드시 기존 주택을 언제까지 매도해야 하는지 알아둬야 하고 적정한 매수자를 찾지 못한다면 가격을 합리적으로 조정해서라도 정해진 기한까지는 매도해야만 한다. 종부세가 부과되는 주택이라면 고가의 주택에 해당하기 때문에 적당한 가격 조정을 하는 것이 세금을 추징당하는 것보다는 유리하다.

보유세를 피하려면 6월 1일을 기억하자

주택 거래는 보통 3단계로 진행된다. 최초 계약서를 작성하고 계약금을 주고받는 날, 중간에 한 번 중도금을 주고받는 날, 그리고 마지막으로 잔금을 주고받고 소유권 이전 등기 접수를 하는 날이다. 계약금, 중도금, 잔금을 치르는 날은 보통 매도자와 매수자가 각자 상황에 맞춰 서로 합의해 진행한다. 이때 세금을 조금이라도 아는 사람이라면 잔금 치르는 날을 어떻게든 자신에게 유리한 날로 만들려고 할 것이다. 재산세와 종부세를 납부하느냐, 하지 않느냐 간에 커다란 차이가 있기 때문이다.

먼저 주택을 파는 매도자 입장에서 생각해보자. 매도자는 주택을 팔고 소유하지 않을 사람이다. 따라서 가능하다면 1년에 한 번 부과되는 재산세와 종부세를 납부하지 않는 것이 유리하다. 재산세와 종부세의 과세기준일은 매년 6월 1일이다. 1년에 딱 한 번 6월 1일에 주택을 소유하고 있는 사람에게 납세의무가 주어진다. 즉, 바꿔 말하면 1년에 딱 한 번인 6월 1일을 잘 피하면 그해의 재산세와 종부세를 납부하지 않을 수 있음을 의미한다. 6월 1일에 주택을 소유하고 있지 않으려면 매도자는 언제까지 주택을 팔아야 할까? 5월 31일까지 주택의 소유권을 넘긴다면 매도자는 그해 재산세와 종부세를 둘 다 납부하지 않을 수 있다. 만약 2주택자였다면 6월 1일 기준으로 1주택자가 되기 때문에 재산세와 종부세에서 1세대 1주택자 혜택까지도 전부 챙겨갈 수 있다.

반대로 매수자 입장이라면 달라진다. 주택을 취득하는 첫해부터 굳이 재산세와 종부세를 납부할 필요는 없다. 따라서 잔금 지급일을 6월 2일 이후로 하면 취득 첫해에는 재산세와 종부세를 납부하지 않아도 된다. 보통 주택 거래 시 잔금을 지급하는 날과 소유권 이전 등기 접수일은 동시에 진행되기 때문에 취득일을 판단하는데 크게 어렵지 않다. 하지만 잔금을 지급하고 난 이후에 소유권 이전 등기 접수를 한다면, 주택 소유자의 판단은 잔금 지급일을 기준으로 한다. 잔금 지급일과 소유권 이전 등기 접수일 중 빠른 날이 사실상의 소유자를 판단하는 기준이기 때문이다.

그렇다면 재산세와 종부세 과세기준일인 6월 1일에 잔금을 치른다면 매도자와 매수자 중 누가 납부해야 할까? K는 2채의 주택을 소유하다가 임대하고 있는 주택 1채를 매도하려고 한다. 적당한 매수자가 나타나 계약을 하고 잔금일을 정하는데 매수자가 5월 31일까지는 잔금을 지급하기 어렵다고 해 잔금일을 6월 1일로 합의했다. 세금에 대해 관심이 많은 K는 과세기준일 전에 주택을 팔고 올해 재산세와 종부세는 1세대 1주택자로 혜택을 받으려고 했는데, 어쩔 수 없이 6월 1일로 잔금일을 합의해 세금이 걱정되기 시작했다. 올해 K는 어쩔 수 없이 재산세와 종부세를 납부해야만 할까?

그렇지 않다. 과세기준일인 6월 1일이 잔금을 치르고 소유권 이전 등기 접수를 하는 날이라고 한다면, 6월 1일에 해당 주택을 소유하고 있는 사람은 매도자가 아닌 매수자가 된다. 주택을 취득한 매수자가 그해 재산세와 종부세를 납부해야 하는 의무자다. 매수자 입장에서는 안타깝게도 6월 1일에 소유자가 되기 때문에 7월과 9월 주택분 재산세를 내야 하고, 경우에 따라서는 12월에 종부세까지 납부해야 하는 상황이 된다.

세금만을 갖고 주택 매수 및 매도 거래일을 단정 지을 수는 없다. 하지만 세금에 관심이 있는 사람이라면 내지 않아도 되는 세금을 내는 것이 얼마나 아쉬운 일인지 안다.

계약상 협의의 주도권을 누가 가져갈지는 주택 시장 동향에 따라 달라진다. 시장 상황에 따라 매도자 우위 시장, 매수자 우위 시장으로 나뉘기 때문에 날짜 협의를 무조건 내게 유리한 상황으로 맞추기는 힘들 수 있다. 하지만 가능하다면 불필요한 돈이 새어나가지 않도록 미리 계획을 세워 계약을 진행하는 것이 세테크의 필수항목임을 알아야 한다.

06

주택임대사업자라면
사업자 등록부터 해야 한다

노후자금을 마련하는 방법으로 최근 연금상품이 각광받고 있지만, 부동의 1위는 역시 부동산 임대소득이다. 그중에서도 주택임대소득은 다른 부동산 임대소득보다 접근이 용이해 노후생활자금으로 활용하고자 하는 니즈(Needs)가 높다.

그도 그럴 것이 과거 일정 금액 이하의 주택임대소득에는 세금을 과세하지 않았던 이유가 크다. 2018년까지 연간 2,000만 원 이하의 주택임대소득에 대해서는 비과세로 규정되어 있었기 때문에 사실 주택임대소득에도 세금이 부과된다는 사실을 모르는 사람이 더 많았다. 또, 주택 월세를 현금으로 주고받으니 세금이 부과된다고 해도 국세청은 포착하기 어려울 것이라고 생각하는 사람이 많아 세금 신고도 드물었다.

하지만 지금은 과거와 다르다. 2019년도부터는 연간 2,000만 원 이하의 주택임대소득에도 소득세가 부과되고 있다. 그리고 주택임대소득이 있는 사람은 임대를 통해 소득을 얻고 있는 사업자로 간주해 사업자 등록도 의무적으로 이행해야 한다. 2020년부터 법으로 규정되어 주택임대사업을 하면서도 사업자 등록을 하지 않으면 그간 사업자 등록을 하지 않은 날까지 발생한 주택임대 수입금액의 0.2%를 가산세로 납부해야 한다.

월세가 얼마 되지 않고 현금으로 주고받기 때문에 국세청은 모른다고 생각하는 사람이 여전히 있다. 국세청은 주택임대소득의 세원을 포착하기 위해 근로자인 경우 월세 세액 공제를 큰 폭으로 해주고 있고 전입신고 등의 전산자료를 통해 소득 파악을 그리 어렵지 않게 하고 있다. 따라서 주택임대소득이 있다면 사업자 등록부터 선행하고 그 이후 세금을 조절하는 방안을 강구해야 한다.

주택임대소득의 과세방법을 이해하자

주택 수에 따라 주택임대소득의 과세방법에 차이가 발

생한다. 가장 기본적인 원칙은 2채 이상의 주택을 소유하고 있는 사람에게 주택임대소득에 대한 세금을 과세한다는 점이다. 주택을 2채 이상 보유하고 있으면서 주택임대소득이 있다면 소득세를 납부해야 한다.

여기서 포인트는 주택 수의 판단과 주택임대소득 종류다. 주택 수의 판단은 세목마다 다소 차이가 있는데 주택임대소득에서도 주택 수의 판단이 여타 세목과는 조금 다르다. 주택임대소득의 주택 수 판단은 1세대를 기준으로 하고 있지 않다. 몇 채의 주택을 소유하고 있는지에 대한 판단은 부부의 주택 수만을 합산해 계산한다. 가령 아버지가 1채, 어머니가 1채, 함께 동거하고 있는 자녀가 1채를 소유하고 있다면 주택임대소득을 판단할 때 각자의 주택 수는 아버지 2채, 어머니 2채, 자녀 1채다. 즉, 해당 주택에서 각각 월세 수입이 있다면 아버지와 어머니는 월세 수입에 대해 주택임대소득세를 납부해야 하는 의무가 있다. 자녀는 1채만을 소유한 것으로 판단해 주택임대소득세를 납부할 의무가 없다.

1채인 경우라도 주택임대소득세 납부대상이 되는 경우가 있다. 소유하고 있는 주택의 공시 가격이 12억 원을 초과하면 해당 주택에서 발생하는 주택임대소득에 주택임대소득세를 납부해야 한다. 2022년까지는 공시 가격 9억 원을 초과하는 주택이었지만 2023년부터 부동산 시세를 반영해 공시 가격을 상향시켰다.

임대하고 있는 주택이 다가구주택이라면 주택 수는 어떻게 계산할까? 소형 평수의 원룸으로 10호의 가구가 사는 다가구주택이라면 이 다가구주택을 임대하고 있는 소유자는 10채의 주택을 소유하고 있는 것으로 봐야 할까? 그렇지 않다. 다가구주택에 해당한다면 10호의 가구가 별도로 살 수 있는 공간이 있다고 해도 1채의 주택으로 간주한다. 따라서 해당 주택임대사업자가 다가구주택 외의 주택을 소유하고 있지 않으면서 해당 다가구주택의 공시 가격이 12억 원을 초과하지만 않는다면 다가구주택에서 발생하는 월세 수입에는 세금이 없다. 단, 주의할 점은 1가지 있다. 다가구주택이 각각 호수별로 구분 등기되어 있다면 각각의 호수를 1채의 주택으로 계산되므로 이 임대사업자는 10채의 주택을 소유한 것으로 본다.

소유하고 있는 주택 수가 3채 이상이면 국세청은 별도의 추가적인 소득금액을 만들어 과세한다. 주택을 임대하는 방식에는 2가지 방법이 있다. 매월 일정한 금액의 월세를 받거나 목돈으로 보증금을 받아 전세로 운영하는 방법이다. 이때 목돈으로 받는 전세보증금이나 월세 계약을 체결할 때 일정 금액을 보증금으로 받아두는 경우 해당 보증금은 간주임대료 대상에 해당한다. 간주임대료란, 임대인이 보증금을 받아 정기예금 등 금융상품으로 운영했을 경우 예상되는 소득을 가정해 만드는 일종의 추상적인 소득이다. 따라서 가상의 소득과도 같지만 소유하는 주택 수가 3채 이상이라면 간과할 수 없는 금액이다.

간주임대료는 보증금이 있다는 것만으로 무조건 과세하지는 않는다. 일정한 금액 이상의 보증금을 가진 경우에만 과세되는데 그 금액이 3억 원이다. 3채 이상의 주택을 보유하면서 전세보증금이나 월세보증금 합계액이 3억 원을 초과한다면 3억 원을 초과하는 금액 중 60%에 국세청에서 정한 정기예금 이자율을 곱해 소득금액을 만든다. 2023년 귀속 기준으로 정기예금 이자율은 2.9%다. 예를 들어, 보증금으로 4억 원을 받는 주택 1채와 월세 100만 원씩 받는 주택을 2채 소유하고 있는 사람이 있다. 주택임대를 통해 연간 얻는 소득은 월세 합계액인 2,400만 원과 간주임대료 174만 원을 더한 2,574만 원이 된다(보증금 합계액인 4억 원에서 3억 원을 초과하는 금액 1억 원에 60%를 곱한 후 현재 기준 정기예금 이자율 2.9%를 적용하면 간주임대료 금액은 174만 원이 나온다).

단, 2023년(개정 세법 통과 시 2026년)까지 주거 용도로 쓰이는 면적이 1호 또는 1세대당 40㎡ 이하인 주택이면서 공시 가격이 2억 원 이하라면 예외다. 간주임대료 산정에 해당하는 3주택 보유 여부를 판단할 때 주택 수에 포함하지 않는다.

주택임대소득의 신고는 매년 5월 종합소득세 신고기간에 함께 진행된다. 1년간 납세자가 얻은 수입 전체에 대해 매년 5월 종합소득세 신고를 하는데 이때 주택임대소득 신고도 같이 한다. 단, 주택임대소득은 그동안 과세하지 않았던 점도 있고, 무리한 과세를 하면 서민 주거생활 지원을 저해할 수 있다는 요인이 있어 분리과세라는 제도를 통해 낮은 세금을 부과한다.

분리과세제도는 연간 2,000만 원 이하의 주택임대소득을 얻고 있는 사람에게 선택권을 주는 제도다. 분리과세를 통한다면 14%의 저율로 세금을 납부하고 종결할 수 있다. 흔히 금융기관에서 이자소득을 받고 내는 이자소득세율과 같은 세율이다. 연간 2,000만 원인 주택임대소득을 분리과세 신청했다면 50%를 경비로 인정해준다. 추가로 주택임대소득 외 다른 종합소득금액이 2,000만 원 이하인 경우에 한해 200만 원을 추가로 더 차감해주고 있다. 이렇게 계산을 해보면 다른 감면이 없다고 가정했을 때 납부해야 하는 세금은 1,232,000원(지방소득세 포함)이 된다.

이 종합소득세는 납세자가 자진해서 신고 및 납부해야 하는 세금이다. 따라서 매년 5월 31일까지의 신고기간을 놓치면 가산세가 발생할 수 있으니 유의한다.

자주 접해보지 않는 신고는 생소하고 어려울 수 있다. 또, 세무서에 사업자 등록을 하지도 않았는데 신고를 꼭 해야 하나 하는 생각이 들 수 있다. 하지만 사업자 등록을 하지 않았더라도 종합소득세 확정신고안내문을 받은 사람도 있을 것이다. 이 안내문을 받았다는 것은 소득이 발생했음을 국세청이 포착하고 있다는 뜻과 같으므로 소득을 누락하거나 신고를 하지 않는 어리석은 행동은 하지 않는 것이 좋다.

07

주택임대소득
절세전략 5가지

아주 작은 변화가 세금을 달라지게 할 수도 있다. 내 상황에 맞는 적절한 방법을 활용해 세금을 줄이려는 노력은 현명한 세테크의 시작이다.

공동명의주택은 주택 수에서 제외하자

여기 형제가 있다. 형인 L은 무주택자이고 동생인 M은 거주하는 주택 1채를 보유하고 있다. 주택임대 수입을 얻기 위해 형제가 주택을 공동으로 취득하려는데 세금을 적게 내기 위해서 어떤 방식으로 취득해야 하는지 고민이다. 예상 월세 수입은 월 150만 원으로 연간 1,800만 원이 발생할 것 같다. 세금을 줄이기 위한 최적의 취득비율이 있을까?

세금을 한 푼도 안 내는 방법이 있다. 핵심은 공동명의로 취득하려는 주택의 지분비율에 있다. 여러 가지 상황을 고려했을 때 형인 L은 지분비율을 70%, 동생인 M은 30%를 취득하면 둘 다 주택임대소득에 대한 세금을 내지 않을 수 있다.

왜 그럴까? 공동으로 소유하고 있는 주택은 지분비율이 가장 큰 사람의 주택 수로 계산한다. 형제의 상황처럼 형인 L이 지분 70%를 취득했기 때문에 공동으로 소유하고 있는 주택은 형인 L이 소유권을 가진다. 따라서 L과 M은 각각 1주택자이기 때문에 주택임대소득에 대해 과세가 되지 않는다. 물론 L 입장에서는 공동으로 취득한 주택이 공시 가격 12억 원을 초과하지 않아야 한다.

그렇다면 왜 7대 3의 비율로 나눴을까? 여기에는 조건이 있다. 공동 소유주택에서 발생하는 임대소득이 연간 600만 원 이상이어서는 안 되고 지분비율은 30%를 초과하면 안 된다. 이 조건을 충족하지 못하면 공동으로 주택을 소유하고 소수지분만을 보유하고 있어도 주택 수에 가산될 수 있다.

앞의 예에서 공동으로 취득한 주택에서 발생하는 주택임대소득

중 동생 지분에 해당하는 금액이 연간 600만 원 이상이라면 동생 M의 주택 수에도 합산된다. 동생 M은 30%의 지분을 취득했기 때문에 연간 발생하는 전체 주택임대소득인 1,800만 원 중 540만 원만이 수입금액이다. 따라서 30% 지분으로는 임대소득이 600만 원을 넘지 않아 주택 수에 가산하지 않아도 된다.

만약 공동 취득한 주택의 공시 가격이 12억 원을 초과한다면 얘기가 달라질 수 있다. 동생의 지분비율에 따른 소득이 600만 원을 넘지 않더라도 공시 가격이 12억 원을 초과하는 고가주택에 해당하고, 그 지분비율이 30%를 초과한다면 주택 수에 합산된다. 다행히 동생 M의 지분율은 30%라서 30%를 초과 보유하고 있지 않아 주택 수에 포함되지 않는다. 따라서 공동 소유하는 주택은 임대소득과 지분율을 적정히 조절해야만 최적의 세금을 만들어 낼 수 있다.

주택임대소득의 면세점을 알고 있자

연간 주택임대에 대한 수입금액이 2,000만 원 이하인 사람은 분리과세로 세금을 내고 종결할 수 있다. 주택임대소득이 있는 모든 사람에게 납세의 의무를 부여하다 보니 일종의 14%라는 저율의 세율로 과세를 종결하는 혜택을 주고 있는 셈이다.

그렇다면 2,000만 원 전체 금액에 대해 14%를 적용해서 세금을 납부하는 것일까? 그렇지 않다. 14%의 세율이 곱해지는 금액은 수입금액 2,000만 원이 아닌 과세표준이다. 이 과세표준이 만들어지는 과정을 이해하면 연간 얼마를 받았을 때 세금을 한 푼도 내지 않을 수 있는지 역으로 알아낼 수 있다.

분리과세를 통해 주택임대소득을 신고하는 경우에는 경비 처리가 2번 들어간다고 이해하면 된다. 첫 번째, 50%의 일괄적인 필요경비율이다. 2,000만 원의 주택임대 수입금액에 50%를 우선 경비 처리해준다. 두 번째, 주택임대소득 외 다른 종합소득금액이 2,000만 원 이하인 경우에 한해 200만 원의 추가 공제가 적용된다. 따라서 2,000만 원의 주택임대 수입금액이 있고 다른 종합소득금액이 2,000만 원 이하라면 과세표준은 800만 원이 나오고 14%의 세율을 곱해 112만 원(지방소득세 포함인 경우 123만 2,000원)의 세금이 발생한다. 이를 역산해보면 연간 주택임대 수입금액이 400만 원인 경우 과세표준은 0원이 나와 세금이 없게 된다. 월세 수입으로 돌리는 경우에는 월 33만 3,000원 정도의 금액이 된다.

임대하고 있는 주택이 세무서와 지방자치단체에 모두 주택임대업 임대사업자로 등록한 주택이라면 면세점은 더 높아진다. 주택임대업을 등록한 주택에 대해서는 필요 경비 공제율이 60%로 올라가고, 주택임대소득 외 다른 종합소득금액이 2,000만 원이라면 적용되는 공제금액 200만 원도 400만 원으로 상향된다. 따라서 주택임대업으로 등록한 주택임대사업자의 주택임대소득 면세점은 400

만 원이 아닌 1,000만 원이 되고 이 금액을 월세로 환산해보면 83만 3,000원 정도가 된다.

주택임대소득의 면세점을 정확하게 판단할 수 있다면, 임대차 계약을 체결할 때 해당 금액을 고려해 보증금과 월세를 적절히 조정할 수도 있다. 보증금은 주택을 3채 이상 보유할 때부터, 그리고 보증금 합계액이 3억 원을 초과할 때만 주택임대소득을 계산한다. 따라서 주택임대에 대한 수입이 있더라도 세금을 내지 않을 수 있는 금액이 있음을 인지하고 임대차 계약 시 좀 더 유리한 방향으로 계획해야만 한다.

부부 공동명의를 통해 간주임대료를 활용하자

주택임대소득에서 주택 수를 판단할 때 부부의 주택 수는 합산해서 판단한다. 부부가 각각 1주택을 소유하고 있다면 남편과 아내는 각각 2주택자와 동일해 주택임대소득에 대해 세금을 납부해야 한다. 주택을 누군가가 1채 더 갖고 있다면 3주택자가 되므로 이때부터는 3억 원을 초과하는 보증금에 대해 간주임대료도 계산해야 한다.

간주임대료 계산에서 포인트는 3억 원 차감이다. 예를 들어보자. 부부가 소유하고 있는 주택은 총 3채다. 남편이 2채, 아내가 1채로 남편에게 귀속된 보증금 합계는 6억 원, 아내에게 귀속된 보증금 합계는 3억 원이다. 주택 수를 판단할 때만 부부가 합산해서 판단하며 주택임대소득에 대한 세금은 당사자에게 귀속되는 금액을 기준으로 각각 계산한다. 따라서 남편은 보증금 합계 6억 원에서 3억 원을 차감한 3억 원 기준으로 간주임대료를 계산해서 주택임대소득금액에 합산해야 한다. 3억 원의 60%인 1억 8,000만 원에 대해 2.9% 정기예금 이자율을 곱한 금액 522만 원이다.

각각 3억 원을 차감해주기 때문에 아내의 주택임대소득을 계산할 때는 간주임대료가 0원이 된다. 별도의 월세 수입이 없다면 아내는 주택 수가 3채가 되더라도 세금을 내지 않을 수 있다.

여기서 더 나아가 남편의 간주임대료를 없애는 방법을 생각해볼 수 있다. 만약 총 3채의 주택을 남편 단독명의로 1채, 아내 단독명의로 1채, 부부 공동명의로 1채를 취득했다면 어땠을까? 총 보증금 합계액 9억 원에 대해 간주임대료를 계산하지 않을 수 있다.

간주임대료를 계산할 때 차감해주는 이 3억 원은 각각 사업자 1인에게 적용되는 금액이다. 그리고 세법에서는 공동사업자를 별도의 사업자 1인으로 취급한다. 따라서 남편 단독명의 1채, 아내 단독명의 1채, 부부 공동명의의 1채가 있다면 각각을 독립된 사업자 1인으로 보아 3명의 사업자로 취급한다. 3채 모두 전세보증금으로 3억 원씩 계약이 체결되어 있다면 부부의 주택 수는 3채가 되어 간주임대료를 계산해야 하지만 남편 단독명의주택에서 3억 원 차감,

아내 단독명의주택에서 3억 원 차감, 그리고 부부 공동명의주택에서 3억 원을 차감해 간주임대료를 전부 0원으로 만들 수 있다. 따라서 주택임대소득을 통한 수입을 얻고자 주택을 추가 취득할 때는 단독명의로 진행할지, 공동명의로 진행할지에 대한 판단이 필요하다.

종합과세와 분리과세를 비교하자

연간 2,000만 원 이하의 주택임대 수입금액이 있는 사람은 14%의 낮은 세율로 분리과세를 할 수 있다. 하지만 분리과세를 신청해서 할 수 있다는 뜻이지, 종합과세를 할 수 없다는 뜻은 아니다. '종합과세를 신청하지 않는다'는 주택임대소득 외 다른 소득과 합산하지 않겠다는 뜻이다. 즉, 다른 종합소득이 이미 많이 있는 상황에서 주택임대소득이 합쳐진다면 높은 세율로 과세될 수 있으므로 14%의 세율로 과세하고 끝내겠다는 의미다.

그렇다면 분리과세가 무조건 유리하다고 볼 수 있을까? 그렇지도 않다. 소득세 세율은 6~45%까지 총 8단계 누진세율구조를 두고 있다. 따라서 14%보다 낮은 세율로 적용받을 수 있다면 분리과세보다 종합과세로 세금을 신고하는 편이 더 유리하다. 14%의 세율보다 낮은 세율은 8단계 누진세율구간 중 최저세율인 6%이다. 이 6%는 과세표준이 1,200만 원 이하인 경우에만 적용된다.

연간 2,000만 원의 주택임대 수입금액이 있고 다른 소득은 전혀 없는 사람이라고 가정해보자. 분리과세로 세금을 신고한다면 필요 경비율 50%와 공제금액 200만 원이 적용되어 납부할 세금은 112만 원이 나온다.

이를 종합과세로 신고하면 세금은 더 줄어들 수 있다. 종합과세로 신고한다고 해도 주택임대 수입금액에 대해서는 필요 경비를 적용해준다. 이 필요 경비율은 직전 연도 수입금액에 따라 2가지 경비율 중 하나를 적용하게 해주는데 연간 임대 수입금액이 2,400만 원을 넘지 않는다면 42.6%의 경비율을 적용받을 수 있다. 이를 단순 경비율대상자라고 한다. 경비 처리를 할 수 있는 비율로만 따진다면 분리과세의 필요 경비율인 50%보다 낮지만 종합과세를 하는 경우 추가로 150만 원의 인적 공제와 세액 공제 7만 원을 받을 수 있다.

따라서 계산해보면 과세표준은 998만 원이 나오고[(2,000만 원×(1−42.6%)−150만 원], 6%의 세율과 표준 세액 공제 7만 원을 적용하면 납부해야 하는 세금은 52만 8,800원이 나온다. 분리과세로 신고한 금액보다 50% 정도 줄어든다.

분리과세는 다른 종합소득과 합산하지 않도록 해 저율의 일정 세금만 납부할 수 있도록 해주는 혜택이지만 다른 종합소득이 없는 사람이라면 종합소득 합산과세를 통해 14%보다 더 낮은 세율인 6%의 세율로 신고해 세금을 덜 낼 수 있다는 것을 알고 있자.

비용 처리가 필요하다면 장부 작성을 하자

분리과세나 단순경비율을 적용한다고 해도 그 필요 경비는 주택임대 수입금액의 50%를 넘지는 않는다. 하지만 주택임대를 하기 위해 들어간 비용이 많다면 장부를 작성해 실질적인 사용금액을 비용으로 인정받는 것이 유리하다.

새로운 입주자를 위해 가전제품을 바꾸거나 도배 또는 장판을 새로 한다면 그해 비용이 임대소득만큼 발생할 수도 있다. 또, 주택임대사업을 하기 위해 대출받은 금액이 있다면 이자비용에 대한 경비 처리와 각종 주택에 부과되는 재산세 등을 비용으로 처리할 수도 있다.

임대사업자들 대부분에게는 관련 비용 자체가 크지 않다. 따라서 세법에서 정하는 일률적인 경비율을 사용하는 것이 유리하다. 하지만 특수하게 많은 비용을 처리하는 경우에는 직접 장부 등을 작성해 실질적으로 사용한 경비를 인정받는 것이 정당한 세금 처리방법이다. 세 부담 측면에서 유리할 수 있으니 내 상황에 맞는 방법으로 신고하도록 해야 한다.

08

건강보험료를 내기 싫다면 피부양자가 되자

누구에게나 세금 납부는 달가운 일이 아니다. 물론 세금은 대한 민국 국민이라면 누구나 부담해야 하고 그 세금은 다시 대한민국 국 민 모두를 위해 사용되고 있으니 돌려받는다고도 볼 수 있다. 하지 만 그 사용되는 가치가 개개인에게 직접적으로 와닿지 않기 때문에 모든 사람은 납세의 의무를 썩 좋아하지 않는다.

이와 결이 비슷한 부담이 하나 더 있다. 바로 건강보험료 납부의 의무이다. 건강보험료는 엄밀히 따지면 세금은 아니다. 단, 공공기관 에서 부과해 걷어가는 방식이고 건강보험료의 혜택을 직접 체감하지 못하는 사람이 많다 보니 준세금과 같다고 할 수 있다. 자주 아파서 병원을 찾지 않는 사람이라면 그 기능과 혜택을 잘 느끼지 못하기 때문이다.

비슷한 예를 찾아본다면, 자동차 보험료와 같지 않을까 생각한다. 의무적으로 가입해야 하는 보험이지만 운전하면서 한 번도 사고를 내지 않았던 무사고 운전자라면 매년 사라지는 돈으로 볼 수 있기 때문이다. 자동차 보험은 무사고 기간이 길어지면 길어질수록 보험료가 낮아지는 혜택이 있지만 건강보험료는 병원을 찾지 않는다고 낮아지는 것도 아니고 오히려 소득이나 재산이 많아질수록 더 많이 납부해야 하기 때문에 좋아하는 사람이 있을 수 없는 것도 맞다.

건강보험료 납부자는 3종류로 나눠진다. 직장가입자와 지역가입자, 그리고 직장가입자의 피부양자다.

보통 직장가입자는 근로소득이 있는 사람이 해당한다. 근로소득이 있는 직장가입자는 월 소득을 기준으로 건강보험료를 책정하고, 그 건강보험료를 사업주와 직장가입자가 50%씩 나눠 내는 구조다. 또, 근로소득자는 대부분 각종 세금 및 4대 보험료가 공제된 후 월급통장에 찍히는 금액을 자신의 급여로 받아들이기 때문에 건강보험료에 크게 신경 쓰지 않는다.

하지만 직장가입자가 아닌 사람들은 건강보험료를 직접 다 납부해야 하기 때문에 상당한 거부감을 느낀다. 직장가입자가 아닌 지역가입자는 소득 및 재산에 근거해 건강보험료를 납부한다.

지역가입자라고 해도 직장가입자의 피부양자로 등재된다면, 별도의 건강보험료 납부 없이 건강보험 혜택을 누릴 수 있다. 피부양자란, 부양을 받아야 하는 사람을 말하는데 혼자서는 생계를 유지하기 어려운 사람이라고 생각하면 된다. 따라서 피부양자로 등록되면 건강보험 혜택은 받을 수 있지만 건강보험료를 별도로 납부하지 않는다. 그래서 가족 중에 건강보험료 직장가입자가 있다면 어떻게든 피부양자 자격을 가지려고 하고 그 자격을 유지하려고 애쓴다. 그렇다면 피부양자의 자격을 합법적으로 갖고 유지하려면 어떤 요건들을 충족해야 할까?

피부양자의 3가지 조건

피부양자가 되려면 직장가입자의 부양을 받아야 한다. 지역가입자에게는 피부양자가 등록될 수 없다. 피부양자가 부양받는 사람을 뜻하는 단어인 것처럼 '부양 요건', '소득 요건', '재산 요건', 이렇게 총 3가지의 조건을 모두 충족해야만 한다.

가장 기본적인 조건은 부양 요건이다. 동거는 부양 요건을 충족한다고 볼 수 있다. 하지만 동거하지 않는 비동거인 경우라도 부양받는 사람이 별도의 소득이나 재산이 없다면 부양 요건을 충족한 것으로 볼 수 있다.

부양 요건보다 더 중요한 것은 부양받는 사람의 소득 요건과 재산 요건이다. 현재 적용되고 있는 피부양자의 소득 요건과 재산 요건은 (건강보험료 부과체계) 2단계 개편안의 내용이다. 1단계 개편안은 2018년 7월 1일부터 시행됐고, 2022년 9월 1일부터 현재의 2단계 개편안이 적용되고 있다.

피부양자의 요건 중 소득 요건부터 먼저 파악해보면, 연간소득 기준으로 2,000만 원을 초과하면 안 된다. 연간소득이 2,000만 원 이하라면 소득 요건을 충족했다고 보고 직장가입자의 피부양자가 될 수 있다. 단, 사업소득이 없어야 한다. 사업소득은 일반적으로 사업자 등록을 하고 사업체를 운영하는 사람에게 생기는 소득인데 이렇듯 사업자 등록을 하고 사업소득이 있는 사람이라면 소득이 0원이 아닌 이상 피부양자의 소득 요건을 충족할 수 없다.

그렇다면 사업소득이 있는 사람은 무조건 피부양자가 될 수 없을까? 꼭 그렇지만은 않다. 사업소득의 기준은 사업소득금액이다. 즉, 실제 매출액에서 경비 등을 차감한 순수익이 기준이 된다. 사업자 등록을 하고 사업을 하고 있지만 연간 경비까지 차감한 사업소득금액이 0원 이하라면 피부양자로 등록할 수 있다.

사업자 등록을 하지 않고 사업을 하는 사람들은 그 금액이 더 올라간다. 보통 학원에서 일시적 강의를 하고 받는 강의 수당, 보험 컨설팅을 하면서 받는 수당 등은 3.3% 원천징수가 되는 사업소득이다. 이처럼 사업자 등록 없이 얻는 사업소득금액이 연 500만 원 이하라면 역시 피부양자의 소득 요건을 충족한다고 볼 수 있다.

부양 요건과 소득 요건까지 충족했다면 이제 마지막으로 재산 요건을 충족해야 한다. 재산 요건은 매년 재산세 부과기준일인 6월 1일 기준으로 재산세 과세표준 합계액이 5억 4,000만 원 이하여야 한다. 현재 공시 가격이 시세의 60% 정도를 반영하고 있다고 한다면, 시세 15억 원 정도의 부동산을 보유하고 있어야 가능한 금액이다. 이 금액은 원래 건강보험료 부과체계 2단계 개편안에서 3억 6,000만 원으로 하향 조정될 예정이었다. 하지만 큰 폭의 부동산 가격 상승 때문에 기존 기준을 유지하기로 해서 개정되지 않았다.

해당 금액을 초과한다고 무조건 피부양자 자격이 박탈되지는 않는다. 대신 소득 요건을 별도로 충족해야 하는데, 이때는 연 2,000만 원이 아닌 연 1,000만 원으로 금액이 낮아진다. 만약 재산세 과세표준 합계액이 9억 원을 초과한다면 연 1,000만 원 이하의 소득 요건을 만족시켜도 피부양자 자격을 유지할 수 없다.

건강보험료 직장가입자의 피부양자제도는 경제적 부담 능력이 없는 사람에게 보험료 부담 없이 의료 보장을 하고자 하는 취지를 갖고 있다. 일정 기준금액 이상의 부동산을 소유하거나 소득이 있는 사람은 인정해주지 않겠다는 것이다.

건강보험료 부과체계가 개편되면서 소득 요건 기준금액이 낮아져 피부양자 자격을 박탈당하는 사람이 늘어났다. 이에 따라 지역가입자로 전환된 사람들에 대해서는 4년간 80%, 60%, 40%, 20%씩 보험료를 경감해준다.

세법만큼은 아니지만 건강보험료 역시 경제 상황에 맞춰 변화가 종종 일어난다. 변화가 좋은 쪽이든, 좋지 않은 쪽이든 기존 건강보험체계에서 혜택을 보고 있는 사람이라면 변화과정을 항상 잘 챙겨야 한다. 변화가 되면 같은 방식으로는 혜택을 놓칠 수도 있고, 혜택을 받을 수 있는 사람이라도 대처하지 못한다면 받을 수가 없다.

소득 요건에는 5가지 종류의 소득이 포함된다. 금융소득, 사업소득, 근로소득, 기타소득, 연금소득이다. 현재 근로소득과 연금소득에는 50% 금액만을 반영하고 있다. 하지만 개편 전에는 30% 금액만을 적용했기 때문에 50%로 적용률이 바뀌면서 피부양자 자격을 박탈당한 사람이 늘어났다. 사전에 개편 내용을 알았던 사람이라면 미리 대처해 피부양자 자격을 유지하는 방안을 찾았을 것이다.

금융소득에서도 마찬가지다. 원래 분리과세로 종결되는 2,000만 원 이하의 금융소득은 포함되지 않았지만 개편을 통해 분리과세가 되는 금융소득도 소득 요건에 포함하는 것으로 변경됐다. 물론 과도기를 통해 아직은 연간 1,000만 원 이하의 금융소득은 소득 요건에 포함하지 않고 있다.

현재 피부양자 자격 요건을 맞추는 것도 물론 중요한 일이지만 변화가 시작되려고 한다면 바뀌는 변화 속에서 피부양자 자격 요건을 맞추기 위해 어떤 행동을 해야 할지 미리 파악하고 준비해야 한다.

09

소득을 조정해야
피부양자를 유지할 수 있다

건강보험료 피부양자 자격 요건 중 재산 요건의 경우 보유한 재산을 처분하지 않는 이상 금액을 조정할 수 없다. 하지만 소득 요건의 경우 재산 요건보다 조정을 좀 더 자유롭게 할 수 있다는 가변성이 존재한다.

건강보험료 때문에 더 큰 소득을 포기할 사람은 거의 없다. 하지만 기준금액에 근접한 사람이라면 소득을 조정해 피부양자의 자격을 유지하는 방안을 고려해야 한다. 그중 가장 적합한 소득은 금융소득이다. 원래 2,000만 원 이하의 분리과세에 해당하는 금융소득은 소득 요건을 산정할 때 전혀 포함되지 않았다. 그러다가 2021년부터 분리과세에 해당하는 금융소득도 포함하기로 개편됐고 그 유예기간으로 당분간은 금융소득이 1,000만 원을 초과하는 사람들에게만 적용하고 있다. 즉, 금융소득이 1,000만 원이라면 소득 요건을 산정할 때 1,000만 원의 금융소득은 포함되지 않는다.

만약 금융소득이 1,010만 원이라면 어떻게 될까? 분리과세로 종결되는 금융소득이라고 해도 건강보험 직장가입자의 피부양자를 판단할 때 1,010만 원의 금융소득을 포함해서 판정한다. 이때 10만 원의 금액을 조정하면 포함되지 않도록 할 수 있다. 그래서 소득 요건에서 조정을 통해 자격 요건을 맞출 수 있다고 앞에서 말했던 것이다.

금융소득을 얻을 수 있는 금융 투자상품은 최대한 비과세종합저축, ISA, 주식형 펀드 등 과세가 되지 않는 상품으로 운용하는 것이 현명하다. 투자 운영으로 인한 수익이 똑같아도 건강보험료 산정 시 비과세소득은 포함되지 않기 때문이다.

다른 소득이 전혀 없는 상황에서 금융소득만 보유하고 있는 사람이라면 연간 약 8,190만 원(기본소득 공제 150만 원, 표준 세액 공제 7만 원으로 가정)까지는 추가로 납부할 세금이 없다. 이미 원천징수 세율 15.4%로 납부를 완료했기 때문이다.

그런데 건강보험 피부양자 자격을 판단할 때는 언급했듯이 금융소득이 1,000만 원을 초과하면 전부 소득 요건에 포함된다. 따라서 세금을 추가로 납부하지 않는다고 해도 건강보험료 지역가입자로 전환되어 건강보험료를 납부해야 한다.

국민건강보험공단 홈페이지의 '지역보험료 모의계산하기'를 통해 납부할 보험료를 예상해볼 수 있다[민원여기요→개인민원→개인민원업무 목록→('보험료 조회/신청'의) 4대보험료계산→지역보험료 모의계산하기]. 다른 소득이 전혀 없고 금융소득이 연 5,000만 원이라면 예상되는 보험료는 약 33만 원(장기요양보험료 포함)이 나온다. 연으로 환산했을 때는 396만 원으로 약 400만 원을 납부해야 한다. 1년 동안 400만 원의 병원비를 사용하지 않는 사람이라면 아까운 금액이다.

금융상품 선택을 잘해야 한다

금융상품에는 이자 또는 배당소득으로 분류되는 소득이 대부분이다. 그런데 그렇지 않은 금융상품도 존재한다. 대표적인 금융상품이 연금상품이다. 연금상품을 통해 연금으로 받는 소득은 금융소득이 아닌 연금소득으로 과세된다. 연금소득으로 과세가 되면 피부양자의 소득 요건을 조정하는 데 도움이 된다.

연금저축계좌로 분류되는 연금상품은 연금으로 받을 때 연금소득에 해당한다. 물론 피부양자의 소득 요건에 포함되는 소득에는 연금소득도 존재한다. 하지만 현재 연금소득에는 사적연금은 제외한 국민연금, 사학연금, 공무원연금, 군인연금 등 공적연금만 해당하고 있다. 즉, 금융상품인 연금저축계좌를 통해 받는 사적연금소득은 소득 요건에 포함되는 소득이 아니라서 적극적으로 활용해도 좋다.

퇴직한 O는 퇴직금을 어떤 식으로 운영할지 고민하다 주변인의 추천으로 개인형 퇴직연금 IRP계좌에 가입했다. IRP계좌에 가입하면 퇴직금에 대한 퇴직소득세가 과세이연이 된다. 과세를 뒤로 늦춘다는 뜻이다. 그리고 해당 계좌에서 퇴직금을 일시에 찾지 않고 연금으로 수령하면 부과되는 퇴직소득세에 30%만큼 할인도 적용해 준다.

그런데 O가 퇴직연금 IRP계좌를 선택한 가장 큰 이유는 건강보험 피부양자 자격의 취득이었다. 퇴직을 하는 바람에 매월 일정 소득이 없는 O는 건강보험료까지 납부하고 싶지 않았다. 건강보험의 피부양자 소득 요건을 판단할 때 연금소득이 포함되지만 사적 연금소득은 포함되지 않는다는 조언을 듣고 IRP에 가입했고, 월 일정 금액씩 생활비를 수령하면서도 건강보험 피부양자 자격을 취득할 수 있어 결과적으로 O에게는 현명한 판단이 됐다.

만약 O가 IRP계좌에서 연금으로 수령하다가 목돈이 필요해 일시금으로 해지를 해도 걱정할 필요는 없다. 퇴직금이 재원인 이 IRP계좌는 일시금으로 수령해도 퇴직금부분은 퇴직소득으로, 일부 운영을 통해 얻은 수익은 기타소득으로 과세되기 때문이다. 당연히 퇴직소득은 건강보험 피부양자의 소득 요건을 판단할 때 포함되지 않는 소득이고, 기타소득은 16.5% 분리과세가 되는 소득이라서 소득 요건을 판단할 때 포함되지 않는다.

사적연금소득도 소득 요건에 포함해야 한다고 종종 목소리가 나오고 있지만 확정적이지 않으며 포함된다고 해도 일정 기간의 유예를 주는 것이 보편적이다. 따라서 아직은 활용도가 높은 상품이라고 볼 수 있다. 금융상품을 잘 활용하는 것도 소득을 조정하는 방법임을 잘 알고 있어야 한다.

부부간의 소득 조절로 피부양자 유지 가능

건강보험 피부양자의 소득 요건 판정에는 조금 특이한 부분이 있다. 부부가 둘 다 소득 요건을 충족해야만 한다는 것이다.

재산 요건을 판단할 때는 부부 개인별로 각각의 재산 요건만을 판단한다. 하지만 소득 요건을 판단할 때는 둘 중 한 명이라도 소득 요건을 충족하지 못하면 소득이 전혀 없는 다른 배우자도 직장가입자의 피부양자로 등재될 수가 없다. 부부 중 일방이 일정 금액의 소득이 있다면 굳이 부양받을 필요가 없다고 판단하는 것으로 보인다. 따라서 소득이 일방의 배우자에게만 몰려있다면 소득을 분산해 부부 모두 소득 요건을 충족할 수 있도록 해 피부양자 자격을 얻는 방법을 취해야 한다.

은퇴한 P는 목돈 5억 원으로 ELS 상품을 운용해 4,000만 원(금융소득)을 얻었다. 은퇴하면서 P와 P의 배우자가 모두 자녀의 건강보험 피부양자로 등재되어 있었는데 P가 소득 요건을 충족하지 못하면서 P와 P의 배우자 모두 피부양자에서 지역가입자로 변경됐다. 부부의 경우 소득 요건을 둘 중 한 명이라도 충족하지 못하면 피부양자 자격에서 박탈당하기 때문이다. 부부가 공동으로 사용하는 생활자금이지만 일방의 배우자에게서만 소득이 발생하는 것은 피부양자 자격을 유지하는 데에 있어서 좋지 않다.

만약 P가 소득을 분산할 수 있었다면 상황은 달라졌을 것이다. ELS 상품을 가입하기 전에 목돈 중 일부를 배우자에게 증여하고 각각 동일한 ELS 상품에 가입했다면 얻는 금융소득은 똑같더라도 피부양자 자격을 유지할 수 있었다. 5억 원 중에서 2억 5,000만 원은 P가 ELS 상품에 가입하고, 증여받은 2억 5,000만 원으로 P의 배우자가 동일한 ELS 상품에 가입했다면 얻는 금융소득은 동일하지만 각각 금융소득이 2,000만 원이라서 소득 요건을 충족할 수 있게 된다. P와 P의 배우자 모두 자녀의 피부양자 자격을 유지할 수 있다.

포인트는 배우자 간 증여재산 공제금액에 있다. 배우자 간에는 10년간 6억 원까지 증여세 없이 증여할 수 있다. 즉, 2억 5,000만 원이라는 큰 금액을 증여해도 증여세가 발생하지 않기 때문에 소득을 분산해도 세금이 발생하지 않는다. 또, 동일한 금융상품에 가입했다면 얻는 수익도 동일할 수 있고 이 동일한 금융소득을 얻어도 소득이 각자에게 분배되기 때문에 피부양자의 소득 요건까지 충족할 수 있게 된다.

적극적인 소득 조정만이 피부양자 자격을 유지할 수 있음을 명심하고 내 상황에서 가장 유리한 결과를 만드는 방법을 항상 강구해야 한다.

주택임대사업자도 피부양자가 될 수 있다

사업자등록증이 있고 사업소득이 있다면 직장가입자의 피부양자가 될 수는 없다. 그런데 여기서 말하는 사업소득은 매출액이 아닌 순수익금액을 의미한다. 따라서 수익에서 사업을 운영하는 데 들어간 경비를 차감한 금액인 사업소득금액이 된다.

노후생활을 위해 주택임대사업을 하는 사람이 많다. 큰돈을 벌고자 하는 목적보다는 좀 더 편안하고 안정적인 은퇴자금을 마련하기 위한 목적이 더 크다. 하지만 주택임대사업자도 사업자 등록을 반드시 해야 하는 바람에 사업소득금액이 발생하면 피부양자가 될 수 없다. 그렇다면 사업소득금액을 0원으로 만들면 피부양자 자격을 유지할 수 있지 않을까?

현재 세법에서는 연간 2,000만 원 이하의 주택임대소득에 대해서는 분리과세로 종결해준다. 분리과세를 적용할 때 경비를 일괄적으로 공제해주는데 '민간임대주택에 관한 특별법'에 따라 지자체에 주택임대사업자로 등록하면 일반 분리과세에 해당하는 사람보다 공제금액을 더 크게 적용해준다. 주택임대사업자로 등록이 되어 있다면 일괄적으로 60%를 비용으로 공제해주고 주택임대소득 외 다른 종합소득금액이 2,000만 원 이하라면 추가로 400만 원을 차감해준다. 역산해보면 연 1,000만 원의 주택임대소득에 대해서는 사업소득금액이 0원이 나온다. 주택임대사업자로 등록했고 임대하는 주택에서 월세 수입이 있는 사람의 경우 월 83만 3,000원까지는 피부양자를 유지할 수 있는 금액이 된다는 결론이 나온다.

월세 수입이 83만 3,000원을 초과하고 있다면, 보증금 등을 좀 더 높이고 월세를 낮추는 식으로 해서 피부양자의 소득 요건을 맞추는 것도 하나의 전략이 된다. 월세를 좀 더 올려받고 건강보험료를 내는 것보다 월세를 좀 덜 받는 것이 유리하기 때문이다.

주택임대사업자로 등록되어 있지 않다면 경비 적용률이 50%, 주택임대소득 외 다른 종합소득금액이 2,000만 원 이하라면 추가 200만 원을 차감해준다. 따라서 역산하면 연 400만 원의 주택임대소득에 대해 사업소득금액이 0원이 되는데 월세로 환산하면 33만 3,000원이 된다.

주택임대소득의 면세점을 잘 활용하는 것도 건강보험 피부양자 자격을 유지하는 데 좋은 전략이 된다.

10

건강보험료 감면,
기다리지 말고 신청하자

건강보험료 직장가입자는 1년간 납부하는 보험료가 일괄적으로 정해져 있다. 매년 4월에 건강보험료 정산을 하기 때문이다. 직장가입자는 근로소득을 받고 그 근로소득을 매년 2월에 연말정산이라는 제도를 통해 확정한다. 그리고 그 정산된 소득이 반영되어 4월에 건강보험료가 정산되는 구조다. 그렇다면 연말정산을 하지 않는 지역가입자는 언제 정산을 하는 것일까?

연금소득은 전년도 소득을 기준으로 다음 연도 1월부터 12월까지 건강보험료에 반영된다. 그리고 그 외 소득에 대해서는 크게 2가지 기준이 있다. 우선, 종합소득세 신고와 재산세 과세기준일인 6월 1일이다.

종합소득이 있는 사람은 매년 5월 말일까지 종합소득세 신고를 해야 한다. 물론 성실신고대상자라면 6월 말일까지다. 이렇게 신고된 소득은 건강보험공단으로 자료가 넘어가 그해 11월부터 정산된다. 즉, 전년도 발생한 소득이 다음 연도 11월부터 그다음 연도 10월까지 적용된다. 부동산의 경우에는 재산세 과세기준일을 기준으로 자료를 제공받아 동일하게 11월부터 그다음 연도 10월까지 건강보험료에 반영한다.

건강보험료 정산제도를 활용하자

사업소득이 있는 사람이라면 매년 신고하는 종합소득 금액이 일정하지 않을 수 있다. 작년에는 소득이 많이 발생해 세금을 많이 냈다면 올해에는 소득이 줄어 세금을 적게 낼 수 있는 것처럼 말이다.

소득이 많이 발생해 건강보험료를 많이 낸다면 크게 불만은 없지만 소득이 많이 줄었는데도 건강보험료가 조정될 때까지 기다리면서 많이 납부하면 불만이 생길 수밖에 없다. 이런 경우에는 소득부과 건강보험료 정산제도를 활용할 수 있다.

지역가입자의 소득이 반영되는 데에는 꽤 시간이 걸린다. 이를 보완하기 위해 보험료를 감면해주는 조정제도가 1998년부터 시행됐다. 그리고 조정을 거쳐 2022년 9월부터는 '소득 부과 건강보험료 정산제도'가 시행되고 있다. 정산 신청을 하면 신청한 달의 다음 달부터 그해 12월까지 조정을 한 후, 다음 해에 정산하는 시스템이다. 단, 사업소득 및 근로소득에 한해서만 정산 신청이 가능하다.

신청할 때 필요한 서류가 있다. 소득이 얼마인지 확인할 수 있는 증빙서류여야 한다. 즉, 세무서로부터 발급받을 수 있는 소득금액증명원이 필요하며 추가로 종합소득세 과세표준확정신고 및 납부계산서를 첨부해야 한다. 이 두 서류를 첨부해서 국민건강보험공단 지사에 신청하면 조정된 건강보험료를 신청한 달의 다음 달부터 적용받을 수 있다. 굳이 11월까지 기다리지 않아도 된다. 단순히 소득이 준 것이 아니라 피부양자의 소득 요건에까지 충족할 수 있다면 더더욱 지체하지 말고 신청해야 한다. 피부양자 자격을 취득한 것과 같으므로 굳이 내지 않아도 되는 건강보험료를 내고 있을 이유가 없다. 배우자나 자녀 중에 직장가입자가 있다면 해당 직장가입자의 피부양자로 등재해 건강보험 피부양자 혜택을 챙길 수 있어야 한다.

부동산을 연중에 매도할 계획이라면 항상 과세기준일을 기억해야 한다. 과세기준일인 매년 6월 1일은 보유세인 재산세와 종부세에도 영향을 미치지만 건강보험료의 재산 기준에도 영향을 미치기 때문이다. 매도시기를 과세기준일인 6월 1일 전으로만 조정해도 건강보험료 산정 시 소유하고 있는 부동산에서 제외될 수 있다. 단, 6월 전에 부동산을 매도했다고 해도 건강보험료 조정 신청은 바로 하는 것이 좋다.

국민건강보험공단은 국토교통부로부터 매월 2개월 전의 부동산 변동 내역을 수보받아 일괄적으로 조정 처리를 진행하고 있기는 하다. 하지만 매각일의 다음 달부터 조정 신청이 가능한데도 불구하고 신청하지 않는다면 보험료를 더 내고 싶다는 것으로밖에 보이지 않는다. 적극적으로 자신의 권리를 찾을 수 있는 노력이 필요하다.

반대로 소득이나 부동산이 증가하는 경우에는 별도의 조치를 취할 필요는 없다. 건강보험료 조정 신청을 하는 이유는 조정이 되는 시기가 늦다 보니 조금이라도 더 빨리 건강보험료 납부금액을 줄이고자 하기 위해서다. 소득이 증가했다거나 새로운 부동산을 취득해 재산이 늘어났다면 자동으로 정산이 되는 시기까지 기다리면 된다.

이 제도 관련해서 주의할 점이 하나 있다. 소득 부과 보험료 조정 및 정산제도를 활용해 건강보험료를 조정했다고 해도 신청한 연도의 다음 해 11월 국세청으로부터 연계된 소득 자료를 갖고 보험료를 재산정한다. 따라서 지금 국민건강보험공단에서 부과 중인 기준소득보다 신청하는 연도의 연간소득이 적다고 예상될 때에만 신청하는 것이 유리하다. 그렇지 않으면 추가로 부과될 수 있다.

4장

택스 플랜 _ 양도

01

성공적인 투자,
양도세가 결정한다

부동산 시장 가격이 급등하던 시기에 R의 아파트 시세 역시 많이 올랐다. 아파트를 취득한 지 10년이 넘었고 계속 거주하면서 시세차익도 꽤 되어 새로운 집으로 이사하기 위해 이번에 매매하게 됐다.

1주택자면 양도세가 없다는 얘기를 얼핏 들어서 양도세 신고를 별도로 하지 않았다. 하지만 얼마 뒤 3억 원이 넘는 세금을 내라는 국세청의 고지서를 받았다. 상상하기도 힘든 세금이었다.

상황을 파악해보니, R의 배우자가 오피스텔을 2채 보유하고 있었고 해당 오피스텔이 주거용으로 임대 중이었다. 따라서 R은 3주택자로 판정됐고 3주택자에 해당하는 양도소득세 중과세율이 적용되어 양도세만 3억 원이 넘게 나온 것이다. R은 세대를 기준으로 주택 수를 판단하는지 몰랐고 오피스텔이 주택으로 포함되는지는 더더욱 몰랐다. 이미 매매 계약이 끝나버린 양도라서 세금을 되돌릴 수 없다.

이는 불과 2021년도에 있었던 실제 사례를 조금 단순화한 내용이다. R의 주택 취득 가격은 4억 원이었고 매도 가격은 9억 원이었다. 10년 이상 소유하고 있었고 거주도 계속했기 때문에 양도세 혜택을 받을 것으로 판단했지만 주거용으로 사용하고 있는 오피스텔 2채가 주택으로 포함되는지 몰라 조정대상지역 3주택자 중과세율을 적용받았다. 주거용으로 사용하는 오피스텔 2채만 없었다면 R은 1주택자의 양도세 혜택을 받아 납부할 세금이 없었을 것이다.

2022년 5월 10일부터 2년 이상 보유한 주택에 한해 조정대상지역 내 다주택자에게 한시적으로 양도세 중과 적용을 배제하고 있다. 당초 양도세 중과 적용 배제기간은 1년으로 한시적이었으나, 2023년에 발표된 '2023년 경제 정책 방향'을 통해 1년이 추가 연장되면서 2024년 5월 9일까지로 늘어났다. 한시적 양도세 중과 적용 배제 기간이 끝나기 전에 세제 개편을 통해 양도세 중과세율을 폐지하려는 움직임은 있지만 다시 양도세 중과가 시작된다면 R과 같은 상황이 나오지 말란 법은 없다.

R의 사례에서 봤듯이, 부동산 투자의 성공은 마지막 양도세가 결

정한다. 5억 원의 시세차익을 얻을 수 있었지만 고지받은 양도세를 납부하고 각종 경비를 제외하면 실제로 수중에 취할 수 있는 이익은 얼마 남지 않는다.

부동산 투자를 계획하거나 이미 투자하고 있는 사람들이 세금을 너무 간과하는 경향이 있다. 이익이 발생한다면 반드시 그곳에는 세금이 따라붙을 수밖에 없다. 따라서 항상 최종 결정을 하기 전에 세금을 먼저 파악하고 합리적으로 조절하는 방법을 계획해야 한다.

그런데 보통 계약까지 마무리하고 나서 상담을 하러 찾아온다. 양도세가 나온다고 하니 신고를 의뢰하러 오는 고객이 대부분이다. 이미 이때는 늦었다. 소유권이 넘어가면 더 이상 양도세를 계획할 수가 없다. 법에서 정하고 있는 계산법에 따라 양도세를 계산하는 것 말고는 다른 방법이 존재하지 않는다. 반드시 모든 의사결정의 마지막에는 세금과 관련된 내용을 포함해야 한다는 것을 명심하고 또 명심해야만 한다.

양도세 체크 리스트

양도세란, 특정 대상을 팔았을 때 이익을 얻었다면 그 이익에 대해 납부해야 하는 세금을 말한다. 흔히 알고 있는 양도세 납부대상은 부동산과 주식이다.

주식은 2가지로 나눠질 수 있다. 상장된 주식의 경우 대주주라는 특정한 사람들에게만 양도세가 부과된다. 여기서 말하는 대주주는 보유하고 있는 주식의 시가총액이 10억 원 이상인 사람을 말한다. 상장되어 있지 않은 비상장주식은 대주주 조건 없이 이익이 발생하면 양도세 부과대상이 된다. 누구나 쉽게 접하는 세금은 아닐 수 있다.

부동산의 경우 얘기가 다르다. 부동산에는 일반 상가도 포함되어 있지만 우리 생활과 가장 밀접하게 연관되어 있는 주택도 해당하기 때문이다. 따라서 양도세는 누구에게나 쉽게 다가올 수 있는 세금이라서 어떠한 구조로 되어 있는지 그 내용을 숙지하고 있어야 한다.

양도세에서 가장 중요한 부분은 부동산을 팔았을 때 얼마의 이익을 얻었느냐이다. 얻는 이익이 커야 세금이 커진다. 즉, 파는 금액인 양도가액에서 취득한 금액인 취득가액을 차감한 양도차익이 크면 클수록 내야 하는 세금이 커진다. 양도차익을 계산하는 과정에서 부동산 양도를 할 때 포함되는 필수 기타 부대비용들은 차감해준다. 이를 필요 경비라 하는데 일종의 경비 처리라고 볼 수 있다. 따라서 양도차익을 줄이기 위해서는 양도가액인 파는 금액을 낮추거나 취득한 금액을 높이거나 기타 부대비용을 많이 지출해야 한다. 사실 간단한 이야기는 아니다.

이렇게 양도차익이 구해지면 이 양도차익에 1차로 공제가 한 번 적용된다. 장기보유 특별공제라고 하는데, 양도차익에서 물가 상승률만큼을 조정해주는 개념으로 볼 수 있다. 3년 이상 보유한 경우부터 적용받을 수 있는 장기보유 특별공제는 연 2%의 공제율을 적용받을 수 있고 최대 15년 보유했을 때 30%의 공제율이 적용된다.

장기보유 특별공제액을 차감한 금액에서 2차로 두 번째 공제를 적용해준다. 기본 공제라고 부르는 이 공제금액은 250만 원으로 한 사람을 기준으로 1년에 한 번만 적용받을 수 있다. 즉, 상반기에 부동산을 매도하고 하반기에 한 번 더 매도해도 250만 원의 기본 공제 금액은 한 번밖에 적용받을 수 없다.

이 1차 공제와 2차 공제를 모두 적용받은 금액에 대해 양도소득세율을 곱해서 세금을 만들어 낸다. 이때 적용되는 양도소득세율은 근로소득자의 연말정산 시 적용되는 세율, 사업자의 종합소득세 신고를 할 때 적용되는 세율과 동일한 6~45% 누진세율이 적용된다. 이렇게 나온 세금에서 각종 추가 공제나 감면 등을 적용받으면 세금이 더 줄어들 수 있지만 기본적이고 보편적으로 적용되는 양도세의 구조는 이렇다.

양도세는 언제 어떻게 신고하고 납부해야 할까? 부동산 양도세는 언제 부동산을 팔았느냐가 관건이다. 일반적으로 부동산의 매매 절차는 계약금, 중도금, 잔금 순으로 이뤄진다. 부동산 소유권이 넘어가야만 매도한 것으로 볼 수 있다.

그렇다면 소유권은 언제 넘어간 것으로 볼 수 있을까? 잔금을 지급한 날이나 소유권 이전 등기 접수일이 된다. 일반적인 부동산 거래에서는 잔금을 지급함과 동시에 소유권 이전 등기 접수를 같이 진행하다 보니 그 날짜가 동일하다. 만약 잔금 지급일과 소유권 이전 등기 접수일이 다르다면, 둘 중 선행되는 날이 부동산 매도일이 된다. 잔금을 먼저 치르고 소유권 이전 등기 접수일이 다소 늦는다고 하면 잔금을 치른 날이 해당 부동산의 매도일이다.

이 부동산 매도일은 양도세의 다른 부분에서도 굉장히 중요한 날이다. 부동산을 매도하고 매도일이 확정된다면, 양도세는 매도일이 속하는 달의 마지막 날로부터 2개월이 되는 날까지 신고와 납부가 이뤄져야 한다. 예를 들어, 7월 15일에 잔금을 치르고 소유권 이전 등기 접수가 이뤄졌다면 양도세 신고와 납부는 9월 30일까지다. 해당하는 날까지 자진해서 관할 세무서장에게 신고서를 접수하고 납부까지 이뤄져야 한다. 그리고 추가로 양도소득세에 대한 지방소득세도 신고 및 납부를 해야 하는데 지방소득세는 양도소득세 신고 기한으로부터 2개월이 되는 날까지 관할 지자체장에게 신고하고 납부해야 한다.

모든 양도소득세 신고기한이 동일하지는 않지만 가장 일반적인 양도소득세 신고의 구조다. 참고로, 주식의 경우에는 상반기와 하반기로 나눠 신고하게 되어 있어서 6월 30일부터 2개월 뒤인 8월 31일까지, 그리고 12월 31일부터 2개월 뒤인 2월 28일까지가 양도세 신고 및 납부의 기간이다.

부동산의 양도세는 그 차익이 상당히 크기 때문에 납부해야 하는 세금도 적게는 몇백만 원에서 많게는 몇십억 원까지 발생한다.

일시에 납부하면 납세자 입장에서는 부담스러울 수 있다. 그래서 국세청에서는 나눠 낼 수 있는 분납제도를 운영 중이다. 납부해야 하는 양도세가 1,000만 원을 초과하는 경우 분납할 수 있다. 일부를 원래의 신고 및 납부일까지 납부하고 그 나머지를 납부기한이 지난 뒤 2개월까지 납부할 수 있다. 한 번에 납부하는 금액은 최소 1,000만 원이 되어야 한다. 예를 들어, 납부해야 할 양도세가 1,500만 원이라면 납부기한까지 1,000만 원을 납부하고 그 납부기한 2개월 뒤까지 나머지 500만 원을 납부한다. 만약 양도세가 3,000만 원이라면 원래 납부기한까지 1,500만 원, 그리고 납부기한이 지난 2개월 뒤까지 1,500만 원을 나눠 낸다. 양도세의 총 납부세액이 2,000만 원을 초과하면 50%씩 두 번 내는 구조다.

양도세의 기본구조를 이해했다면, 하지 말아야 하는 행동도 하나 알아두자. 같은 해에 시세차익이 있는 2개의 부동산은 팔지 않는 것이 좋다. 양도세는 개별 물건별로 과세하지만, 같은 해에 2개 이상의 부동산을 매도했다면 두 부동산을 합산해서 양도세를 계산하게 된다. 양도세에서 적용하는 세율은 6~45%의 누진세율이기 때문에 세율이 곱해지는 과세표준이 커지면 커질수록 더 높은 세율이 곱해져 납부해야 하는 세금이 늘어난다. 즉, 1차 양도세의 최고 세율이 35%였다면 같은 해에 부동산을 팔고 추가로 납부해야 하는 양도세는 최고 세율 35%부터 시작한다고 볼 수 있다. 따라서 더 낮은 구간의 세율을 적용받을 수 없으므로 해를 바꿔 매도하는 것보다 더 많은 세금을 낼 수밖에 없다.

부동산의 가액이 큰 만큼 양도세의 금액도 크다. 부동산 투자의 이익 실현단계에서 마지막 양도세를 고려하지 않는다면, 전혀 예상하지 못한 큰 세금으로 이익 실현율이 급감하는 것을 경험할 수 있다. 모든 일이 그러하겠지만, 특히 세금은 계약서에 도장을 찍고 일처리가 마무리되면 되돌릴 수 없다. 투자의 마지막에는 세금이 따라온다는 것을 절대 잊지 않고 성공적인 플랜을 짤 수 있어야 한다.

양도세의 절세 키,
1세대 1주택

'1주택자는 주택을 팔아도 세금이 없다?'

맞는 말이다. 주택은 우리 삶에서 가장 필수적인 의식주 중에서 주(住)를 차지하고 있다. 주거지가 없는 삶은 생각할 수 없다. 따라서 주거의 의미가 있는 주택을 팔았을 때는 세금을 부과하지 않는다. 또 다른 의미에서 보면, 주택을 팔고 새로운 주택으로 이사를 하려는데 기존 주택에 양도세가 부과된다면 양도세 때문에 신규 주택을 취득할 자금이 부족할 수 있다. 이런 의미에서 주택에 대한 세금은 민감하다. 따라서 주거지의 의미가 강한 주택에 대해서는 세금을 부과하지 않는다. 단, 주택 1채를 보유하고 있을 때만 해당한다.

주거지의 의미에서 세금 혜택을 주는 것인데 2채, 3채 이상을 보유하고 있는 다주택자라면 이는 주거지의 의미를 벗어난 소유행위가 된다. 이런 다주택자들에게까지 세금을 부과하지 않는다면 주택은 곧바로 투기의 수단으로 변질될 수밖에 없다. 그래서 양도세에서는 '1주택'이 절세의 핵심 키워드가 된다. 어떤 방식으로 1주택을 만드느냐가 세금의 차이를 불러온다.

1세대 1주택자는 양도세가 비과세

세금에 관심이 없는 사람이라도 한 번쯤은 들어봤을 말이 '1세대 1주택 양도세 비과세'다. 비과세라는 단어가 뜻하는 것처럼 과세 자체를 하지 않겠다는 의미를 갖고 있다.

그렇다면 1세대 1주택자는 얼마에 팔든 상관없이 세금을 내지 않는 것일까? 그렇지는 않다. 합리적인 가격의 선을 두고 있어 세금이 전혀 없는 것은 아니다. 시장 가격을 고려해 합리적인 선의 비과세 기준금액을 마련해두고 있다.

현재 적용되는 1세대 1주택자 양도세 비과세 기준금액은 12억원까지다. 2008년 비과세 기준금액이 6억 원에서 9억 원으로 한 차례 상향 조정된 이후 14년 만에 금액이 상향됐다. 지금 적용되고 있는 1세대 1주택자 비과세 기준금액은 2021년 12월 8일 법 개정을 통해 변경되어 2021년 12월 8일 양도분부터 12억 원의 비과세 기준금액을 적용받고 있다.

이 법 개정 당시 비과세 기준금액 상향은 갑작스러운 개정이었다. 개정법안이 발표되기 전에 이미 계약을 체결한 사람들은 개정법안 시행일 이후로 잔금일을 조정하기 위해 매수자와 합의에 나섰고, 합의가 잘 이뤄지지 않으면 매도금액을 낮추는 해프닝도 많이 발생했다. 매도금액을 조금 낮추더라도 세금을 그 이상 줄일 수 있으니 당연히 남는 장사였다. 이렇듯 세금은 우리의 의사결정에 굉장히 지대한 영향을 미친다.

여기서 말하는 비과세 기준금액인 12억 원은 어떤 금액을 기준으로 할까? 공시 가격을 기준으로 알고 있는 사람들이 있지만 정답은 아니다. 매도금액을 기준으로 하고 있다. 1세대 1주택자가 파는 매도금액이 12억 원 이하면 양도세 비과세가 적용된다.

그렇다면 이 비과세를 받기 위한 1세대 1주택자의 조건을 판단할 수 있어야 한다. 가장 기본적인 조건은 2년 이상 보유한 1주택이어야 한다. 세법은 주택을 취득한 후 2년이 채 되지 않은 상태에서 매도하면 단기 보유했다는 이유로 투기 거래로 의심한다. 따라서 세율도 더 높게 적용되기 때문에 1세대 1주택자의 기본 조건은 2년 이상 보유기간의 충족이다. 이 2년 이상 보유기간을 충족한 주택을 1세대가 1채만 보유하고 있어야 한다.

양도일을 기준으로 1세대가 1채의 주택을 보유하고 있어야 하는데 여기서 의미하는 1세대는 생계를 같이하는 동거가족을 의미한다. 즉, 개개인이 각각 1주택씩 갖고 있다고 1주택자가 되는 것이 아니라 세대를 통틀어 1채의 주택만을 보유하고 있어야 한다. 극단적인 예로, 한 세대를 구성하고 있는 가족 중에 아버지가 1채, 어머니가 1채, 할머니가 1채 보유하고 있다면 이 세대는 3채를 보유한 1세대 3주택자다. 이 경우에는 2채를 처분한 후, 최종 1주택이 남기 전까지는 1세대 1주택 비과세 혜택을 받을 수 없다.

2년 이상 보유기간이 그리 길다고 볼 수는 없지만 각자 사정에 따라서는 여러 이유로 인해 2년 이상을 보유하지 못할 수도 있다. 그럼 1세대 1주택 비과세 혜택을 못 받는 것일까? 세법에서는 합리적인 사유에서 2년 이상을 보유하지 못하는 경우에는 2년 이상 보유한 것으로 인정해 동일한 1세대 1주택 비과세 혜택을 주기도 한다.

(예를 들면) 재개발 또는 재건축 등의 사업으로 인하여 토지가 수용될 때 '공익사업을 위한 토지 등의 취득 및 보상에 관한 법률(토지보상법)'에 따라 사업 인정고시일 전에 취득한 주택이 협의 및 매수되거나 수용되는 경우에는 보유기간에 관계없이 1세대 1주택자였다면 비과세 혜택을 동일하게 적용해준다. 또, 해외 이주를 통해 세대 전원이 출국하는 경우이거나 1년 이상 계속 국외에 거주해야 하는 근무상의 이유가 있을 때 적용해준다. 이때는 출국일 기준 1주택만을 보유하고 있었다는 전제하에 출국일로부터 2년 이내에 주택을

매도하면 1세대 1주택 비과세 혜택을 받을 수 있다. 따라서 정해져 있는 매도 가능 유효기간인 2년을 잘 지켜야만 한다.

17년 8월 2일 이후 주택은 2년 거주 필수

1세대 1주택자의 양도세 비과세 조건의 가장 기본 조건은 2년 이상의 보유기간이다. 그런데 8·2 대책(2017년) 발표로 조건이 한층 더 까다로워졌다. 조정대상지역 내 주택을 취득하는 경우 2년 이상의 보유기간을 충족해야 함과 동시에 2년 이상의 거주기간도 충족해야만 한다. 주택이 주거지의 의미를 갖고 주택의 역할을 하려면 실제 거주해야 한다는 취지다. 따라서 단순하게 2년 이상을 보유한다고 받을 수 있는 혜택이 아니게 됐다.

거주의 의미는 실제 거주함을 의미한다. 기본적으로 전입 신고를 하고 주민등록초본상 기간을 거주기간으로 인정하지만 실제로 거주하지 않고 전입 신고만을 한 경우에는 거주기간으로 인정받기 어려울 수 있으므로 유의해야 한다.

전입 신고만 해놓고 거주하는지, 하지 않는지 어떻게 알 수 있을까? 국세청은 모든 전산시스템을 통해 실거주 여부를 파악할 수 있고 실제 실거주가 의심된다면 카드 사용내역 등을 통해 거주지 여부를 파악할 수도 있다. 따라서 거주기간 2년의 의미는 실거주를 의미한다고 이해해야 한다.

다행히 8·2 대책이 발표되기 전에 보유하고 있던 주택은 법이 개정되기 전부터 소유하는 주택이기 때문에 거주기간의 제약을 받지 않는다. 이때는 2년 이상의 보유기간만 충족하면 1세대 1주택 비과세 혜택을 가져갈 수 있다.

매매 계약을 할 때만 해도 조정대상지역이 아니었는데 잔금을 치르기 전에 해당 지역이 조정대상지역으로 지정되는 경우가 있을 수 있다. 이때도 마찬가지로 2년 이상의 거주기간을 충족하지 않아도 된다. 조정대상지역으로 지정될 것을 알 수 없는 상태에서 주택의 매매 계약을 체결했기 때문에 2년 이상의 거주기간 조건을 따지지 않는다. 단, 이때는 계약을 체결하고 계약금을 지급한 사실을 입증할 수 있어야 하며 계약금 지급일을 기준으로 주택을 취득하는 세대가 무주택이어야 한다.

예를 들어, 주택을 1채 보유하고 있는 상황에서 조정대상지역으로 지정되기 전 지역의 신규 주택을 사는 계약을 체결했다고 해보자. 계약을 체결하고 나서 해당 신규 주택이 소재하는 지역이 조정대상지역으로 지정됐다면 계약 체결 당시에는 무주택세대가 아니었으므로 신규 주택을 나중에 비과세받기 위해서는 반드시 2년 이상의 거주기간이 필요하게 된다. 따라서 내가 소유하고 있는 주택이 언제 어디서 취득했느냐에 따라 1세대 1주택 비과세 혜택을 받을 수 있는 조건이 달라질 수 있다.

정리하면, 1세대 1주택 비과세를 받기 위해서는 생계를 같이 하는 1세대가 양도일 현재 1주택만을 보유하고 있어야 하며 그 1주택은 2년 이상의 보유기간을 충족한 상태여야 한다. 만약 조정대상지역 내 주택으로 2017년 8월 3일 이후(8·2 대책 발표 다음 날) 취득한 1주택이라면 2년 이상의 보유기간에 추가로 2년 이상의 거주기간까지 충족해야 한다.

　1세대 1주택자라고 해도 양도차익 전부에 대해서 비과세를 받을 수 있는 것은 아니다. 양도가액을 기준으로 12억 원 이하까지만 비과세를 받을 수 있다.

03

고가주택 시세차익 20%로 줄이기

양도세 비과세는 매도하는 금액이 12억 원 이하일 때 혜택이 주어진다. 그럼 12억 원을 넘는 금액으로 매도하면 혜택이 전부 사라지는 것일까? 12억 원을 넘는다고 혜택을 주지 않으면 시장 경제에 영향을 주기도 하고 개인의 의사결정에 큰 부담을 미칠 것이다. 그래서 비과세 혜택은 사라지지 않는다.

세법규정상 매도금액이 12억 원 이하이면 1세대 1주택 비과세를 적용해준다고 하지만, 12억 원을 넘는다고 해도 12억 원까지는 누구에게나 동일하게 1세대 1주택 비과세 혜택을 적용해준다.

매도금액이 12억 원을 넘는 주택을 세법에서는 고가주택이라고 부른다. 따라서 1세대 1주택이면서 고가주택을 양도하는 경우에는 12억 원까지는 세금을 부과하지 않는 비과세 혜택이 적용되고, 12억 원을 초과하는 금액에 대해서 비례 계산을 통해 양도세를 부과한다. 12억 원의 매도금액을 초과해도 똑같은 혜택을 받는 것과 같다.

고가주택 양도세 계산법

12억 원을 초과하는 고가주택에 대한 양도세는 어떻게 계산되어야 합리적일까? 예를 들어, 5억 원에 취득한 주택을 15억 원에 매도했다고 해보자. 그리고 최소한의 비과세 조건인 2년 보유와 2년 거주를 충족했으며 양도 시점에는 1세대 1주택자다. 해당 주택을 팔면 양도차익은 15억 원과 5억 원 간의 차이인 10억 원이 된다. 이 10억 원에 대해서 비과세 기준금액인 12억 원을 초과하는 부분에 대해서만 양도세가 부과된다. 이때 비과세 기준금액을 초과하는 비율은 어떻게 계산할까?

간단하게 계산해볼 수 있다. 15억 원에서 12억 원을 초과하는 금액이 차지하는 비율을 계산하면 된다. 12억 원을 초과하는 금액은 15억 원에서 12억 원을 차감한 3억 원이 되고, 3억 원이 15억 원에서 차지하는 비율은 20%가 된다. 따라서 전체 양도차익 10억 원에서 20%에 해당하는 금액인 2억 원이 양도세가 부과되는 금액이다.

　1세대 1주택자의 비과세 혜택은 여기서 끝이 아니다. 1세대 1주택자는 양도세 혜택을 2가지로 나눠볼 수 있다. 1번 혜택과 2번 혜택이다. 1번 혜택은 방금 계산한 것과 마찬가지로 양도금액 12억 원까지 세금을 부과하지 않는 비과세 혜택을 주는 것이다. 12억 원이라는 큰 금액에 대해 세금을 납부하지 않아도 되기 때문에 실로 엄청난 혜택이다. 하지만 1번 혜택보다 2번 혜택이 더 중요하다.

　매도금액이 12억 원을 초과하는 주택은 12억 원을 초과하는 비율에 대해 양도세가 부과된다. 이때 2번 혜택으로 장기보유 특별공제가 적용되는데 이 장기보유 특별공제가 세금을 줄여주는 가장 중요한 역할을 한다. 장기보유 특별공제는 3년 이상 보유한 부동산에 대해 연 2%의 공제율을 적용한다. 최대 적용받을 수 있는 공제율은 15년으로 30%가 한도다. 양도차익에서 30%를 제외한 70%에 대해 양도세가 부과된다는 뜻이다.

　앞의 상황에서 고가주택 기준금액을 초과하는 2억 원에 대해 장기보유 특별공제가 30% 적용된다고 가정하면, 6,000만 원을 공제받아 과세금액이 1억 4,000만 원으로 낮아지게 된다. 그런데 이 정도의 혜택이라면 절대 중요한 역할을 한다고 하지 않았을 것이다. 1세대 1주택자에게만 주어진 특별한 혜택인 2번 혜택은 장기보유 특별공제율이 최대 80%다. 과세되는 양도차익에서 80%를 제외한 20%에 대해서만 세금을 부과하겠다는 뜻이다. 동일한 상황에서 장기보유 특별공제율 80%가 적용된다면, 2억 원에서 1억 6,000만 원을 제외한 4,000만 원만이 양도세가 부과되는 금액이 된다. 이 1세대 1주택자에게만 주어지는 장기보유 특별공제율의 가장 큰 장점은 공제금액이 정액으로 정해져 있지 않다는 것이다. 비율을 계산해서 공제금액을 산정하기 때문에 과세되는 양도차익의 금액이 클수록 공제받는 금액이 커진다.

5억 원을 주고 취득한 주택을 30억 원에 판다고 가정해보자. 양도차익은 25억 원이 된다. 이 양도차익 25억 원에 비과세 기준금액 초과비율을 곱해 과세대상인 양도차익을 만든다. 비과세 기준금액 초과비율은 전체 매도가액 30억 원 중 비과세 기준금액 12억 원을 초과하는 금액의 비율 60%[(30억 원−12억 원)÷30억 원]이다. 양도차익 25억 원에 비과세 기준금액 초과비율인 60%를 곱하면 15억 원(25억 원×60%)이 나오는데, 이 금액이 세금이 과세되는 양도차익이 된다. 여기에 1세대 1주택자로 받을 수 있는 2번 혜택인 장기보유 특별공제를 최대 80% 받는다고 하면, 공제금액은 12억 원이 나온다. 비과세 기준금액인 12억 원과 동일한 금액으로 1번 혜택을 두 번 받는 것과 같다. 만약 과세대상 양도차익이 15억 원보다 더 커진다면 장기보유 특별공제로 인한 공제금액은 12억 원보다 더 커질 수 있다. 따라서 핵심은 1세대 1주택 비과세를 받되 1세대 1주택자만이 받을 수 있는 장기보유 특별공제율의 공제율을 최대로 늘려야 한다.

그렇다면 최대 80%의 장기보유 특별공제를 적용받기 위한 조건은 어떻게 될까? 1세대 1주택자이어야 하면서 12억 원이 넘는 고가주택을 매도했을 때 적용이 가능하다. 그리고 보유기간과 거주기간 조건을 충족해야만 한다.

최소 공제를 적용받을 수 있는 조건은 보유기간 3년 이상, 그리고 거주기간 2년 이상이다. 1세대 1주택자의 장기보유 특별공제율은 보유기간별 연 4%, 거주기간별 연 4%다. 즉, 최소 조건을 충족하면 보유기간 3년에 해당하는 12%와 거주기간 2년에 해당하는 8%를 합한 20%가 된다. 최소 조건만 충족해도 적지 않은 공제율을 적용받을 수 있다. 그리고 최대 공제율인 80%는 보유기간 10년, 거주기간 10년일 때 적용된다.

1세대 1주택자의 장기보유 특별공제 혜택은 원래 10년 이상의 보유기간만 충족하면 되는 규정이었다. 거주를 특별히 하지 않더라도 양도 시점에 1세대 1주택자라면 적용받을 수 있는 혜택이었는데 2020년부터 2년 이상 거주한 경우에만 최대 80%의 공제율을 적용받을 수 있는 것으로 개정됐다. 현재 적용되고 있는 규정은 2021년부터 적용되는 규정으로 보유기간별 공제율과 거주기간별 공제율을 따로따로 적용하고 있다.

S는 10년 이상을 보유하고 10년 이상 거주한 주택 1채(A)가 있는데 매도하지 않은 채 신규 주택(B)으로 이사해서 거주하고 있다. 이후 사정이 생겨 거주하던 신규 주택(B)을 매도하고 양도세를 납부했

는데 기존에 보유하고 있던 주택(A)도 매도해야 하는 상황이 됐다.

S는 의문이 들었다. 기존에 보유하고 있던 주택에 대해 1세대 1주택 비과세 혜택과 장기보유 특별공제 혜택을 모두 받기 위해서 다시 2년의 보유기간과 2년의 거주기간을 충족해야만 할까? 정답은 '다시 충족할 필요 없다'이다.

불과 2022년 5월 10일 이전만 해도 1세대 1주택 비과세 혜택을 받기 위해서는 보유기간을 다시 충족해야 했고 경우에 따라서는 거주기간도 다시 충족해야만 했다. 예를 들어, 2주택을 보유하고 있던 사람이 1주택을 매도하고 남은 최종 1주택을 매도하고자 할 때 1세대 1주택 비과세 혜택을 받기 위해서는 보유기간 2년을 다시 충족해야만 했다. 그런데 2022년 5월 10일 이후 양도하는 분부터는 1세대 1주택 비과세 혜택을 받기 위해 보유기간 또는 거주기간을 다시 충족할 필요가 없어졌다. 장기보유 특별공제는 기존에도 다시 보유기간과 거주기간을 충족하지 않더라도 최대 80%의 공제율을 적용받을 수 있었다. 따라서 이미 오래전부터 보유해왔고 거주를 해놓은 상태라면 해당 주택은 이미 1세대 1주택 비과세 조건과 최대 80%의 장기보유 특별공제율의 조건을 갖춰놓은 상태라고 볼 수 있다.

04

상생 임대인은
비과세도 쉽게 받는다

T는 주택 1채를 취득해서 임대하고 있다. 이번에 전세가 만료되는 임차인과 계약을 연장하면서 임대보증금을 5%만 상향하기로 했다. 대신, 특약으로 임차인이 반드시 2년 거주해줄 것을 조건으로 걸었다.

보통 임대차 계약은 2년 단위로 진행되는 점이 있기도 하고, 임차인이 퇴거한다고 해도 새로운 임차인을 구하면 그만인데 왜 특약까지 넣으면서 계약했을까? T는 상생 임대인으로서 상생 임대주택의 혜택을 받고자 준비한 것이다.

T는 임대 중인 주택에 거주할 계획이 없다. 그러나 주택을 매도할 때 얻을 수 있는 세제 혜택은 최대로 받고 싶은 마음이 있었다. 주택을 매도하면서 내야 하는 양도세에서 최대의 혜택은 무엇일까? 양도세의 꽃인 1세대 1주택 비과세 혜택이다.

2017년 8월 3일 이후 조정대상지역 내에서 취득한 주택이 1세대 1주택 비과세 혜택을 받기 위해서는 2년 이상의 보유기간이 필요하지만 2년 이상의 거주기간도 충족해야만 한다. 임대 중인 주택에서 거주할 계획이 없는 T 입장에서는 1세대 1주택 비과세 혜택을 받을 수 없지만 상생 임대주택 특례를 활용하면 거주하지 않더라도 양도세 비과세 혜택을 가져갈 수 있다.

거주하지 않아도 1주택자 모든 혜택받기

2021년 12월 20일, 임대차 시장의 수요 및 공급문제를 해결하기 위해 상생 임대주택이 처음으로 시행됐다. 임차인과 상생하는 임대인에게 특별한 혜택을 주기 위해서였다.

현재 1세대 1주택 비과세 혜택을 받기 위해 2년 거주를 해야 하는 상황에서 상생 임대주택에 해당한다면 2년 거주 요건을 별도로 충족하지 않아도 된다. 여기에 더해 1세대 1주택자의 장기보유 특별공제율을 적용받기 위한 2년의 최소 거주 요건도 충족한 것으로 인정된다. 즉, 거주하지 않아도 거주한 것과 동일한 효과를 받을 수 있는 엄청난 혜택이다.

상생 임대주택에 대한 특례가 처음부터 2년의 거주기간을 다 인정해준 것은 아니다. 2021년 12월 20일 당시 상생 임대주택이 처음 시행될 때는 임대 개시 시점에 1세대 1주택자이면서 해당 주택의 공시 가격이 9억 원 이하인 조건을 충족해야만 했다. 그리고 조건을 충족해도 비과세 충족 요건인 2년의 거주기간 중 1년의 거주기간만을 인정받을 수 있었다. 그러다가 2022년 8월 2일부터 확장된 상생 임대주택에 대한 특례가 적용되면서 혜택이 늘어나고 조건도 완화됐다.

우선, 임대 개시 시점에 1세대 1주택이어야 할 이유는 없다. 다주택자라도 상생 임대주택에 해당하고 나중에 매도할 때 1세대 1주택자라고 한다면 혜택을 부여받을 수 있다. 또, 공시 가격이 9억 원 이하여야 하는 조건도 사라졌다. 혜택은 거주기간 1년에서 거주기간 2년으로 늘어났다. 따라서 조정대상지역 내 주택을 취득했다고 해도 매도 시점에 1주택자이기만 하다면 2년의 거주를 충족할 필요 없이 상생 임대주택 특례대상자는 양도세 비과세 혜택을 가져갈 수 있다. 장기보유 특별공제율도 1세대 1주택 비과세 혜택을 받는 사람과 동일하게 가져갈 수 있어서 최소 20%의 공제율을 챙길 수 있다. 단, 상생 임대주택의 조건을 모두 충족한 주택이라도 양도 시점에서는 반드시 1세대 1주택자이어야만 한다는 점은 유의해야 한다.

그렇다면 상생 임대차 계약은 어떤 계약을 의미하는 것일까? 임대인과 임차인이 서로 상생할 수 있는 조건의 임대차 계약으로 직전 임대차 계약 대비 임대료 상승률이 5% 이하여야만 한다. 즉, 상생 임대차 계약을 체결하기 위해서는 직전 임대차 계약이 존재해야 한다. 여기서 의미하는 직전 임대차 계약은 상생 임대차 계약을 체결하는 사람이 직접 계약한 직전 임대차 계약을 말한다.

T는 전세 계약이 체결된 주택을 매수했다. 세입자의 거주기간이 1년 정도 남아있었고 그 1년이 지난 뒤에 세입자는 T와 새로운 임대차 계약을 체결했다. T는 상생 임대주택 특례 혜택을 받기 위해 직전 임대차 계약에 대비해 전세보증금도 5% 이내에서 계약했다.

T는 해당 주택을 양도하는 시점에 1세대 1주택 상태라면 거주기간 2년을 채우지 않아도 비과세 혜택을 받을 수 있을까? 그렇지 않다. 이 상생 임대주택에서 의미하는 직전 임대차 계약은 소유주인 T가 임차인과 체결한 임대차 계약이어야 한다. 따라서 종전 임대인이 임차인과 체결한 임대차 계약은 상생 임대차 계약의 직전 임대차 계약으로 취급되지 않는다. 반드시 주택을 매입한 후 체결한 임대차 계약이어야만 직전 임대차 계약으로 인정받을 수 있고, 직전 임대차 계약으로부터 임대료 5% 이하 인상을 준수한 계약이어야 한다.

그렇다면 임차인도 동일한 사람이어야만 할까? 그렇지는 않다. 임대하는 사람은 동일인이어야 하지만 임차인까지 동일할 필요는 없다. 임대료 5% 이하 인상을 준수해야 하는 상생 임대차 계약은 임대차 시장에 상대적으로 저렴한 임대주택 공급을 유도하고자 하는 취지가 담겨있기 때문에 임차인까지 반드시 동일할 필요는 없는 것이다. 또, 공실이 발생해 공백기간이 발생할 수도 있다. 하지만 이 부분은 중요하지 않으니 큰 걱정을 할 필요는 없다.

상생 임대차 계약은 계속 적용받을 수 있는 특례 혜택일까? 법안이 시행되면서부터 유효기간이 존재한다. 현재 기준으로 2024년 12월 31일까지 상생 임대차 계약을 체결한 경우에만 적용받을 수 있는 혜택이다. 상생 임대차 계약을 인정받을 수 있는 기간 조건을 만족할 수 있는지 충분히 고려해야만 한다. 만약 임대차 계약을 승계한 주택이라면 내가 임차인과 최초로 체결하는 임대차 계약은 상생 임대차 계약이 아닌 직전 임대차 계약에 해당함을 알고 있어야 한다. 일반적으로 임대기간이 2년이라는 점을 감안하면 이 직전 임대차 계약은 2022년 12월 31일까지 체결되어야만 한다. 2년의 기간이 종료된 후, 2024년 12월 31일에 임대료 5% 이하 상승의 상생 임대차 계약을 체결하고 계약금까지 실제로 받는다면 특례 혜택이 사라지기 전의 상생 임대차 계약으로 인정받을 수 있다.

일반적으로 임대차 계약은 2년의 기간을 기준으로 하지만 반드시 2년을 다 채우지 않더라도 가능하다. 직전 임대차 계약은 1년 6개월 이상 실제 임대한 경우에 인정받을 수 있다. 따라서 반드시 실제 임대기간이 2년이어야 하는 것은 아니다. 단, 상생 임대차 계약은 실제 임대기간이 2년이어야만 한다. 직전 임대차 계약의 의무 임대

기간은 1년 6개월 이상, 상생 임대차 계약의 의무 임대기간은 2년이다. 계약서상의 계약기간으로 판단하는 것은 아니기 때문에 계약서에 1년 계약으로 명시되어 있어도 실제 세입자가 1년 6개월 이상 거주했다면 직전 임대차 계약으로 인정받을 수 있다. 반대로 계약기간은 2년인데 세입자의 실제 거주기간이 1년밖에 되지 않는다면 직전 임대차 계약으로 인정받을 수 없음을 뜻한다. 그런 의미에서 상생 임대차 계약을 체결하는 임대인들은 특약사항에 의무적으로 거주해야 할 조건을 포함하는 방법을 사용한다.

계약 갱신청구권을 사용하는 임대차 계약도 상생 임대차 계약으로 인정받을 수 있을까? 계약 갱신청구권이란, 임차인의 주거 생활 안정을 보장하기 위해 특별한 사정이 없는 한 2년의 임대차 계약을 연장할 수 있는 권리를 말한다. 임대인이 원하지 않더라도 임차인의 권리로 사용할 수 있다. 상생 임대차 계약과 관련해서는 이 임차인 요구에 의한 계약 갱신청구권 사용도 상생 임대차 계약으로 인정해 주고 있다.

상생 임대차 계약의 핵심은 임대료 상한률 5% 이내의 임대차 계약 체결이다. 보증금만 있다면 계산이 간편하겠지만 보증금과 월임차료가 있다면 계산하기가 조금 까다로울 수 있다. 보증금과 월임차료를 환산보증금으로 변경해 상승률을 계산하는데 이 산정률은 임대차 계약 체결 시점의 한국은행이 발표하는 기준금리에 영향을 받는다. 한국은행 기준금리가 3.5%(2023년 10월 말 기준)라고 한다면,

월 차임 전환 시 사정률 2%를 더한 5.5%가 된다.

　예를 들어, 보증금 1억 원에 월임차료 100만 원의 계약이 직전 임대차 계약 체결 조건이라면, 상생 임대차 계약 시에는 보증금이 1억 원으로 동일할 때 월임차료가 1,072,917원이 나온다. 연으로 환산하면 12,875,000원이다. 여기서 보증금을 1억 5,000만 원으로 증액하려면 월임차료는 843,750원으로 연 10,125,000원의 금액을 넘지 않아야 상생 임대차 계약으로 인정받을 수 있다.

다운계약서는
주지도 받지도 않는다

U는 2017년 6억 원에 취득한 아파트를 2020년 10억 원에 매도했다. 1세대 1주택 비과세 조건을 충족한 주택이라 9억 원(2020년 기준)까지는 비과세를 받을 수 있었지만 비과세 기준금액을 초과하는 1억 원에 대해서는 양도세를 내야 하는 상황이었다.

1억 원에 대한 양도세를 내고 싶지 않았던 U는 매수자와 합의해 신고용 매매계약서를 별도로 작성하면서 매매대금을 9억 원으로 고쳤다. 그렇게 해 세금 한 푼 없이 1세대 1주택 비과세를 적용해 양도세 신고를 했다. 그런데 6개월 뒤 U는 양도세 약 1억 2,400만 원과 가산세 약 5,500만 원의 고지서를 받았다[부정 과소 신고 불성실 가산세 40% 및 (2020년 기준) 납부 지연 가산세 1일 0.025% 적용]. 세금 조금 줄이려다가 생각하지도 못한 거액의 세금을 내야 하는 상황이 된 셈이다. 빈대 잡으려다 초가삼간 다 태운다는 말이 딱 맞아 떨어지는 상황이다. 만약 U가 성실하게 양도세 신고를 했다면 약 400만 원의 양도세 납부로 아무 문제 없이 마무리됐을 수 있었다.

국세청은 예전과 달리 다양한 전산 시스템 구축으로 거짓 또는 부정한 행위 등을 쉽게 포착할 수 있다. 또, 거래 전산망 구축이 워낙 잘되어 있기도 하고 주기적인 조사를 하고 있어 길어도 3년 내에는 편법으로 인한 거래를 잡아내고 있다. 이런 국세청 시스템을 너무 가볍게 여기고 거짓 신고를 한다면 그야말로 소탐대실이 어울리는 상황을 만들 수 있으니 조심해야 한다.

다운 또는 업계약서를 쓰는 이유

양도세를 실거래가로 신고하기 시작한 시점은 2006년부터다. 이전에는 기준시가로 양도세를 신고하다 보니 실거래가가 영향을 미치지 않았는데 실거래가 신고가 시작되고 난 이후부터는 이 금액이 양도세에 큰 영향을 미치기 시작했다. 그러다 보니 매도인은 세금을 줄이기 위해서 다운계약서를 작성하기 시작했다.

다운계약서란, 실제 매수인과의 거래대금을 작성한 계약서가 아닌 금액을 낮춰 적은 거짓 계약서를 말한다. 흔히 인사청문회 등에서 자주 거론되는 이슈 중 하나이기도 하다. 다운계약서를 작성해 계약서를 거짓으로 꾸미면 매도인은 실제 매도한 금액보다 더 낮은 금액으로 팔았다고 신고할 수 있어서 세금을 탈루하고자 할 때 사용한다. 매수인 입장에서도 취득세는 실제 거래한 금액을 기준으로 납부하므로 취득세를 낮추는 용도가 되기도 한다.

반대로 업계약서는 실제 거래한 금액보다 더 높여서 작성하는 것을 말한다. 매도자 입장에서는 양도세 비과세 기준금액보다 낮은 금액이라면 금액을 12억 원까지 올려도 세금에 대한 부담이 없게 된다. 매수자 입장에서는 향후 해당 주택을 매도할 때 취득 가격을 높여서 양도세를 줄일 수 있기 때문에 작성하는 유인이 된다.

따라서 이 두 계약서는 모두 세금을 탈루하기 위한 목적이 주요 인이다. 두 계약서 모두 거짓 계약서에 해당하고, 거짓 계약서로 판명된다면 감당하기 힘든 세금을 추징당한다.

우선, 다운계약서 등을 작성하면 부동산 거래 신고법을 위반하게 된다. 부동산 거래를 하면 부동산 거래 신고법상 부동산의 매매 계약을 체결한 날로부터 30일 이내에 실제 거래 가격에 대한 내용을 부동산 소재지 관할 지자체장에게 신고하게 되어 있다. 하지만 다운계약서 등을 작성해 거짓으로 신고하면 해당 부동산 가격의 5% 이하의 과태료가 부과된다. 공인중개사가 관여했다면 중개사무소의

개설 등록이 취소되거나 업무 정지 처분을 받을 수 있다.

다운계약서 작성에 따른 불이익은 여기서 끝나지 않는다. 매도자 입장에서는 양도세를 성실히 납부하지 않았기 때문에 과소 신고한 금액에 대해 가산세가 부과된다. 일반 과소 신고 가산세가 과소 신고한 납부세액의 10%라고 한다면, 다운계약서를 통한 과소 신고에는 40%의 가산세가 붙는다. 사기나 부정행위에 해당하기 때문이다. 부정행위 중 하나가 바로 거짓문서 작성이다. 거기에 납부도 성실히 이행하지 않았기 때문에 납부 지연 가산세가 하루당 0.022%(2023년 기준)가 붙는다. 매수인에게도 해당하는 얘기다. 매수인은 취득세를 성실히 납부해야 하는데 다운계약서를 통해 취득세 신고를 했다면 결과적으로 실제 거래금액보다 낮은 금액으로 취득세를 신고한 게 된다. 따라서 취득세를 과소 신고했으므로 동일한 방식으로 가산세가 함께 부과된다.

가장 큰 단점은 바로 1세대 1주택 비과세 적용을 받을 수 없다는 것이다. 앞의 사례에서 다운계약서 작성이 확인되면 거짓으로 작성한 매매금액 9억 원을 실제 매매가격 10억 원으로 조정하는 데서 끝나지 않는다. 1세대 1주택 비과세 적용을 받을 수 없게 된다. 비과세 혜택 자체를 적용하지 않은 세금으로 계산해서 납부해야 하고 가산세까지 추가로 내야 한다. 가장 쉽게 받을 수 있는 가장 큰 혜택을 직접 발로 차버리는 셈이 되는 꼴이다.

매수인은 실제 계약서와 실제 거래대금을 입증하자

매수인은 다운계약서를 작성해서 취득했어도 반드시 실제 계약서를 준비하고 실제 거래대금을 입증할 증빙자료를 마련해둬야 한다. 일반적으로 다운계약서는 매도인이 양도세를 줄이고자 작성하는 경우가 많다. 따라서 매수인에게 유인요인이 있어야 하는데 보통 매도인이 다운계약서를 작성해주면 실제 매매대금을 낮춰주는 쪽으로 협의가 진행된다. 특약으로 향후 매수인이 취득 가격을 실제 매매대금으로 신고해 양도세가 추징당하는 경우 추징당하는 양도세와 가산세는 매수인이 부담한다는 내용을 넣기도 한다. 그렇다고 해도 반드시 실제 계약서를 준비해놓고 실제로 얼마의 대금을 지급했는지 그 거래자료를 마련해 자신의 양도세를 지킬 수 있어야 한다.

특약사항으로 만들어 놓은 양도세와 가산세의 부담 내용은 법적으로 손해 배상 청구가 가능하지 않다는 판결이 있다. 계약을 체결하는 당시 매수인이 실제 매매대금으로 신고를 하는 경우 양도세 및 가산세를 부담하겠다는 약정을 했더라도 탈법행위 하나로 매수인에게 부담을 지울 수는 없다는 경향이다. 따라서 매수인은 자신의 양도세를 정상적으로 내기 위해서라도 실제 계약서와 실제 거래대금을 입증할 수 있는 자료를 충분히 준비해놓고 있어야 한다. 다운계약서를 갖고 취득했어도 실제 거래대금을 입증할 수 있다면 그 실제 거래대금이 자신의 취득 가격이 될 수 있다.

물론 취득세를 적게 납부한 부분에 대해서는 추가 납부가 필요하다. 양도세나 취득세 등 세금을 부정하게 적게 납부했다면 국가는 세금을 추징할 수 있다. 이 추징할 수 있는 기간을 법적으로 정해놓고 있는데 이를 제척기간이라고 한다. 양도세나 취득세 모두 거짓문서를 통해 세금을 적게 냈다면 10년간 이 제척기간이 적용된다. 반대로 10년이 지난 기간이라면 실제 거래대금을 사용해 취득 가격을 입증해도 상대방의 양도세나 자신의 취득세가 추징당하지 않을 수 있다. 하지만 실제 계약서나 거래대금이 존재하지 않는다면 자신의 취득 가격을 입증할 방법이 전혀 없음에 유의해야 한다.

가장 최선의 절세는 성실한 납세라는 말이 있다. 세금을 성실하게 납부하라는 의미일 수도 있지만 실제로도 지금의 시스템에서는 그렇다. 지금의 시스템은 모든 내역이 기록되고 관리되기 때문에 국세청의 눈을 피할 수 있다는 생각부터 버려야 한다.

자신이 생각한 방법이 기발하고 절대 문제없다고 판단하는 것은 자신 스스로만 그렇게 생각하고 있다는 것임을 알아야 한다. 세금에 대해 절대적으로 알아야 할 것이 있다. 정해진 세법하에서 정확한 근거를 활용해 최적의 세금을 찾아내야 한다는 것이다.

06

인테리어 공사는
세금을 줄여준다

요즘은 이사할 때 집주인의 개성을 살려 취향에 맞게 인테리어를 많이 한다. 특히 오래된 주택의 경우 취득과 동시에 모든 구조를 변경하고 인테리어를 새로 하는 것이 당연한 과정이 되었다고도 볼 수 있다.

신축 주택의 공급이 적다는 이유도 있지만 그것보다 이제는 주택이 단순하게 주거지라는 기본적인 생활을 위한 공간이 아니라 근무지 역할도 하고 더 나아가서는 모든 생활의 주(主)를 이루는 나만의 공간으로써의 역할을 하기 때문이기도 하다.

이와 관련한 인테리어 비용 등은 결코 적지 않다. 적게는 몇백만 원에서 많게는 몇천만 원, 몇억 원까지 하기도 한다. 애초에 주택을 취득하면서 취득금액에 인테리어금액까지 고려해 예산을 짜기도 한다. 이러한 금액들도 취득 가격에 포함될 수 있을까? 포함될 수 있다. 이 금액들은 나중에 주택을 팔면서 양도세를 내야 할 때 세금을 줄여주는 중요한 역할을 하기도 한다.

자본적 지출과 수익적 지출을 구분하자

주거공간의 활용성을 높이기 위한 공사는 주택을 팔 때 취득 가격에 포함시켜 양도세를 줄여주는 역할을 할 수 있다. 하지만 모든 공사가 포함되지 않는다는 것도 알고 있어야 한다.

양도세를 계산할 때 중요한 것은 바로 양도차익이다. 파는 금액인 양도가액에서 취득한 금액을 차감하고 여기서 기타 필요 경비 등을 차감해 양도차익을 만든다. 이 양도차익을 만드는 과정에서 인테리어 공사 등의 비용들은 취득가액과 경비 등에 해당할 수도, 해당하지 않을 수도 있어 구분을 잘해야 한다.

취득 가격에 포함할 수 있는 자본적 지출과 수익적 지출부터 구분해야 한다. 자본적 지출이란, 양도하는 주택의 이용 편의를 위해 지출한 비용으로 사용할 수 있는 기간을 늘리거나 자산가치가 현실적으로 상승하는 데 사용된 금액을 의미한다. 그중 대표적으로 포함되는 항목을 나열해보자면, 발코니 새시, 방이나 거실 등의 확장 공사비, 난방시설 등의 교체비, 용도 변경 및 싱크대비용(용도 변경을 위한 개조), 가스 공사비 등이 있다. 인테리어 공사를 진행할 때 전체 구조부터 모든 설비를 교체한다면 공사에 들어간 비용은 전부 자본적 지출금액으로 인정받을 수 있다.

하지만 수익적 지출에 해당한다면 양도세를 줄여주는 비용에 해당하지 않는다. 부동산의 가치를 상승시키기보다는 부동산 본래 기능을 유지하기 위해 개량 등에 들어가는 유지비 등을 말한다. 일반적으로는 벽지나 장판 교체비용, 싱크대나 주방기구의 교체비용, 보일러 수리비용, 문이나 조명 교체비용 등으로 본래의 기능을 유지하는 수선 정도를 의미한다.

내용에 따라서는 애매할 수도 있고 국세청이 부동산의 가치를 실질적으로 증가시키는 자본적 지출에 해당한다고 판단하지 않을 수도 있다. 따라서 단순한 교체비용이 아닌 해당 주택의 전체 구조를 변경하고 주택의 가치가 증가할 수 있는 공사여야 자본적 지출에 해당한다고 봐야 한다.

양도자산인 주택을 양도할 때 발생하는 부수적인 비용들이 있다. 이 중에서 양도자산을 양도하기 위해 반드시 발생해야 하는 비용으로 인정되어야 필요 경비항목으로 인정받을 수 있다.

양도세를 주관하는 소득세법은 열거주의를 채택하고 있다. 열거주의는 법에서 열거하고 있는 항목에 해당해야만 인정받을 수 있다는 것을 의미한다. 법에서 인정하고 있는 필요 경비항목에는 어떤 것들이 있을까? 공인중개사의 중개수수료, 양도세를 신고하기 위해 세무사에게 지급하는 신고서 작성비용 등이 포함된다. 따라서 실제 지급하는 수수료는 양도세 신고 시 필요 경비항목에 해당해 세금을 더 낮춰주는 역할을 한다. 중개수수료나 세무 대리수수료를 지급했는데도 현금영수증 등을 발급받지 않았다면? 큰 문제는 없다. 금융거래 증명서류 등 실제 대금을 지급한 거래내역만 존재한다면 그 비용은 필요 경비항목으로 인정받을 수 있다. 그러므로 현금을 주고받는 거래는 피하는 것이 좋다.

그렇다면 주택을 취득할 때 받은 주택 담보 대출의 이자는 주택 취득 가격에 포함하거나 필요 경비항목으로 양도세를 줄이는 역할을 할까? 그렇지 않다. 금융기관을 통해 적법하게 취급한 주택 담보 대출이라고 해도 해당 대출에 대한 이자는 주택의 가치를 증가시키는 역할을 하지도 않으며 주택을 양도할 때 부수적으로 발생하는 비용항목에도 해당하지 않기 때문에 열거되어 있지 않다. 이 주택 담보 대출과 관련한 비용은 양도세에서 세금을 줄여주는 역할을 하지는 못하지만 대출을 받은 차주가 근로소득자라면 1년에 한 번 연말정산을 할 때 공제받을 수도 있다. 따라서 양도세에서 의미하는 비용항목들은 실제 그 주택을 매도할 때 반드시 포함되어야 하는 항목으로 나열되어 있어야만 한다.

세입자의 명도비용도 필요 경비로 인정받을 수 있다

주택과 관련되어 정책적인 제재가 커지면서 하나 불거진 문제가 있다. 임차인의 퇴거를 위한 협의금 지급이다. 한 예로, 누구는 임차인에게 이사를 제안하면서 수천만 원에 달하는 금액을 보상금 성격으로 주기도 했다고 한다.

보통 실거주를 위해 주택을 매수하려는 사람들은 임차인이 있는 주택은 우선순위에서 제외하는 경향이 있다. 매수자 입장에서는 주택을 취득하고 거주해야 하는데 임차인의 임대차 계약기간이 종료되지 않는 이상 거주할 수 없기 때문이다. 반대로 매도자 입장에서는 매도가 어려워진다. 수요 시장에서 경쟁력이 없기 때문이다. 따라서 매도가 급한 사람들은 임차인에게 주택 매수와 동시에 이사를 부탁하는데 이때 보상금 성격의 협의금을 지급하곤 한다.

이와 같은 금액은 필요 경비로 인정받을 수 있을까? 매도자 입장에서는 매도를 위해 반드시 필요한 금액일 수도 있다. 따라서 필요 경비항목에 포함되어 경비 처리로 인정받을 수 있다. 이때 지급하는 금액을 명도비용이라고 부른다.

명도비용이 경비로 인정받기 시작한 것은 2018년 이후부터다. 매매 계약에 따른 인도의무를 이행하기 위해 매도자가 지출하는 명도비용이라면 필요 경비항목에서 차감해준다. 여기서 중요한 포인트는 매매 계약이다. 매수인과의 매매계약서상 임차인의 퇴거를 위해 명도비용을 지급한다는 내용이 포함되어 있고 그 내용을 실제 이행했을 때만 필요 경비항목으로 차감이 가능하다. 매매계약서에 해당 내용이 포함되어 있지 않고 단순히 임차인의 빠른 퇴거를 위해 지급하는 비용은 필요 경비항목으로 인정받을 수 없다. 또한, 임대차 계약기간이 많이 남은 임차인의 조기 퇴거를 위해 매수자가 지급하는 명도비용도 필요 경비항목으로 인정받을 수 없다. 주택을 취득하기 위해 매수자가 반드시 부담해야만 하는 금액이 아니라서 취득 가격에도 포함시킬 수 없다. 따라서 명도비용을 지출해야 한다면 반드시 매매계약서상에 명시되어 있어야 한다.

만약 매수자가 명도비용을 지급해서라도 임차인의 빠른 퇴거를 원한다면 매도자와 협의해서 매도자의 매매대금에 포함하는 방법을 취할 수도 있다. 매수자가 추가로 지급하는 명도비용은 매도자 입장에서는 양도 가격에 포함시켜야 하는 금액이다. 매매계약서에 해당 금액을 임차인에게 지급하는 명도비용으로 명시한다면 매도자는 필요 경비로 인정받을 수 있어 양도차익을 계산하는 과정에서 차감되어 양도세에는 영향을 미치지 않기 때문이다.

임차인에게 지급해야 하는 명도비용이 빈번하게 발생하는 일은 아니지만 꼭 지급해야 하는 상황이 온다면 계약서에 명시해야 함을 반드시 기억하고 있어야 한다.

07

이사할 때
비과세 받는 1 · 2 · 3규칙

양도세 세금을 가장 적게 내는 방법은 1세대 1주택 비과세 혜택을 받는 것이다. 매도금액이 고가주택 기준금액인 12억 원을 초과한다면 최대 80%의 장기보유 특별공제까지 받아야 한다. 최대 80%의 장기보유 특별공제는 매도하는 주택이 1세대 1주택 비과세가 가능한 주택일 때만 적용된다. 따라서 결론은 1세대 1주택 비과세가 적용되느냐가 핵심이다.

V는 주택을 팔려고 공인중개사사무소에 매물 등록을 했는데 적당한 매수인이 나타나지 않아 너무 걱정이 크다. 새 주택을 매수하

고 이사를 온 지도 벌써 3년이 다 되고 있기 때문이다. V는 새 주택을 취득하고 3년이 넘기 전에 기존 주택을 꼭 팔고 싶다. 그래서 공인중개사에게 시세보다 가격을 낮춰서라도 적당한 매수인을 서둘러 찾아주길 부탁하고 있다.

내가 가진 자산을 팔려고 할 때 누구나 한 푼이라도 더 받고 싶어 하지 싸게 팔고 싶어 하지는 않는다. 그래서 V의 행동은 일반적인 사고방식에서는 다소 이해가 가지 않는 행동이다. 하지만 시세보다 낮게 팔더라도 실제 손에 들어오는 현금이 더 커질 수 있다면? V의 행동은 현명한 선택이 된다.

1세대 1주택 비과세 혜택을 받기 위해서는 1세대가 1주택을 보유하다가 양도해야 한다. 그런데 부득이하게도 1주택자가 되지 못할 수도 있다. 이사를 위해 새로운 주택을 취득해 2주택자가 된 경우가 대표적이다.

기존에 보유하고 있던 주택을 매도하는 날과 새로운 주택을 취득하는 날이 같은 날이라면 아무런 문제가 없다. 같은 날에 주택을 매도하고 신규 주택을 매수했다면 주택 매도가 더 먼저 일어난 것으로 보기 때문에 굳이 고민할 필요가 없다. 하지만 부동산 거래를 한 번이라도 해본 사람이라면 매도일과 매수일을 맞추기가 상당히 어렵다는 것을 안다. 그러다 보니 세법에서는 부득이하게 겹쳐지는 기간을 일정 기간 인정해주고 그 기간 안에 기존에 보유하고 있던 주택을 매도하면 1세대 1주택 비과세 혜택을 주고 있다. 이를 일시적

2주택 비과세 특례라고 한다.

일시적 2주택 비과세 기간이 중요하다

주택을 보유하다가 이사하기 위해 주택을 새롭게 취득하고, 취득한 날로부터 일정 기간 안에 기존에 보유하고 있었던 주택을 판다면 2주택자라고 해도 1세대 1주택 비과세 혜택을 받을 수 있다. 특별한 혜택을 주는 것이기 때문에 반드시 지켜야 하는 조건이 있다. 이 조건을 '1·2·3규칙'이라고 이해하면 오래도록 기억할 수 있다.

우선, 주택을 취득한 뒤 최소한 1년이 지나고 나서 신규 주택을 취득해야만 한다(1규칙). 주택을 취득한 지 1년이 채 되지 않았는데 신규 주택을 취득한다면 다른 조건을 다 충족해도 일시적 2주택 비과세를 인정받을 수 없다. 투기를 목적으로 취득하는 주택으로 간주될 수 있기 때문이다. 실무적으로는 가장 흔히 범하는 오류라고 할 수 있다. 이런 경우에는 보유기간과 매도 타이밍까지 다 맞춰놨어도 취득한 시기를 변경할 수 있는 방법이 없어 양도세 비과세 자체를 판단하는 것이 무의미하다.

그다음, 기존 주택은 2년 이상의 보유기간을 충족해야 한다(2규칙). 즉, 매도해야 하는 주택이 1세대 1주택 비과세 조건을 충족해야 한다는 뜻이다. 일반적으로 1세대 1주택 비과세를 적용하기 위해서 2년 이상의 보유기간을 충족해야 하지만 2017년 8월 3일 이후 조정대상지역에 있는 주택을 취득했다면 2년 이상의 거주기간도 필수임을 알아야 한다.

마지막으로 신규 주택을 취득한 날로부터 3년 이내에 기존 주택을 매도해야만 양도세 비과세 혜택을 받을 수 있다(3규칙). 세법에서 인정해주고 있는 유효기간이다(조정대상지역의 경우라면 좀 달라지는데 뒤에서 설명하겠다). 이 3년이 지난 뒤에 주택을 매도한다면 1세대 1주택 비과세 혜택을 전혀 받을 수 없다.

다시 V의 상황으로 돌아가 보자. V의 기존 주택은 취득 가격이 7억 원이고 5년 동안 보유하고 거주했다. 시세가 현재 15억 원에 형성되어 있지만 1억 원이나 낮춰 14억 원에 매도 계약을 체결했다. V의 결정이 실리적인 측면에서 정말 합리적이었을까?

실제 V의 수중에 얼마가 남는지를 계산해보면 이해하기가 쉬워진다. 시세보다 1억 원이나 더 저렴한 14억 원에 매도를 한 V의 순수익은 약 6억 9,000만 원이 나온다. 매도 가격과 매수 가격 간의 차이인 7억 원에서 납부해야 하는 세금 약 880만 원을 차감한 금액이다. 하지만 15억 원에 팔려고 기다리다가 3년이 지나버렸다면 15억 원에 매매해도 실제 순수익은 약 5억 1,000만 원밖에 되지 않는다. 더 비싸게 팔았지만 V에게는 약 2억 원이나 더 적게 남는 셈이 된다.

3년이 지나서 팔면 일시적 2주택 비과세 특례를 받을 수 있는 유효기간이 지나버리기 때문에 1세대 1주택 비과세를 전혀 받을 수 없게 된다. 이럴 경우 V의 양도세는 약 2억 9,000만 원이 나온다. 경제적인 관점에서도 V는 현명한 선택을 한 것이다.

일시적 2주택 비과세 특례의 유효기간은 굉장히 중요한 기간이다. 부동산 대책이 발표될 때마다 그 기간이 변경됐고 현재의 기준이 정해지기까지 총 4번의 개정절차가 있었다. 일반적인 일시적 2주택 비과세 특례의 유효기간은 3년이 맞다. 그런데 그 유효기간이 줄어들었던 시기가 있다.

본격적으로 부동산 대책이 발표된 시작이라고 보는 8·2 대책(2017년)부터 봤을 때 처음 일시적 2주택 비과세 기간이 줄어든 때는 2018년 9월 14일부터다. 9·13 대책(2018년)에서 조정대상지역 내 주택을 소유한 사람이 조정대상지역 내 신규 주택을 취득하는 경우에는 2년의 유효기간만을 적용해주는 것으로 변경됐다.

그리고 12·16 대책(2019년)에서 그 기간은 1년으로 줄었다. 조정대상지역 내 주택을 보유하면서 조정대상지역 내 신규 주택을 취득하면 양도세 비과세 혜택을 받기 위해 신규 주택 취득 시점부터 1년 이내에 기존 주택을 매도해야만 했다. 더 나아가 실거주 목적이어야 한다는 조건으로 1년 이내에 신규 주택으로 전입까지 해야만 했다. 따라서 비과세 혜택을 받기 위해서 기존 임차인의 퇴거가 필요해졌고 기존 임차인과 실거주를 위한 매수인 사이의 다툼도 많았다. 그로부터 약 2년 6개월이 지난 뒤, 다시 한번 조정이 됐다.

2022년 5월 10일 이후 일시적 2주택 비과세 특례 가능기간은 신규 주택으로 전입 조건 없이 2년 이내다. 만약 변경되기 전 1년의 유효기간이 2022년 5월 10일 이후에 도래한다면 자연스럽게 변경되는 기준인 2년으로 바뀌기 때문에 1년의 유효기간을 더 벌었다고 생각하면 된다. 이 기준이 변경되면서 취득세에서도 적용되는 일시적 2주택 특례 역시 2년으로 동일하게 맞춰졌다. 부동산 경기 침체가 심화되자 정부는 다시 한번 특례기간을 변경했고, 2023년 1월 12일 이후 종전 주택을 양도하는 분부터 조정대상지역 및 비조정대상지역을 구분하지 않고 일제히 3년의 기간을 적용한다.

일시적 2주택자의 양도세 비과세 처분 유효기간이 연장되기 전에는 기존 보유하고 있던 종전 주택과 새로 취득하는 신규 주택의 '조정대상지역인지, 비조정대상지역인지'가 중요 포인트였다. 양도세 비과세 적용기간이 달라졌기 때문이다. 이제는 종전 주택 처분 유효기한 연장을 통해 조정대상지역과 비조정대상지역을 복잡하게 구분할 필요 없이 3년의 기간만 파악하고 있으면 된다. 연장되기 전에 이미 신규 주택을 취득해서 2년의 처분 유효기간을 적용받고 있는 사람이라도 2023년 1월 12일 이후에 기한이 종료된다면 자동으로 3년의 기간으로 연장되기 때문에 매도 시기에 여유가 생겼다고 할 수 있다.

08

세대를 합친
2주택자의 비과세 유효기간

모든 상황을 세법에서 규정하고 나열할 수는 없지만 일반적으로 발생하는 상황들에 대해서는 납세자의 혼란을 방지하고자 미리 규정되어 있다. 양도세도 마찬가지다. 납세자 입장에서 양도세의 핵심은 내가 1세대 1주택 비과세 혜택을 받을 수 있는지 판단하는 것이다.

양도 시점에 부득이하게 2주택자가 되는 경우가 종종 발생하는데 그중 대표적인 케이스들을 알고 있다면 최적의 세금을 찾는 데 도움이 된다(앞에서 잠깐 언급했는데 이번에 좀 더 자세히 알아보자).

혼인은 유효기간 5년

|||||||||||||||||||||||||||||||||||||||||||||||

경제력을 갖춘 W는 곧 결혼을 앞두고 고민이 생겼다. 결혼하기 전에 이미 자기 소유의 주택 1채를 마련했는데 예비 신부도 주택을 1채 보유하고 있어서다. 1세대 1주택 비과세 혜택을 받으면서 세금을 최대한 줄이고 싶지만 주택 시장이 호황이 아니라 지금 당장은 주택을 팔고 싶지 않다. 남들의 부러움을 사고 있지만 정작 W는 매도 계획까지 고려했을 때 최대한의 세금 혜택을 받고 싶은 마음에 고민이 생긴다.

W의 고민은 현실적이고 합리적인 고민이다. 결혼하지 않은 상황이라면 W와 예비 신부 모두 주택을 매도했을 때 1세대 1주택 비과세 혜택을 받을 수 있기 때문이다. 하지만 세대가 합쳐지면 세대를 기준으로 2주택자가 되기 때문에 어떤 주택을 먼저 팔든, 먼저 파는 주택은 1주택 비과세 대상이 아니게 된다. 이런 고민을 하는 사람들은 극단적으로 혼인신고를 하지 않기도 한다. 주택을 매도하고 나서 부부 기준으로 1주택자가 됐을 때 혼인신고를 하기 위해서다.

그렇다고 이렇게까지 결정할 필요는 없다. 세법에서는 이런 특수한 상황을 부득이한 경우로 간주해 결혼하더라도 각자 별도의 세대로 인정해주는 기간이 있다. 혼인일로부터 5년이다.

결혼 전부터 1주택자인 사람들이 결혼을 통해 세대를 합치면서 2주택자가 되어도 먼저 양도하는 주택에 대해서는 1세대 1주택 비과세규정을 적용해준다. 당연히 주택을 양도하고 나서 추가로 주택을 취득하지 않는다면, 다음 매도하는 주택 역시 1세대 1주택 비과세 혜택을 받을 수 있다. 물론 매도해야 하는 주택은 비과세 조건을 충족하고 있어야 한다.

세법이 이런 특수한 케이스를 인정해주지 않는다면 세금 때문에 결혼하지 못한다는 말을 들을 수 있기 때문에 합리적인 상황에 대한 이해가 충분히 적용되고 있다고 봐야 한다. 대신 기간의 기준은 존재하므로 혼인일로부터 5년을 넘기지 말아야 한다.

그렇다면 W가 주택 1채를 소유하고 있고 예비 신부도 주택을 1채 소유하고 있는 상황에서 혼인했다고 가정해보자. 그렇게 1세대 2주택인 된 상황에서 W가 신규 주택을 취득했다면 W가 소유하고 있는 주택을 매도할 때도 동일하게 양도세 비과세를 적용받을 수 있을까? 가능하다. 각자가 혼인 전부터 보유한 주택을 1주택으로 판단해 비과세를 적용해주기 때문에 W가 취득한 신규 주택은 일시적 2주택의 신규 주택이 되어 이후 기존 보유한 주택을 매도할 때 비과세 혜택을 받을 수 있다.

만약 W가 혼인 전에 이미 일시적 2주택 상황이라면 어떻게 될까? 이 상태에서 혼인하면 W 부부는 세대를 기준으로 3주택자가 된다. 그런데 W 입장에서 일시적 2주택 비과세 특례 유효기간 안에 기존 보유 주택을 매도한다면 이때도 비과세 혜택을 받을 수 있다. 따라서 내 상황에 맞는 유효기간을 정확히 인지하고 매도 타이밍을 적절히 잡아야 최적의 세금을 설계할 수 있다.

동거 봉양은 유효기간 10년

연로한 부모를 모시고 살기 위해 세대를 합치는 동거 봉양에도 세법에서는 특별 혜택을 주고 있다. 혼인의 경우와 마찬가지로 부모세대와 자녀세대가 각각 주택 1채를 소유하고 있어도 동거 봉양을 위한 세대 합가라면 10년간 각자의 주택에 대해 1주택 비과세가 가능하다.

동거 봉양을 위한 세대 합가도 혼인의 경우와 마찬가지로 5년의 유효기간만을 줬었는데 그 기간이 짧다고 받아들여져 2018년 이후부터 10년으로 연장됐다. 기존 5년 기간일 때 이미 동거 봉양을 위해 세대 합가를 했어도 현재 기준인 10년이 채워지지 않았다면 혜택을 받을 수 있다.

여기서 의미하는 연로한 부모는 어떤 기준을 포함하고 있을까? 부모 중 한 명의 나이가 60세 이상이어야 한다. 둘 다 60세 이상이어야 할 필요는 없으며 둘 중 한 명의 나이만 충족하면 동거 봉양을 위한 합가로 인정받을 수 있다. 또, 내 부모뿐만 아니라 배우자 부모도 동일한 규정을 적용받을 수 있다.

60세가 되지 않았더라도 부모가 요양급여를 받는 중증질환자,

희귀 난치성질환자, 결핵환자 등의 대상자(국민건강보험법 시행령 제19조 제1항에 따라 보건복지부장관이 정해 고시하는 기준)로 등록되어 있다면 동거 봉양 합가를 인정받을 수 있다. 동거 봉양을 위한 양도세 특례 혜택의 포인트는 부모의 나이 요건을 충족해야 한다는 점이다.

별도세대이면서 1주택자인 자녀와 1주택자인 부모가 세대를 합가했다가 분가 후 다시 세대를 합치는 경우에는 10년의 기간을 언제부터 계산해야 할까? 이때는 다시 동거 봉양을 위해 세대를 합가한 날부터 기준으로 계산한다.

단, 주의해야 하는 포인트가 있다. 실제로 분가가 독립적인 생활을 위해 별도세대를 구성하는 행위였음을 입증해야만 한다. 세제상의 혜택을 받기 위해 세대를 분가한 후 다시 합가하는 경우에는 국세청의 조사를 통해 실제 세대가 분리됐었다고 인정받을 수 없다. 따라서 실질적으로 세대 분리를 한 상태에서 재합가를 한 경우에만 동거 봉양을 위한 합가로 인정받을 수 있으니 유의한다.

09

다주택자 주택 매도
순서 정하기

최근 몇 년간 주택 세금과 관련해서 가장 화두가 됐던 내용은 양도세 중과라고 할 수 있다. 주택이 2채 이상인 다주택자라면 주택을 매도할 때 기존 양도세보다 더 많이 납부하게 만드는 제도다. 주택의 공급이 수요를 따라가지 못하고 주택 가격이 치솟다 보니 세법에서 꺼낸 카드가 이 다주택자 양도세 중과제도였다.

시세차익이 난 상황에서 주택을 매도할 때 얻은 이익 대부분을 세금으로 납부해야 하니 주택의 투기 수요가 꺾일 것으로 지난 정부는 판단했다. 그렇지만 주택 시장은 예상했던 방향대로 흘러가지 않았고 세법만 복잡해지면서 다주택자 중과제도는 일시적으로 중단됐다.

이익의 2/3가 세금

2022년 5월 10일 이후 양도하는 주택에 대해서부터 다주택자 중과제도는 일시적으로 중단된다. 모든 주택이 아니라 보유기간이 2년 이상인 주택인 경우가 해당한다. 딱 1년 유예기간이었는데 2023년 시행령 개정을 통해 1년 더 추가 연장됐다. 따라서 유예기간이 끝나는 2024년 5월 9일이 지난 뒤부터는 다주택자 중과제도가 다시 살아날 수 있다.

부동산 경기 흐름 등 여러 상황에 따라 달라질 수 있겠지만 일단 2023년 세법 개정안에는 양도세 중과제도 폐지안이 포함되어 있지 않다. 다시 말하자면, 양도세 중과제도는 언제 또 적용될지 모른다는 것이다. 그래서 주택 투자에 관심이 있다면 다주택자 양도세 중과에 대한 이해를 명확히 하고 있어야 한다.

부동산 종합대책이 본격적으로 시행된 8·2 대책(2017년) 이후 다주택자의 양도세 중과는 주택 매도자들에게 큰 영향을 미치게 된다. 2017년 8월 3일부터 시행됐는데 투기지역 내 3주택 이상 보유자들에게만 추가 과세가 적용되어 실효성은 없었다. 그러다가 2018년 4월 1일부터 다주택자 양도세 중과제도가 본격적인 영향을 미치기 시작했다.

우선, 다주택자 양도세 중과가 적용되려면 조건이 있다. 세대별 보유 주택의 수가 2주택 이상이어야 하며 조정대상지역 내 주택을 매도하는 경우에 적용된다. 예를 들어, 2주택을 소유한 세대가 조정대상지역에 있는 주택을 매도한다면 추가로 10%의 세율을 가산해 세금을 계산한다. 3주택을 소유한 세대라면 추가 세율은 20%로 올라간다. 여기까지만 해도 세금이 부담스러울 정도로 크게 늘어났다고 볼 수 없다. 하지만 양도세 중과의 핵심은 장기보유 특별공제의 배제다.

장기간 보유할수록 양도차익에서 공제를 해주는 장기보유 특별공제는 최대 30%를 적용받을 수 있는 혜택이다. 비율로 공제하기 때문에 시세차익이 크면 클수록 과세표준을 줄일 수 있는 중요한 역할을 한다. 이 장기보유 특별공제를 전혀 적용하지 않기 때문에 다주택자의 양도세는 일반 양도세와 비교해 아주 큰 차이가 발생하게 된다. 2021년 6월 1일 이후부터는 추가 세율이 각각 10%씩 상향 조정됐다. 세율 측면에서도 상승 폭이 높아져 다주택자가 조정대상지역 내 주택을 양도하는 경우에는 시세차익의 3분의 2를 세금으로 납부하는 상황까지 발생하게 된다.

예를 들어, 조정대상지역 내 2주택을 보유하고 있는 사람이 주택을 매도하면서 양도세 중과 적용을 받았다고 가정해보자. 취득 가격은 5억 원, 매도 가격은 15억 원, 보유기간은 15년이다.

다주택자 양도세 중과가 적용되지 않았을 경우 양도세를 계산해 보면, 2억 8,300만 원(지방소득세 포함) 정도의 세금이 나온다. 하지만 양도세 중과를 적용받는다면 6억 4,100만 원(지방소득세 포함) 정도로 2배가 넘게 된다. 만약 3주택 이상을 보유하고 있는 상황에서 양도세 중과를 적용받았다면, 양도세는 약 7억 5,100만 원(지방소득세 포함)으로 시세차익의 70%가 넘는다. 장기간 보유하면서 주택 가격이 많이 상승했지만 양도세를 납부하고 나면 수중에 들어오는 실질 수익은 2억 5,000만 원이 채 되지 않는다.

이런 부담이 시장에서 지속하다 보니 주택을 매도하려는 심리가 많이 약해져 주택 시장의 공급 효과가 더 줄어들었다. 그래서 2022년 5월 10일부터 한시적으로 시행령 개정을 통해 다주택자 양도세 중과를 배제하기 시작했다. 단, 양도세 중과제도는 법안의 폐지가 아닌 시행령을 통한 한시적 유예상태다. 시행령 개정을 계속하지 않는 이상 다시 적용될 수밖에 없는 규제인 것이다. 주택 시장의 가격 흐름에 큰 영향을 미친 제도이기 때문에 꾸준히 지켜봐야 한다.

다주택자 주택 매도 순서를 기억하자

다주택자라면 2년간 한시적으로 적용되고 있는 다주택자 양도세 중과 배제기간 안에 주택을 매도하는 것이 세금을 가장 줄일 수 있다. 하지만 주택의 매도 타이밍을 잡는 게 쉽지 않고, 원하는 매도 가격을 맞추지 못하는 상황에서 억지로 매도하는 것을 원하는 사람은 없다. 따라서 다주택자라면 양도세 중과가 다시 시행되어도 대응할 수 있도록 내게 맞는 주택 매도 순서를 계획하고 있어야 한다.

가장 1순위 매도 주택은 공시 가격 3억 원 이하인 주택이다. 주택에 대한 공시 가격으로 단독주택은 개별 주택 가격, 공동주택은 공동 주택 가격을 의미하는데 이 가격이 3억 원 이하인 주택은 다주택자라고 해도 양도세를 중과하지 않는다. 모든 주택이 해당하지 않고 수도권, 광역시, 특별자치시에 해당하지 않는 지역에 있는 주택이어야 한다. 군, 읍, 면에 해당하는 지역은 제재하지 않는다.

2주택자의 경우 양도 시점에 기준시가가 1억 원 이하인 주택에 대해서도 양도세를 중과하지 않는다. 이때는 수도권 등 지역 조건을 별도로 따지지는 않지만 재개발 또는 재건축 등이 예정된 사업시행구역의 주택은 제외된다. 소유하고 있는 주택의 수와 관계없이 무조건 양도세 중과를 적용받지 않는 주택이 있다는 것을 기억하고 매도 순위 1순위로 계획해야 한다.

그다음의 매도대상은 비조정대상지역 내 주택이다. 다주택자의 양도세 중과는 다주택자의 모든 주택이 아니라 조정대상지역에 있는 주택에 한해서만 적용한다. 얼마 전까지만 해도 지역 대부분이 조정대상지역으로 지정되어 있었지만 현재는 많이 해제됐다. 따라서 비조정대상지역에 주택이 있거나 조정대상지역으로 지정되었다가 해제된 지역에 주택이 있다면 그다음 매도 순위로 준비하면 된다.

양도세 중과가 배제되는 주택과 비조정대상지역 내 주택을 모두 매도했다면, 그다음으로는 시세차익이 가장 적게 발생하는 주택이 매도대상이다. 또한, 장기보유 특별공제까지 고려해야만 정확하게 판단할 수 있다. 시세차익이 동일하면 장기보유 특별공제를 더 많이 받을 수 있는 주택의 양도차익이 더 적기 때문이다.

장기보유 특별공제가 동일하다는 가정하에서는 시세차익이 가장 적은 조정대상지역 내 주택을 매도하면서 양도세 중과를 적용받아야 한다. 3주택 이상 보유자라면 추가 30%, 2주택자라면 추가 20%의 세율을 적용받겠지만 과세표준 자체가 높지 않아 세금 부담이 크지 않다. 세율이 아무리 추가된다고 해도 세율이 곱해지는 과세표준이 크지 않다면 세 부담은 미미할 수 있다. 따라서 가장 낮은 과세표준을 만들 수 있는 주택부터 최대 세율을 적용받도록 계획하고 매도해야 한다.

그리고 1세대 1주택 비과세 혜택을 받을 수 있는 주택이 마지막이다. 최종 1주택을 보유한 시점부터 추가 2년의 보유 및 2년의 거주기간을 다시 충족하지 않아도 되는 상황이 됐다. 따라서 어떤 주택에 비과세 혜택을 받아야만 그 효과가 가장 큰지 비교하고 따져봐야 한다. 거주를 가장 오래 했다면 장기보유 특별공제를 최대 80%까지 받으므로 비과세 효과가 가장 클 수 있다.

거주를 하지 않았다고 해도 시세차익이 더 큰 주택이 있다면 그 주택에 비과세 혜택을 가져가는 게 더 유리할 수 있다. 매도금액 12억 원까지 비과세 혜택이 주어지기 때문에 세 부담 측면에서는 장기보유 특별공제를 포기하더라도 더 합리적인 설계가 가능하다.

10

세대 분리를 잘하면
비과세가 쉬워진다

　　　　　주택을 매도하면서 가장 큰 혜택을 받을 수 있는 경우
는 1세대 1주택 비과세를 인정받는 때이고, 가장 무거운 세금을 내
는 경우는 다주택자 양도세 중과를 적용받는 때다.

　핵심은 1세대의 주택 수에 있다. 세대를 기준으로 주택 수를 판
단하고, 보유하고 있는 주택 수에 따라 최저 또는 최대의 세금을 낼
수도 있다. 이렇다 보니 앞에서도 언급했는데 세대를 분리하는 방법
에 대한 관심이 매우 높다. 하지만 세대 분리도 정확히 알고 진행해
야 세법상 별도의 세대로 인정받을 수 있다. 단순하게 거주를 따로

한다고 해서 별도의 세대가 되지 않는다는 점을 유의해야 한다.

세대 분리의 조건을 이해하자

1세대란, 본인과 배우자, 그리고 이들과 동일한 주소에서 생계를 같이하는 가족 구성원을 의미한다. 여기서 생계를 같이하는 동거가족은 현실적으로 생계를 같은 하는 것을 말한다. 따라서 주민등록지가 동일한지 여부는 중요한 포인트가 아니다.

일상생활을 기준으로 동일한 생활자금의 범위에서 생활하는 단위를 동일세대로 규정하고 있다. 1세대 1주택 비과세규정을 적용할 때는 부부가 각각 별도세대를 구성하고 있어도 별도세대로 인정해주지 않는다. 더 나아가서는 법률상으로 이혼했어도 실질적으로 생계를 같이 하면 이혼한 것으로 보지 않기도 하면서 동일세대로 판단한다. 세금을 줄이기 위한 위장 이혼을 인정해주지 않겠다는 뜻이다. 그렇다면 배우자가 없더라도 1세대가 될 수 있는 경우를 알아보자 (앞에서 잠깐 언급했는데 이번에 좀 더 자세히 알아보자).

우선, 가장 기본적인 조건은 30세 이상의 나이다. 나이가 30세 이상이라면 특별한 조건 없이 별도의 세대를 구성할 수 있다. 단, 30세 이상이라고 해도 부모와 생계를 같이 하며 같은 주소지에서 생활을 같이 한다면, 별도세대로 인정되지 않는다. 30세가 되지 않았더라도 배우자와 이혼했거나 배우자가 사망했다면 별도의 세대를 구성하고 있다고 인정된다. 마지막으로 30세가 되지 않았는데 독립적인 생계를 유지하면서 생활하고 있다면 마찬가지로 1세대로 인정받을 수 있다.

30세가 되지 않았을 때 가장 중요한 포인트는 독립적인 생계 유지다. 독립적인 생계 유지를 하기 위한 최소한의 소득 조건이 있다. 기준 중위소득의 40% 수준 이상을 유지하면서 독립된 생계를 유지할 수 있어야 한다. 여기서 말하는 기준 중위소득은 국민기초생활보장법에 따른 소득을 기준으로 하며, 1인 가구 기준 월 2,077,892원(2023년 1월 1일 고시 기준)이다. 따라서 40% 수준인 83만 원 이상의 월소득이 필요하다.

기준 중위소득의 40% 소득이 있다고 다 인정받을 수 있지 않다. 반드시 매월 소득이 있을 필요는 없지만 꾸준한 소득이 존재하며 스스로 독립적인 생계 유지가 가능함을 보여줄 수 있어야 한다. 군 입대를 앞둔 아들이 6개월간 아르바이트로 기준 중위소득의 40% 이상인 월 100만 원 정도의 수입을 얻었다고 해도 별도의 세대로 인정받기는 어렵다. 소득이 포인트가 아니라 독립적인 생계 유지가 핵심임을 명심해야 한다. 아르바이트를 통한 소득은 돈을 벌기 위함일 뿐 실제 생활비는 부모의 돈으로 한다며 별도의 세대로 인정해주지 않는다. 마찬가지로 대학원 생활을 하며 자취를 하는 자녀가 대학원에서 받는 수당이 있다고 해도 스스로 생계 유지가 가능하다고 인정받기 어렵다.

따라서 자녀를 세대에서 분리시켜 독립세대로 인정받고자 한다면 근로소득이 발생하는 취업 이후가 가장 적합하다고 볼 수 있다. 물론 근로소득 외 다른 소득이 꾸준히 발생하고 있다면 상관은 없지만 근로소득의 유무가 가장 쉽게 별도세대로 인정받을 수 있는 조건이 된다.

세대 분리 후 양도세 비과세 2번 받자

X는 주택을 2채 보유하고 있다. 거주하고 있는 1채 외 다른 1채는 임대를 놓았다. 주택 가격이 계속 상승하자 X는 나름의 계획을 세웠다. 거주 중인 1채는 자기 소유로 하고, 임대를 놓고 있는 1채를 자식에게 증여했다. 주택 가격이 더 상승하면 증여세가 더 많이 발생한다고 보고 더 오르기 전에 미리 증여를 선택한 것이다.

X의 자식은 이제 막 대학생이라 별도의 수입이 없어 세법상 별도세대로 인정받을 수 없었는데도 증여를 진행했다. 10년이 지나 X의 자식은 취업도 하고 혼자서 생계 유지가 가능한 독립세대가 됐다. 자식이 취업에 성공하자마자 X는 자식을 독립시켜 세대 분리를 한 후, 자신의 주택과 자식의 주택을 같이 매도했다.

X와 X의 자녀는 모두 1세대 1주택 비과세 혜택을 받았다. 1세

대 1주택 비과세 요건의 판단 시점은 양도 때다. 즉, 주택을 매도하는 시점에 1세대 1주택자라면 비과세가 가능하다는 뜻이다. 세대를 분리함과 동시에 X의 자녀는 독립세대로 인정받을 수 있어서 주택을 매도할 때 각각 1세대 1주택자가 됐다. 주택 가격이 상승하기 전에 미리 증여해 주택의 시세차익도 자식이 가져갈 수 있으면서 2년 이상의 보유기간이 충족되어 비과세까지 받을 수 있었다. X 역시 1세대 1주택자에 해당하기 때문에 자기 주택에 대해 비과세 혜택을 전부 가져갈 수 있었다. 주택을 2채 보유하고 있었지만 계획을 세워 2채 모두 비과세 혜택을 가져가 세금 측면에서 가장 최적의 결과를 만들어 냈다.

주민등록상 세대를 분리했어도 실질적으로 동일한 자금으로 생계를 같이 하는 상황이라면 별도의 세대로 인정받을 수 없다. 반대로 주민등록상 세대를 같이 하고 있어도 동일한 생활자금으로 생계를 같이 하고 있지 않다면 독립된 별도세대로 인정받을 수도 있지 않을까?

형과 동생은 한 아파트에 같이 살고 있다. 각자 생계를 유지할 만큼의 안정적인 수입이 있고 매월 생활비도 동등하게 분담하고 있다. 관리비, 공과금 등도 똑같이 분담하고 있으며 실질적으로 각자의 공간에서 별도의 생활을 하고 있다. 이런 경우라면 형과 동생은 별도의 독립된 세대로 인정받을 수 있다.

세법은 실질을 중요하게 여긴다. 단순하게 거주지가 동일하다고 동일세대로 판정할 수 없다는 것과도 같다. 실제로 분리된 생활을 하고 있고 독립된 공간에서 각자의 수입으로 거주하고 있다면 이는 실질적으로 독립된 별도세대로 판단할 수 있다. 세대 분리형 아파트라면 그 독립된 생활을 입증하는 것이 좀 더 수월하다.

독립세대로 인정받기 위해서는 각자의 독립된 생활자금으로 각자의 공간에서 생활하고 있음을 적극적으로 입증할 수 있어야 한다. 즉, 타당한 근거가 있어야 가능하므로 입증이 실질적으로 어려운 상황이라면 주택을 매도하는 시기 전에만 세대 분리를 통해 각자의 세대를 인정받으면 된다.

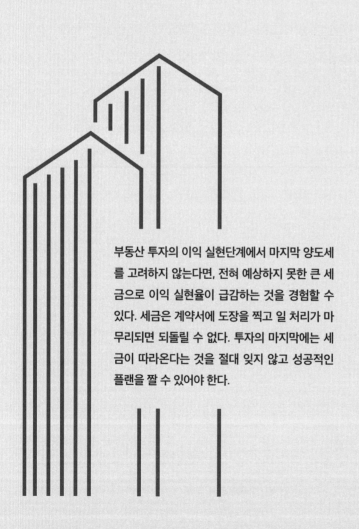

부동산 투자의 이익 실현단계에서 마지막 양도세를 고려하지 않는다면, 전혀 예상하지 못한 큰 세금으로 이익 실현율이 급감하는 것을 경험할 수 있다. 세금은 계약서에 도장을 찍고 일 처리가 마무리되면 되돌릴 수 없다. 투자의 마지막에는 세금이 따라온다는 것을 절대 잊지 않고 성공적인 플랜을 짤 수 있어야 한다.

5장

택스 플랜 _ 유사주택

01

조합원입주권과
분양권도 주택이다

세법에서 말하는 주택은 완성된 건물을 의미한다. 실제로 사람이 거주 용도로 활용할 수 있는 공간이어야 한다. 그런데 곧 주택으로 완성될 예정인 경우도 있다. 아직은 거주 용도로 활용할 수 없지만 완성되면 거주할 수 있는 공간이 된다. 이럴 때 세법에서는 부동산에 관한 권리라고 칭한다.

대표적인 부동산에 관한 권리에는 조합원입주권과 분양권이 있다. 이 부동산에 관한 권리는 각종 세금에 중요한 영향을 미치고 있어 최적의 세금 계획을 세우기 위해서는 명확히 이해하고 있어야만 한다.

조합원입주권과 분양권을 구분하자

훗날 주택이 완성됐을 때 해당 주택을 소유할 수 있는 자격, 즉 주택을 취득할 수 있는 권리 2가지는 조합원입주권과 분양권이다. 얼핏 보기에는 둘 다 같아 보이지만 엄연히 다른 차이점이 존재한다.

조합원입주권과 분양권은 그 포인트만 이해하면 쉽게 구분할 수 있다. 조합원입주권은 조합원들에게 주택이 완공되고 나서 해당 주택으로 입주할 수 있는 권리를 부여한 것을 말한다. 기존에 주택을 보유하고 있는 사람은 주택 재개발사업이나 재건축사업이 진행되면 보유하고 있던 주택을 제공해야 하고, 제공에 대한 대가를 받는다. 이 대가를 현금으로 받을 수도 있다. 하지만 현금으로 받지 않고 해당 사업이 끝난 뒤, 완성된 주택을 취득할 수 있는 권리를 부여받을 수도 있다. 이때 부여받는 권리를 조합원입주권이라 한다. 조합원입주권은 보유하고 있는 사람으로부터 매매로 취득하기도 한다.

조합원입주권과 달리 분양권은 처음부터 제공해야 하는 것이 없다. 주택법 등에 따른 주택에 대한 공급 계약을 통해 주택을 공급받는 자로 선정된 지위를 의미한다. 흔히 주택 청약에 당첨됐을 때 부여된 그 권리가 분양권이다. 일반적으로 조합원에게 배정된 조합원입주권을 제외한 나머지 물량이 주택 분양권으로 분양된다.

세법에서는 이 2가지 권리의 취득시기가 굉장히 중요하다. 취득세와 양도세가 바라보는 분양권의 취득시기에는 차이가 있다. 취득세를 먼저 살펴보면, 분양사업자로부터 주택 분양권을 취득하는 경우에는 분양 계약일, 분양권을 다른 사람으로부터 매매 취득하는 경우에는 계약서상 잔금 지급일을 취득일로 한다. 그런데 양도세에서는 계약일이 아닌 청약에 당첨된 날이 취득시기가 된다. 청약에 당첨된 날부터 주택을 공급받을 수 있는 지위에 대한 권리가 확정되기 때문에 양도세에서는 분양권의 취득시기를 당첨일로 본다.

조합원입주권 역시 지방세인 취득세 및 보유세(종부세는 국세이지만 주택분 재산세 과세기준을 따라간다)와 국세인 양도세가 다소 차이를 보인다. 기존 주택을 보유하고 있는 사람이 주택을 제공하고 조합원입주권을 취득했을 때, 언제부터 주택이 조합원입주권으로 변경되는지 그 시점이 굉장히 중요하다. 취득세와 보유세는 주택의 멸실 여부를 갖고 판단한다. 멸실이 되지 않았다면 아직 주택으로 본다.

그런데 양도세에서는 도시 및 주거 환경정비법에 따른 주택 재개발사업 또는 주택 재건축사업의 관리 처분 계획이 인가된 날부터 조합원입주권으로 취급된다. 즉, 보유하고 있는 주택은 관리 처분 계획 인가일부터 주택이 아닌 조합원입주권이라는 권리로 전환된다.

이처럼 세법에서는 해당 권리를 취득한 시기가 중요한 역할을 한다.

조합원입주권과 분양권은 주택 수에 포함

조합원입주권과 분양권을 단순한 권리라고 생각할 수 있지만 세법에서는 그렇지 않다. 주택을 취득할 수 있는 권리는 결국 주택이 되기 때문에 주택과 동일하다고 본다. 따라서 각종 주택에 대한 세금을 계산할 때 해당 권리는 주택 수에 포함된다.

취득세에서 조합원입주권과 분양권이 주택 수에 포함되기 시작한 시점은 그리 오래되지 않았다. 7·10 대책(2020년)이 발표되면서 주택 취득 시 취득세 중과가 본격화됐고, 개정된 법이 시행되는 2020년 8월 12일 이후 취득하는 조합원입주권과 분양권부터 주택 수에 포함되기 시작했다.

현재 1세대를 기준으로 조정대상지역 내 3주택자가 되면 12%의 취득세율이 적용되고, 조정대상지역 내 2주택자가 되면 8%의 취득세율이 적용된다. 즉, 조정대상지역 내 주택 1채와 조합원입주권 또는 분양권 1개를 보유하고 있는 1세대가 조정대상지역에 있는 주택을 추가로 취득하면 조정대상지역 내 3주택자에 해당되어 12%의 취득세율 중과를 적용받게 된다. 만약 조합원입주권 또는 분양권을 2020년 8월 11일 이전부터 보유하고 있었다면 주택 수에 포함되지 않기 때문에 조정대상지역에 있는 주택을 추가로 취득해도 8%의 취득세율이 적용된다.

보유세에 해당하는 재산세와 종부세는 조합원입주권이나 분양권으로부터 자유롭다. 영향을 받지 않는다는 뜻이다. 조합원입주권 또는 분양권 모두 실제 주택이 아닌 주택을 취득할 수 있는 권리에 불과해서 보유세 계산 시 주택 수에 포함하지는 않는다.

여기서 주의할 점이 있다. 조합원입주권이라고 해도 주택의 멸실 여부에 따라 보유세가 부과될 수 있다는 점이다. 원조합원이 보유하는 조합원입주권의 시작은 주택이다. 기존 주택이 멸실되고 주택을 취득할 수 있는 권리로 전환된 후, 다시 완성된 주택이 된다. 관리 처분 계획 인가일에 주택이 바로 멸실되면 좋겠지만 그 시기가 반드시 동일하다고 할 수 없다. 보유세 부과기준일인 6월 1일을 기준으로 관리 처분 계획 인가일은 지났지만 주택이 아직 멸실되지 않았다면 재산세와 종부세가 그대로 부과된다.

주택을 매도할 때 납부해야 하는 양도세에서는 오래전부터 조합원입주권을 주택으로 취급해 왔다. 조합원입주권을 2006년 1월 1일 이후부터 주택 수에 포함해 계산하기 시작했다.

하지만 분양권이 주택 수에 포함된 시점은 그리 오래되지 않았다. 2021년 1월 1일부터 법 개정을 통해 주택 수에 포함되기 시작했다. 따라서 2021년 1월 1일 이후 입주자 모집공고에 따라 청약을 했고 그 청약이 당첨됐다면 해당 분양권은 양도세 중과 여부를 판단할 때 주택 수에 포함된다. 2020년 12월 31일 이전에 청약에 당첨됐고 2021년 1월 1일 이후 분양 계약을 체결했다면 주택 수에 포함될까? 양도세 판단에서는 주택 수에 포함되지 않는다. 청약 당첨일과 아파트 공급 계약을 체결한 날이 다를 때 양도세는 분양권의 취득시기를 청약 당첨일로 보고 있기 때문이다.

조합원입주권 또는 분양권이 주택 수에 포함된다면 조합원입주권 또는 분양권을 제외하고 1세대 1주택자라고 해도 비과세 혜택을 받을 수 없다. 만약 2주택자, 3주택자라면 한시적 중과 배제기간이 지난 후부터는 양도세 중과세율을 감당해야 할 수도 있다. 그렇다고 양도세에서 아무 예외사항 없이 조합원입주권과 분양권을 무조건 주택 수에 포함시키지는 않는다. 수도권과 광역시, 세종특별자치시를 제외한 지역의 조합원입주권 또는 분양권의 가격이 3억 원을 초과하지 않으면 주택 수에 포함되지 않는다. 또, 광역시나 세종특별자치시라고 해도 읍, 면에 해당하는 지역이라면 포함되지 않는다.

양도세에서는 이런 예외적인 내용이 있지만 아쉽게도 취득세에서는 예외 조건이 없다. 취득세 주택 수 판단에서는 가격과 관계없이 조합원입주권과 분양권을 2020년 8월 12일 이후에 취득했다면 전부 주택 수에 포함된다는 점에 유의해야 한다.

02

조합원입주권과
분양권으로 취득하는 주택은
취득세율 중과를 피할 수 있다

조합원입주권과 분양권은 다주택자의 취득세 중과세율을 판단할 때 주택 수에 포함된다. 그렇게 다주택자 판단 시에 영향을 미친다.

해당 조합원입주권과 분양권이 주택으로 완성될 때 내는 취득세에도 당연히 중과세율이 적용될까? 중과가 될 수도 있고 되지 않을 수도 있다. 그래서 조합원입주권과 분양권에 대해 판단을 정확하게 할 줄 안다면 취득세를 줄일 수 있다.

매도 타이밍을 정확히 잡자

조합원입주권 또는 분양권으로 취득하는 주택의 취득세율이 어떻게 적용되는지부터 알아야 한다. 조합원입주권은 보유하고 있던 주택을 멸실하고 다시 새로운 주택을 짓는 것과 같다. 내가 보유한 건물을 부수고 다시 건물을 건축하는 것이다. 따라서 주택을 추가로 매매 취득해 다주택자가 되는 것이 아니기 때문에 주택이 완공됐을 때 건물분에 대한 취득세만 납부하면 된다. 이때 적용되는 취득세율을 원시취득세율이라 하고 2.8%가 적용된다. 여기에 농어촌특별세와 지방교육세가 포함되면 2.96~3.16%가 된다. 따라서 조합원입주권으로 인한 주택은 취득세율 중과와 관계가 없다.

건물분에 대해서는 새로 취득하기 때문에 취득세를 납부해야 하는데 주택 재개발사업인 경우에 한해 취득세율 혜택을 받을 수도 있다. 정비구역 지정고시일 현재 부동산의 소유자이면서 재개발사업에 따른 주택을 취득해 1세대 1주택자가 된 경우, 새로 취득하는 주택의 전용면적이 60㎡ 이하면 75%, 60㎡ 초과 85㎡ 이하면 50%의 취득세 감면 혜택을 받을 수 있다.

2019년 12월 31일까지는 100% 면제(면제받는 취득세액이 200만 원을 초과하면 85% 감면)가 적용됐는데 법이 개정되면서 혜택이 줄었다. 단, 사업 시행 인가일이 2019년 12월 31일 이전이라면 개정 전 취득세 감면 혜택을 받을 수 있다.

분양권에는 원시취득세율이 적용되지 않는다. 분양권 취득 자체는 주택에 대한 권리이기 때문에 취득세가 발생하지 않는다. 그럼 언제 취득세를 납부해야 할까? 분양권이 주택으로 완공되고 나서 실제 주택을 취득할 때 취득세를 납부한다. 즉, 분양권은 분양사업자로부터 매입한 권리와 같아서 매입한 권리가 주택으로 완공될 때 매매 취득세율이 적용된다. 매매 취득세율이 적용된다는 말은 취득세 중과 역시 적용됨을 의미한다.

그렇다면 분양권의 취득세 중과 여부는 언제, 어느 시점을 기준으로 판단해야 할까? 분양권을 취득하는 시점일까? 아니면 분양권이 주택으로 완공되는 시점일까? 분양권 취득세율의 중과 판단은 분양권을 취득하는 시점이다. 분양권 취득일을 기준으로 1세대가 주택을 몇 채 보유하고 있는지에 따라 분양권으로 완공되는 주택의 취득세율이 달라진다.

조합원입주권을 매입해서 취득할 수도 있다. 이 경우에는 어떨까? 최초부터 보유하고 있었던 주택이 아니라 조합원입주권을 매입한 경우에는 승계 취득한 조합원입주권이라고 한다. 이 승계 취득한 조합원입주권은 주택이 멸실하기 전과 후에 따라 취득세율이 달라진다. 주택을 멸실하기 전에 취득했다면 주택 자체를 취득하는 것과 같게 보기 때문에 세대별 주택 보유 수에 따라 취득세율 중과가 적용될 수 있다. 하지만 주택이 멸실된 후에 취득한다면, 취득하는 사람은 주택이 멸실된 상태의 땅만 취득하는 것과 같다. 따라서 땅에 대한 취득세율 4%(농어촌특별세 및 지방교육세 포함 시 4.6%)가 적용된다. 그리고 새로운 건물이 다 지어지고 난 뒤에는 보유하고 있는 땅 위에 건물을 지은 것과 같기 때문에 원시취득세율이 적용된다. 따라서 취득세율 중과를 걱정할 이유는 없다.

세대 분리를 통해 1주택자를 만들자

Z는 조정대상지역 내 주택을 2채 보유하고 있다. 아들과 함께 1세대를 이루고 있는 와중에 아들이 조정대상지역 내 소재하는 분양권을 매입했다. 2020년 8월 12일 이후 취득한 분양권이라서 주택 수에 포함되고 분양권 매입 당시 1세대가 2채의 주택을 보유하고 있었기 때문에 분양권으로 인한 주택이 완공되는 시점에는 조정대상지역 내 3주택자의 취득세율이 적용되어야 한다.

취득세를 줄이기 위한 방법은 없을까? 이때는 12.4~13.4%(농어촌특별세 및 지방교육세 포함)의 높은 취득세율을 납부하지 말고, 세대 분리를 통해 1세대가 보유한 주택 수를 줄여야 한다.

완공된 주택을 취득하는 아들은 분양권 매입 당시 1세대 기준으로 3주택자에 해당한다. 분양권 취득 당시 기준으로 세대의 주택 수를 판단하기 때문이다. 여기서 포인트는 주택의 수가 아니라 세대다.

분양권 취득 당시 1세대를 기준으로 조정대상지역 내 3주택자다. 하지만 분양권이 주택으로 완공되기 전, 아들이 세대를 분리한다면 Z와 Z의 아들은 각각 독립된 세대를 구성할 수 있다. 단독세대를 구성하는 Z의 아들은 본인세대를 기준으로 무주택자다. 따라서 분양권 취득 당시에는 동일세대를 구성하고 있어 이미 2주택을 보유하고 있다 해도 분양권이 완공되기 전에 단독세대를 구성한다면 무주택세대가 될 수 있다. 독립세대 기준으로 Z의 아들은 무주택세대에 해당하기 때문에 1주택자의 취득세율인 1.1~3.5%(농어촌특별세 및 지방교육세 포함)의 세율로 취득세를 납부할 수 있다.

Z가 조정대상지역 내 주택 3채를 보유하고 있어도 세대 분리의 효과는 동일하다. 물론 Z의 자녀는 30세 이상이거나 독립된 생계 유지가 가능하도록 소득이 있어야만 세대 분리 효과가 있다. 독립된 세대로 인정받을 수 있는 요건을 충족하지 못한다면 별도의 전입신고를 해도 취득세는 달라지지 않는다.

03

조합원입주권
양도세 비과세 챙기기

A는 오랫동안 단독주택 1채를 보유하고 있었다. 몇 차례 무산됐던 재개발사업이 결국 진행되어 조합원입주권을 취득하게 됐다.

처음 조합원입주권을 취득했을 때만 해도 신축 아파트에서 거주할 마음이 있었는데 은퇴 후 전원생활을 즐기는 것이 더 나은 것 같아 조합원입주권을 매도하기로 결정했다. 이미 주택은 멸실됐는데 조합원입주권을 매도할 때도 세금을 내야 한다는 얘기를 들어 걱정이 많다.

실거래 가격 12억 원까지는 양도세가 없다

A와 같이 원래부터 주택을 보유하고 있는 원조합원들에게 주택과 조합원입주권이 주는 의미는 크게 다르지 않다. A 입장에서는 단순하게 실물로 보유하고 있던 주택이 특정 시점을 지나 주택을 취득할 수 있는 권리로 변경된 상황일 뿐이다.

주택을 1채만 보유하고 있던 원조합원이라면 의문이 생긴다. 실물 주택을 매도할 때는 양도세 비과세가 가능한데 조합원입주권으로 변경된 후 매도할 때는 불가능하다면 불합리하지 않을까?

세법은 생각보다 합리적이다. 주택의 연장선에 있는 조합원입주권이라면 실물과 권리를 달리 보지 않는다. 따라서 조합원입주권을 매도해도 양도세 비과세 혜택을 챙길 수 있다. 단, 조합원입주권 매도 시 양도세 비과세를 받기 위해서는 지켜야 하는 조건들이 있다.

양도세에서 조합원입주권을 구분하는 시점은 관리 처분 계획의 인가일이다. 이 시점을 기준으로, 보유하고 있는 주택은 조합원입주권으로 취급된다. 이 조합원입주권을 매도하면서 양도세 비과세 혜택을 받으려면 관리 처분 계획의 인가일 현재 보유하고 있는 주택이 양도세 비과세 조건을 충족하고 있어야 한다. 즉, 주택을 기준으로 관리 처분 계획의 인가일까지 2년 이상의 보유기간을 충족해야 하며, 조정대상지역에 있고 2017년 8월 3일 이후에 취득했다면 2년 이상의 거주기간도 충족해야 한다. 이 조건을 충족한 상태에서 관리 처분 계획의 인가일 이후 조합원입주권을 매도하면 양도세 비과세 혜택을 적용받을 수 있다. 이때 비과세 가능 금액은 주택 양도세 비과세 가능 금액과 동일한 실거래 가격 12억 원까지다. 12억 원을 넘겨 매도하면 양도세가 과세된다.

12억 원을 넘겨 매도해도 장기보유 특별공제 혜택을 받을 수 있다. 단, 관리 처분 계획의 인가일 전, 기존 주택분에 대한 양도차익에 대해서만 가능하다. 조합원입주권으로 취득되기 전에 조건이 충족된 상태라면 양도세 비과세 혜택을 동일하게 적용받을 수 있다고 이해하면 된다. 따라서 관리 처분 계획의 인가일 기준으로 1세대 1주택자여야 하고, 조합원입주권을 매도하는 시점에 다른 주택이나 분양권을 보유하고 있어서는 안 된다. 내용을 종합해보면, A는 조합원입주권을 매도해도 양도세 비과세 혜택을 못 받지 않는다.

일시적 2주택 특례가 가능하다

만약 A가 조합원입주권을 매도하기 전에 다른 주택을 먼저 취득했다면 양도세 비과세 혜택을 받을 수 없을까? 그렇지 않다. 실물 주택을 보유하고 있는 상황에서 이사 등 목적으로 신규 주택을 취득했을 때 양도세는 일시적 2주택 특례를 적용해 비과세 혜택을 받을 수 있도록 하고 있다. 단, 3년(2023년 1월 12일 이후 기준)이라는 일정 기간 안에 매도하는 조건이 필요하다.

조합원입주권에서도 마찬가지다. 조합원입주권을 매도하는 날 기준으로 다른 주택을 취득해 보유하고 있어도 조합원입주권을 매도할 때 양도세 비과세 혜택이 주어진다. 다른 주택을 취득한 날로부터 조합원입주권을 3년 이내에 매도하면 된다. 일시적 2주택자의 종전 주택 처분 유효기간의 연장이 있기 전에는 실물 주택 사이에는 2년의 유효기간이 존재했었다. 하지만 조합원입주권과 신규 주택 사이에는 처음부터 3년의 유효기간만이 존재했다는 차이가 있다.

대체주택도 양도세 비과세가 가능하다

전원생활을 생각했던 A가 생각을 바꿔 신축 아파트에서 살기로 했다. 그래서 조합원입주권을 매도하지 않기로 했다. 그러다 보니 완공 전까지 거주할 공간이 필요해졌다. 잠시 살려고 주택을 매입하려고 하는데 나중에 팔 때 낼 세금이 신경 쓰였다. 차라리 세금 때문이라도 임차가 나을까?

세금을 해결할 방법이 있다. 주택을 보유하고 있던 A는 재개발사업으로 인해 거주할 공간이 사라졌다. 재개발사업이 끝나면 A가 완공된 집으로 입주하는 것은 당연한 과정이다. 오히려 조합원입주권 매도가 선택사항이라고 볼 수 있다. 조합원입주권을 가진 A는 주택이 완공될 때까지 거주할 공간이 필요하다. 거주공간을 임차하든 매입하든, 그것은 당사자의 선택이다. 따라서 조합원입주권이 완공된 이후 공사기간 동안 거주한 주택을 매도했을 때 세금을 부과한다면 합리적이지 않다.

여기서 A가 공사기간 동안 잠시 거주하는 주택을 세법에서는 '대체주택'이라고 부른다. 원래 보유하고 있던 주택을 대신해 거주하는 주택이라는 의미를 갖고 있다. 이 대체주택은 A 입장에서 어쩔 수 없이 취득하는 주택과 같기 때문에 대체주택을 매도할 때는 특별히 비과세 혜택을 부여한다. 당연히 비과세 혜택은 세법에서 주어지는 가장 큰 혜택이기 때문에 지켜야 하는 조건이 있다.

우선, 보유하고 있던 1채의 주택이 재개발사업 또는 재건축사업을 통해 조합원입주권으로 변경되어야 한다. 원조합원이 아닌 조합원입주권을 매수해 취득한 승계 조합원에게는 해당하지 않는다는 점을 주의한다. 재개발사업 등으로 인해 거주의 공간을 잃었을 때만 대상이 된다.

그다음, 새로 매수하는 주택은 실거주를 위한 주택이어야 한다. 실거주를 위한 대체주택은 사업 시행 인가일이 중요한 역할을 한다. 관리 처분 계획의 인가일이 아닌, 관리 처분 계획의 인가일보다 더 앞서 있는 사업 시행 인가일을 기준으로 대체주택 해당 여부를 판단한다. 대체주택은 사업 시행 인가일 이후 취득한 주택이어야 하고, 취득한 대체주택에서 실제 1년 이상 거주를 해야만 인정받을 수 있다. 대체주택에서 1년 이상 거주하다가 재개발사업 등에 의한 주택이 완성되면 완성된 주택으로 세대 전원이 이사해야 한다. 주택이 완성된 날로부터 3년 이내에 입주를 해야 하며 입주한 주택에서 1년 이상 계속 거주도 해야 한다. 1년 이상 거주를 해야만 납세자 입장에서 대체주택이 임시 거주를 위한 주택이었음을 증명할 수 있다.

마지막으로, 재개발사업 등으로 주택이 완성된 후 3년 이내에 대체주택을 매도해야만 한다. 신규 주택의 완성일로부터 3년 이내에 대체주택을 매도하면 대체주택에서 발생하는 양도세에 대해 비과세 혜택을 가져갈 수 있다. 만약 재개발사업 등으로 주택이 완성되기 전에 매도해도 1년 이상 거주한 대체주택이라면 동일한 혜택을 받을 수 있으니 걱정할 필요는 없다.

A 입장에서 대체주택의 양도세 비과세를 받기 위한 순서는 다음과 같다. 기존에 보유하고 있는 주택이 소재하는 지역에 재개발사업 시행 인가가 발표되면, 거주를 위한 대체주택을 취득해도 된다. 해당 대체주택에서 세대 전원이 1년 이상 거주해야 한다. 재개발사업으로 주택이 완공되면 완공된 날로부터 3년 이내에 완공된 주택으로 전입해 1년 이상을 거주하면 된다.

이러한 요건을 모두 충족하고 나면, 재개발사업으로 인한 주택이 완성된 후 3년 이내에 대체주택을 매도할 때 양도세 비과세 혜택을 받을 수 있다. 물론 주택이 완성되기 전에 대체주택을 매도해도 가능하다.

04

분양권도
일시적 2주택 비과세가 가능하다

분양권을 매도할 때는 양도세 비과세 혜택을 받을 수 없다. 오히려 비과세 혜택은 고사하고 세금이 더 많이 나올 수도 있다.

조합원입주권에 양도세 비과세 혜택이 주어지는 이유는 특정 시점을 기준으로 명칭이 달라질 뿐, 주택의 연장선에 있기 때문이다. 이와 반대로 분양권은 입주자 모집공고를 통해 권리를 부여받는다. 입주할 수 있는 권리에 당첨된 것으로 실물 주택을 보유한 적이 없어 비과세 혜택은 존재하지 않는다. 따라서 분양권에 프리미엄을 붙여 매도한다면 프리미엄 차액에 대해 양도세가 부과되는데 만만치 않은 금액이 나온다.

원래 분양권의 양도세율은 일반 양도세율과 동일했다. 단, 분양권을 보유하고 있는 기간이 길지 않다 보니 단기 양도세율이 적용되곤 했다. 보유기간이 1년 미만이면 50%, 2년 미만이면 40%의 세율이 적용되고 2년 이상 보유했으면 일반 양도세율인 6~45%의 세율이 적용됐다.

그런데 주택 가격의 급상승 시기였던 2018년부터 주택 양도세율이 중과되기 시작했고 분양권 역시 예외일 순 없었다. 조정대상지역이 아니면 기존과 동일했지만 조정대상지역에 속하는 분양권이라면 보유기간에 관계없이 일정하게 50%의 세율이 적용됐다. 2021년 이후 분양권이 주택 수에 포함되기 시작하면서부터는 세율이 더 높아졌다. 현재 적용되고 있는 분양권 양도 시 양도세율은 2021년 6월 1일 이후 양도분부터 적용되는 세율로 조정대상지역 여부와 관계없이 보유기간이 1년 미만이면 70%, 2년 미만이면 60%인 고율의 세율(2023년 10월 기준)이 적용된다.

따라서 분양권 자체를 매도하는 경우에는 세 부담 측면에서 유리할 것이 없다. 하지만 이사하기 위해 분양권을 취득했다면 어떨까? 세법에서 허용해주는 양도세 일시적 2주택 비과세 특례는 분양권에도 해당될 수 있음을 기억해야 한다.

주택으로 완성되면 주어지는 3년의 유효기간

B는 1세대 1주택자다. 10년 동안 동일한 주택에서 가족과 함께 지내다 보니 깨끗하고 새로운 주택에서 살고 싶어 분양권을 취득했다. 분양권이 주택으로 완성되면 가족과 함께 이사할 생각이고, 지금까지 살던 주택은 기회가 된다면 매도할 계획이다. 10년 동안 보유도 하고 거주도 한 주택이라 B 입장에서는 매도할 때 최대한 세금 혜택을 많이 받고 싶어 한다.

새로운 집으로 이사하기 위해 반드시 실물 주택을 취득해야 하는 것은 아니다. 분양권을 취득해 아파트가 완공될 때까지 기다릴 수도 있다. 이렇게 분양권을 취득하고 나면 원래 보유하고 있던 주택을 처분할 때 세금이 걱정된다. 하지만 실물 주택과 실물 주택의 관계가 아닌, 실물 주택과 분양권의 관계라도 양도세 비과세 혜택은 존재한다. 단, 보유한 주택을 처분하기 위해 반드시 지켜야 하는 조건이 있다.

분양권을 취득해 적용받는 일시적 2주택 비과세 특례는 취득 시점부터 중요하다. 실물 주택과 실물 주택에 적용되는 양도세 일시적 2주택 비과세 특례와 동일하게 분양권 역시 기존 주택을 취득하고 나서 최소 1년이 지난 뒤에 취득해야만 한다. 매도하는 주택은 비과세 유효기간에 맞춰 일정을 조율할 수 있지만 취득할 때 지켜야 하는 1년의 기간은 나중에 되돌릴 수 없으므로 분양권 취득시기를 반드시 유의해야 한다. 분양권을 취득했다면 분양권을 취득한 날로부터 3년의 기간 내에 보유하던 주택을 매도하면 된다. 당연히 매도하는 주택은 1세대 1주택 비과세 요건을 충족한 주택이어야 비과세 혜택을 적용받을 수 있다.

하지만 새로운 주택으로 이사하려고 분양권을 취득했는데 분양권의 주택이 완공되기 전에 주택을 매도할 사람이 얼마나 있을까? 분양권의 취득 목적이 신규 주택으로의 이사라고 한다면, 분양권이 주택으로 완공되기 전에 주택을 매도하는 경우는 많지 않다. 분양권이 주택으로 완성되고 난 뒤, 기존에 살고 있던 주택을 매도하는 것이 보편적이다. 즉, 양도세 비과세 혜택을 받기 위해서 언제까지 기존에 보유하던 주택을 팔아야 하는지 그 유효기간이 포인트다.

분양권이 주택으로 완공되고 난 뒤에 보유하고 있는 주택을 판다면 일정 기간 안에 완공된 주택으로 전입해야 하는 조건을 충족해야 한다. 세대 전원을 기준으로 분양권이 주택으로 완공된 후 3년 이내에 전입하고, 전입 후 1년 이상 계속 거주기간을 채워야 한다.

전입과 거주 조건을 충족할 수 있다면 1주택을 보유한 상태에서 분양권을 취득하고 그 취득일로부터 3년이 지나 기존 보유 주택을 매도해도 양도세 비과세 혜택을 받을 수 있다. 분양권이 주택으로 완공된 날로부터 3년 이내에 기존 보유 주택을 매도하면 양도세 비과세가 가능하다. 물론 전입과 거주 조건만 지킬 수 있다면 분양권이 주택으로 완공되기 전에 기존 보유 주택을 매도해도 양도세 비과세는 가능하다.

따라서 B는 분양권이 주택으로 완성된 후부터 3년 이내에 기존 주택을 매도하고, 3년 이내에 신규 주택으로 세대 전원이 이사한다면 비과세 혜택을 가져갈 수 있다. 10년 이상 보유하고 거주한 주택을 매도하는 것과 같아서 실거래 가격 12억 원까지는 세금이 부과되지 않는다. 만약 실거래 가격이 12억 원을 초과해도 장기보유 특별공제를 80%까지 받을 수 있어서 세금 혜택을 최대한 챙길 수 있다.

오피스텔에 투자할 땐
세금 파악이 1순위

조정대상지역 내 아파트 1채를 보유한 C는 퇴직 후 임대 수입을 위해 오피스텔에 투자하려고 한다. 아무래도 오피스텔이 아파트보다 가격이 저렴하고 임대도 수월하다는 이유에서다.

주변 지인으로부터 오피스텔도 세금에서는 주택과 동일하게 취급된다는 이야기를 얼핏 들었다. 주택을 이미 1채 보유하고 있는 C는 오피스텔을 이용해 월세 수입 정도만을 얻을 생각이었다. 하지만 이 오피스텔 취득이 주택을 취득한 것과 똑같다면 2주택자가 되어 여러 측면에서 세금이 많이 발생할 것 같아 걱정이 앞선다.

오피스텔은 주택일까? 아닐까?

건축법상 건축물의 용도는 건축법 시행령에서 규정하고 있다. 건축법 시행령에 따르면, 오피스텔은 업무를 주로 하고 분양하거나 임대하는 구획 중 일부 구획에서 숙식을 할 수 있도록 한 건축물이기 때문에 업무시설에 해당한다고 되어 있다.

그렇다면 왜 세금을 계산할 때는 오피스텔이 주택에 해당할 수 있다고 하는 것일까? 세법에서는 실질이 중요하기 때문이다. 실제로 오피스텔을 주거용으로 사용하는지, 업무용으로 사용하는지 등의 실사용 여부에 따라 구분하고 있다. 여기에 맞물려 다주택자의 투기수요가 증가하면서 취득세와 재산세에서도 오피스텔을 주택으로 취급하기 시작했다. 결국 오피스텔은 구조가 어떻든 간에 실제로 주거용으로 사용하고 있다면 주택으로 간주될 수밖에 없다는 뜻이다.

오피스텔을 매매 취득하지 않고 분양공고를 통해 당첨됐다면 어떨까? 주택 분양권이나 조합원입주권은 세금을 계산할 때 주택 수에 포함해 판단하는데 오피스텔 청약에 당첨되어 오피스텔 분양권을 보유하고 있다면 이 또한 주택 수에 포함되는 것일까?

오피스텔 분양권은 주택 수와 관련이 없다. 세법에서 규정하는 오피스텔은 실제로 주거용으로 사용하고 있는지, 업무용으로 사용하고 있는지 등의 실제 사용 여부가 중요하다. 오피스텔 분양에 당첨되어 분양권을 보유하고 있는 것만으로는 이 오피스텔이 주거용으로 사용하는지, 업무용으로 사용하는지 알 수가 없다. 오피스텔 분양권 자체만으로는 세법에서 주거용으로 판단하지 않는다.

오피스텔 투자 시 세금 변화를 파악하자

부동산은 취득하면서부터 세금이 시작된다. 부동산 투자와 세금은 뗄 수 없는 관계다. 오피스텔에서도 마찬가지다. 미리 세금을 파악하지 못하면 예상했던 수익률보다 기대에 못 미치는 수익금에 실망할 수도 있다.

오피스텔의 세금은 취득하면서부터 취득세, 보유하는 중에 재산세 및 종부세, 임대료를 받고 있다면 종합소득세, 그리고 마지막으로 매도할 때 납부해야 하는 양도세가 있다. 여느 부동산과 크게 다르지 않다.

주택을 1채 보유하고 있는 C가 강남구 오피스텔을 취득하면 취득세는 얼마를 납부해야 할까? 조정대상지역 내 2주택자가 되면 취득세가 중과 적용된다. 1주택자에게 적용되는 1.1~3.5%의 취득세율이 아닌 조정대상지역 내 2주택자 취득세 중과세율인 8.4~9%라는 고율의 취득세를 납부해야 한다. 그렇다면 오피스텔을 추가로 취득하는 C도 고율의 중과 취득세를 납부해야만 할까?

오피스텔을 취득할 땐 취득세율 중과가 적용되지 않는다. 취득세율 중과는 주택에만 해당한다. 오피스텔 취득을 완료할 때까지 주거용으로 사용할지, 업무용으로 사용할지 알 방법이 없다. 실제로 사용하기 전이기 때문이다. 따라서 오피스텔을 취득할 때 '취득세율이 중과될까?'라는 걱정은 할 필요가 없다. 일반적인 부동산을 취득할 때 납부해야 하는 취득세율 4.6%(농어촌특별세 및 지방교육세 포함)가 일괄적으로 적용된다.

오피스텔을 취득할 때 취득세율은 주택 수가 몇 채이든 관계가 없다. 하지만 오피스텔을 이미 보유하고 있는 상태에서 추가로 다른 주택을 취득한다면 이때는 오피스텔의 사용 용도가 중요한 쟁점이 된다.

C가 이미 오피스텔을 취득했다고 가정해보자. C가 조정대상지역 내 아파트 1채와 주거용으로 사용 중인 오피스텔을 보유하고 있는 상황에서 추가로 조정대상지역 내 주택을 취득한다면 주택의 취득세율은 어떻게 될까? 이때는 오피스텔의 주거용 판단이 중요하다. 오피스텔이 주거용으로 사용되고 있다면 추가 주택의 취득세율은 조정대상지역 내 3주택으로 최대 13.4%(농어촌특별세 및 지방교육세 포함)가 적용된다. 10억 원의 주택을 매입한다면 취득세만 1억 3,400만 원을 납부해야 한다. 반대로, 오피스텔을 주거용으로 사용하지 않고 업무용으로 사용하고 있다면 C가 보유하고 있는 주택의 수는 1채뿐이다. 2주택자로 중과세율이 적용되어도 8.4~9%(농어촌특별세 및 지방교육세 포함)의 다소 낮은 중과 취득세율이 적용될 수 있다.

오피스텔을 보유하면서 발생하는 세금인 재산세와 종부세에서도 오피스텔이 주거용인지, 업무용인지는 중요한 쟁점이다. 실제 주거용으로 사용하고 있다면 주택과 동일하게 재산세와 종부세가 과세된다. 재산세에서는 오피스텔이 주택과 동일하게 과세되는 것이 무조건 불리하지만은 않다. 업무용으로 사용되는 오피스텔의 재산세율은 단일세율 0.25%가 일괄적으로 적용된다. 반면, 주택이라면 재산세율이 0.1~0.4%로 적용되는데 저가의 오피스텔은 주택으로 재산세가 부과될 때 더 낮은 세금으로 납부할 수 있다. 또, 세금을 조정하는 장치인 공정시장가액비율이 주택은 60%이지만, 업무용 오피스텔은 70%로 10%p가 더 높다.

단, 주거용 오피스텔로 사용한다면 종합부동산세를 주의해야 한다. C가 오피스텔을 주거용으로 사용하면서 추가로 주택을 취득하면 3주택자가 된다. 이때 3주택자인 C의 종합부동산세 과세표준이 12억 원을 초과한다면 중과세율이 적용될 수 있다.

오피스텔을 임대하고 있다면 임대료 수입이 생기기 때문에 소득신고를 해야 한다. 이 소득은 주거용 임대료이든, 업무용 임대료이든 관계없이 종합소득세 납부대상이 된다.

주택 1채, 오피스텔 1채를 보유한 C가 오피스텔을 주거용으로 임대한다면 2주택자이기 때문에 월세 소득 신고를 해야 하지만 보증금에 대한 간주임대료는 계산하지 않아도 된다. 그런데 업무용 오피스텔이라고 한다면 오피스텔 수 또는 주택 수와 관계없이 간주임대료도 필수적으로 포함해서 세금을 납부해야 한다. 또, 업무용 오피스텔이라면 부가가치세 관리를 추가로 해야 한다. 주거용 오피스텔이라면 부가가치세가 없는 면세사업자에 해당하지만, 업무용 오피스텔이라면 일반 과세사업자에 해당하기 때문에 부가가치세도 납부해야 한다.

마지막으로 오피스텔을 매도할 때 납부하는 양도세도 주거용과 업무용의 판단은 중요하다. 조정대상지역 내 소재하는 오피스텔이 주거용이라면 중과세율을 적용받을 수도 있기 때문이다.

06

주택 수를 줄이려면 오피스텔 공시 가격을 파악한다

오피스텔 투자는 시세차익을 얻기 위함도 있지만 꾸준한 월세 수입이 주목적인 경우가 많다. 업무용으로 임대를 하든, 주거용으로 임대를 하든 임차인이 꾸준히 존재하기 때문이다. 단, 주거용으로 사용하는 오피스텔은 주택 세금에 큰 영향을 미치는 존재이기 때문에 투자 전부터 세세한 계획을 세워야만 한다.

세법에서는 저가의 주택은 주택 수에 포함하지 않는다는 규정들이 있다. 주거용으로 사용하고 있는 오피스텔이라면 동일한 규정을 적용받을 수 있다. 상대적으로 주택보다 가격이 저렴한 오피스텔 투

자라면 공시 가격을 파악해 주택 수에서 제외될 수 있는지 점검해야
한다.

공시 가격 1억 원 이하의 오피스텔

한때 '1억 원 이하 주택 쇼핑'이라는 용어가 유행했었
다. 다주택자 투기 수요에 대한 규제가 한창 강화되고 있을 때 1억
원 이하의 주택만을 골라 취득하는 사람이 늘고 있어서다. 1억 원 이
하인 주택에 어떤 장점이 있길래 유행이었을까?

정확하게는 공시 가격 기준으로 1억 원 이하의 주택을 의미한다.
1억 원 이하의 주택을 취득하면 취득세 중과세율의 영향을 받지 않
는다. 이미 보유 중이라고 해도 취득세 중과세율 계산 시 주택 수에
포함되지 않는다. 즉, 주택을 아무리 많이 취득해도 취득세를 많이
내지 않는다는 뜻이다.

오피스텔도 주거용으로 분류되면 동일한 규정이 적용된다.
2020년 8월 12일 이후부터 취득하는 오피스텔은 주거용으로 사용
하면 주택 수에 포함해 판단하고 있다. 오피스텔 자체를 취득할 때
는 일반 건축물에 대한 취득세율 4.6%가 적용되지만 이 오피스텔을
주거용으로 사용하거나 임대하고 있다면 주택에 해당하기 때문에
취득세 중과세율 적용 시 영향을 준다. 하지만 2020년 8월 12일 이

후 취득한 오피스텔을 주거용으로 사용하고 있다고 해도 공시 가격이 1억 원 이하라면 주택과 동일하게 주택 수에 영향을 주지 않는다. 상대적으로 주택에 비해 오피스텔 투자는 적은 금액으로 이뤄진다. 저가 오피스텔에 투자하는 사람도 많다. 따라서 보유하고 있는 오피스텔이 공시 가격 1억 원 이하인지의 파악은 세금 계획에서 굉장히 중요한 역할을 한다.

오피스텔의 공시 가격 파악은 어렵지 않게 할 수 있다. 국세청 홈택스 홈페이지에 접속하면, 상위 메뉴에 '조회/발급'이라는 항목이 있다. 그 항목에 들어간 다음, '기타 조회→기준시가 조회→오피스텔 및 상업용 건물' 순으로 들어간다. 해당 화면에서 주소를 입력해 검색하면 단위면적당 기준시가와 건물면적이 나온다. 이때 나오는 기준시가와 건물면적을 곱해서 나오는 금액이 오피스텔의 공시 가격이다.

1억 원 이하의 오피스텔은 취득할 때에만 혜택이 있지 않다. 매각할 때도 동일한 혜택을 받을 수 있다. 양도세 중과에서 가장 큰 영향을 미치는 부분 역시 주택 수 판단이다. 여기에는 주거용으로 사용하고 있는 오피스텔도 주택 수에 포함된다. 그런데 공시 가격이 1억 원 이하라면 주택 수 계산 시 포함하지 않고, 매각할 때 역시 양도세 중과가 적용되지 않는다. 단, 1억 원 이하의 기준은 1세대가 2주택자인 경우에 한해 적용된다. 거주하고 있는 주택을 1채 보유하고 있는 상태에서 1억 원 이하의 오피스텔을 2채 이상 보유하고 있다면 양도세 중과를 판단할 때 오피스텔은 모두 주택 수에 포함된다.

결론적으로, 1억 원 이하의 오피스텔은 취득세 중과 여부를 판단할 때 몇 채를 보유하든 관계없이 주택 수에 영향을 주지 않는다. 하지만 양도세 중과와 주택 수를 판단할 때는 1세대 기준으로 2채 이하일 때만 영향을 주지 않고, 3채 이상인 경우부터는 다른 주택처럼 중과대상에 해당한다는 사실을 기억해야 한다.

공시가격 3억 원 이하의 오피스텔

서울에 거주하면서 주택 1채를 보유하고 있는 D는 오피스텔 투자를 하려고 한다. 주택 투자는 세금 부담이 크고 부동산 시장 경기를 많이 탈 것 같아 꾸준하게 월세 수입을 목적으로 오피스텔 투자를 알아보고 있다. 그런데 오피스텔도 주거용으로 사용하면 세금에 영향을 준다고 알고 있어 방법을 찾는 중이다.

D처럼 오피스텔 투자를 통해 월세 수입도 얻고 주택 세금에도 영향을 미치지 않으려면 오피스텔을 주거용이 아닌 업무용으로 사용해야 한다. 오피스텔을 업무용으로 임대하고 임대료 수입을 얻는 방법이 임대 수입도 얻으면서 주택 세금에도 영향을 미치지 않는 가장 쉬운 방법이다. 하지만 현장에서는 오피스텔을 업무용보단 주거용으로 사용할 때 공실률이 더 적어 주거용 사용을 선호하는 편이

다. 그렇다면 D가 오피스텔을 투자하면서 기존 주택에도 영향을 받지 않는 방법이 있을까?

공시 가격 3억 원 이하의 오피스텔을 취득하면 된다. 취득세에서 중과 여부를 판단할 때 오피스텔은 공시 가격 1억 원 이하일 때만 주택 수에 포함되지 않는다. 공시 가격 1억 원을 넘는다면 주거용으로 사용하는 오피스텔은 주택 수에 포함된다. 하지만 계속 오피스텔만 취득한다면 주거용으로 사용하는 오피스텔이 문제가 될까? 전혀 문제가 되지 않는다.

분명 오피스텔을 주거용으로 사용하고 있다면 취득세 중과 여부를 판단할 때 주택 수에 포함된다. 그러나 이 내용은 추가로 취득하는 부동산이 주택일 때만 영향이 있다. 오피스텔을 취득할 때는 아직 주거용으로 사용할지, 업무용으로 사용할지 그 누구도 알 수 없는 상황이다. 따라서 오피스텔은 일반 부동산 취득세율인 4.6%가 적용되기 때문에 세대가 보유하고 있는 주택 수는 의미가 없다.

그렇다면 왜 공시 가격 3억 원 이하의 오피스텔일까? 공시 가격 3억 원 이하의 오피스텔만을 취득한다면 양도세에서 중과를 피할 수 있다. 오피스텔을 매도할 때 양도세 중과를 적용받지 않을 수 있으면서 보유하고 있는 다른 주택을 양도할 때도 주택 수에 포함되지 않아 주택 수 판단에서도 유리하다. 공시 가격 3억 원 이하인 주택이라면 투기 수요의 주택이 아니라는 기준에서다. 이 기준은 주택뿐만 아니라 오피스텔에도 동일하게 적용되기 때문에 공시 가격 3억 원

이하의 오피스텔만을 투자 대상으로 삼아야 한다.

단, 공시 가격 1억 원 이하인 오피스텔과 달리, 공시 가격 3억 원 이하인 오피스텔은 투기 수요의 주택이 아니라는 증명을 위한 조건이 있다. 수도권, 광역시, 특별자치시 등에 있으면 안 된다. 수도권, 광역시, 특별자치시 등에 소재하지 않는 오피스텔이면서 공시 가격이 해당 오피스텔을 양도할 때 또는 다른 주택을 양도할 때 3억 원 이하여야 한다. 공시 가격 기준을 만족한다면 양도세 중과도 적용받지 않을 수 있고 다른 주택의 양도세 중과 판단 시 주택 수에 포함되지 않을 수 있다. 만약 광역시나 특별자치시라고 해도 군이나 읍, 면 지역에 있는 오피스텔이라면 동일한 혜택을 취할 수 있다.

임대 수입을 주목적으로 오피스텔 투자를 계속한다면 세금을 간과할 수 없다. 따라서 공시 가격을 기준으로 주택 세금에 영향을 주지 않는 투자를 해야 계획했던 투자 수익률을 달성할 수 있다.

07

주택임대사업자를 통한
세금 혜택을 활용하자

       E는 최근 오피스텔 투자에 관심을 갖게 됐다. 부동산 투자에 관심을 가지다 보니 세금을 빼놓고 계획할 수가 없었기 때문이다. 주택을 이미 1채 보유하고 있어 추가로 주택을 취득하면 다주택자가 되고 세금 부담이 크다는 것을 알았다. 다주택자가 되어 세금을 많이 내고 싶지는 않지만 부동산 투자를 포기하고 싶지는 않아 오피스텔에 눈길을 돌렸다.

      그렇게 해서 청약을 통해 오피스텔 분양권에 당첨됐는데 오피스텔도 주거용으로 임대하면 주택으로 취급된다는 이야기를 들어 걱정이 생겼다. 장기적인 측면에서 오피스텔을 취득해 꾸준한 월세 수입을 얻고 싶은 E에게 묘안이 없을까?

주택임대사업자로 등록하자

E와 같이 부동산의 시세차익보다 월세 수입에 초점을 맞추고 투자하는 사람도 많다. 이 사람들은 부동산 투자의 목적이 단기적인 투자가 아닌 장기적인 임대에 있다. 장기적인 측면에서 부동산 임대 시장의 공급자 역할을 하는 이 사람들에게는 부동산 취득을 장려하기 위한 혜택을 줘야 하지 않을까? 그 혜택은 주택임대사업자에 있다.

주택을 임대하는 사람은 세무서에 사업자 등록을 해야만 한다. 이는 오피스텔을 주거용으로 임대하는 사람에게도 마찬가지로 적용된다. 오피스텔을 업무용으로 사용한다면 일반 과세사업자로 등록하고, 주거용으로 사용한다면 부가가치세가 면제되는 면세사업자로 사업자 등록을 해야 한다. 주택임대사업자는 세무서에 등록하는 사업자 등록 외에 추가적인 등록이 필요하다. '민간임대주택에 관한 특별법'에 따라 관할 지자체에 임대사업자 등록을 마쳐야만 세법에서 혜택을 받을 수 있는 주택임대사업자로 분류한다.

부동산 취득의 목적을 단순히 시세차익에만 맞추지 않고 임대

시장의 원활한 공급에 기여할 경우 세금 혜택을 부여하고자 이와 같은 제도가 생겨났다. 단, 현재는 많은 정책 변화를 통해 장기 일반민간임대주택이라는 단일 종류의 임대사업자만이 남아있다.

주택임대사업자 등록에는 제약 조건이 많다. 가장 기본이 되고 제약이 큰 조건은 10년 동안의 의무 임대기간이다. 주택임대사업자로 등록한 임대사업자는 10년 동안 의무적으로 임대를 해야만 한다. 의무 임대기간을 채우지 못하고 매도하면 과태료가 부과된다. 또, 임대료 증액을 마음대로 할 수 없다. 이전 계약 대비 5%의 범위 이내에서만 증액할 수 있다. 이런 제약을 안고서도 주택 임대 시장의 공급자 역할을 한다면 세금 혜택을 별도로 부여받을 수 있는 제도가 주택임대사업자 등록제도다.

오피스텔도 주거용으로 사용한다면 주택임대사업자 등록이 가능하다. 오피스텔 분양에 당첨된 E가 주택임대사업자로 등록하면 취득 단계에서부터 취득세를 전액 감면받을 수 있다. 단, 취득세 전액 감면 혜택은 최초 분양을 통해 취득할 때만 적용받을 수 있다. 취득세를 감면받으려면 반드시 취득 후 60일 이내에 주택임대사업자로 등록이 완료되어야 한다.

취득하는 오피스텔에도 조건이 붙는다. 전용면적 기준으로 60㎡ 이하의 오피스텔을 취득해야 하고, 취득 가격이 수도권은 6억 원 이하, 수도권 외 지역은 3억 원 이하여야 한다. 납부해야 하는 취득세가 200만 원 이하라면 전액 감면을 받을 수 있고 200만 원을 초과한다면 85%까지만 감면받을 수 있다. 취득 가격의 4.6%를 일괄적으로 취득세로 납부해야 하는 오피스텔에는 상당히 큰 혜택이 아닐 수 없다.

오피스텔을 2채 이상 투자한다면 재산세도 혜택을 받을 수 있다. 매년 6월 1일을 기준으로 2채 이상의 오피스텔을 임대하고 있다면 전용면적에 따라 차등적으로 재산세 감면 혜택이 주어진다. 전용면적이 40㎡ 이하라면 전액을 감면해주고, 재산세액이 50만 원을 초과하면 85%까지만 감면이 가능하다. 전용면적이 40㎡를 초과하고 60㎡ 이하라면 75%, 85㎡ 이하라면 50%를 감면해준다. 과세기준일을 기준으로 수도권에 있는 오피스텔은 공시 가격이 4억 원 이하, 수도권 외라면 2억 원 이하인 조건이 붙지만, 공시 가격을 초과하는 오피스텔만 제외할 뿐 전체 오피스텔의 재산세 감면 혜택을 빼앗지는 않는다. 단, 2024년 말까지만 주어지는 혜택이라는 점이 아쉽다.

월세 수입을 목적으로 하는 주택임대사업자라면 임대소득에 대해서도 감면 혜택이 있다는 점에 주목해야 한다. 10년 이상의 의무임대기간을 조건으로 오피스텔을 주택임대사업자의 물건으로 등록했다면 월세 수입에서 발생하는 소득세에 대해 75%의 감면을 적용받을 수 있다. 납부해야 하는 세금이 100만 원이라면 75%의 감면을 통해 25만 원만 납부할 수 있게 된다. 오피스텔이 2채 이상이라면 50%의 감면이 적용된다. 임대소득에 대해 소득세 감면 혜택을 받기 위해서는 최초 임대 개시일 기준으로 공시 가격이 6억 원 이하이면서 전용면적 85㎡ 이하 기준을 충족해야 한다.

주택임대소득이 연간 2,000만 원을 초과하지 않아 분리과세 대상이 되면 혜택은 더 늘어난다. 주택임대소득을 분리과세로 계산할 때는 다른 종합소득과 합산하지 않고 14%의 단일 세율로 과세한다.

[주택 임대 수입금액─(주택 임대 수입금액×필요 경비율)─공제금액]×14%

필요경비율은 주택임대사업자로 등록되어 있지 않다면 50%, 등록되어 있다면 60%가 적용된다. 10%p만큼의 공제율이 더 커지는 혜택이 있다.

주택임대소득 외 다른 종합소득금액이 2,000만 원 이하라면 공제금액이 추가로 차감되는데 주택임대사업자 등록을 하지 않았다면 200만 원, 등록되어 있다면 400만 원이 적용된다.

1세대 1주택 비과세가 가능하다

F는 꾸준히 오피스텔에 투자해 현재 3채를 보유하고 있다. 오피스텔은 전부 주택임대사업자로 등록해 세금 혜택도 충분히 받고 있다. 오피스텔을 주거용으로 사용하고 있다 보니 F의 주택 보유 수는 거주하고 있는 주택과 오피스텔을 포함해 4채가 됐다.

F는 최근 더 넓은 평수의 주택으로 이사하고 싶어 거주하고 있는 주택을 매도하려고 한다. 오피스텔을 주택임대사업자로 등록해 임대하면서 각종 세금 혜택을 받고 있지만 4주택자에 해당해 거주하는 주택을 매도할 때 세금이 많이 나올 것 같아 걱정이 된다.

F는 걱정하지 않아도 된다. 오히려 그 반대다. 최대의 세금 혜택인 비과세 적용도 받을 수 있다. 거주하고 있는 주택을 제외한 나머지 오피스텔이 전부 주택임대사업자로 등록되어 있다면 F가 거주하고 있는 주택을 매도할 때 1세대 1주택 비과세 혜택을 받을 수 있다. 이를 '거주주택 비과세 특례'라고 한다.

실제 거주하는 주택 외 나머지 주택이 전부 주택임대사업자로 등록되어 의무 임대기간 등을 잘 준수하고 있다면 1회에 한해 거주하는 주택을 매도할 때 1세대 1주택 비과세 혜택을 적용받도록 하고 있다. 주택임대사업자에게 주는 세금 혜택 중 가장 큰 혜택일 수 있다.

거주하는 주택을 매도할 때 해당 거주주택은 비과세 조건을 충족해야 한다. 일반적인 주택의 비과세 조건은 2년 이상의 보유기간이고, 2017년 8월 3일 이후 조정대상지역 내 주택을 취득한 경우에만 2년 이상의 보유기간 외 2년 이상의 거주기간이 필요하다.

그런데 '거주주택 비과세 특례'는 거주하고 있는 주택을 제외하고 전부 임대사업에 사용하는 경우 거주하는 주택에 대해 특별히 1세대 1주택 비과세를 적용해주는 규정이다. 즉, 실제 거주하는 주택에만 주어지는 혜택이다. 따라서 '거주주택 비과세 특례'를 적용받기 위해서는 취득 시기가 언제인지, 그리고 조정대상지역인지 여부와 관계없이 실제 거주기간 2년의 조건을 충족해야만 한다.

F가 오피스텔 3채를 보유하고 주택임대사업을 하고 있어도 거주하고 있는 주택에서 2년 이상 거주기간을 충족했다면 거주한 주택을 매도할 때 1세대 1주택 비과세 혜택을 받을 수 있어 매도 시 양도세를 걱정하지 않아도 된다.

6장

택스 플랜 _ 증여

01

증여세 없이
증여받자

어떤 행위나 명칭, 형식과 관계없이 무상으로 재산적 이익을 얻거나 재산의 가치가 증가하는 것을 증여라고 한다(세법에 명시되어 있는 증여의 정의다).

잘 해석해보면, 특정한 행위나 규칙에 구애받지 않고 무상으로 재산적 이익을 얻을 경우 전부 증여로 보겠다는 뜻과도 같다. 즉, '이런 행위는 증여로 보겠다'라고 하나하나 나열된 것이 아니다. 아무런 대가 없이 공짜로 재산 가치가 증가한다면 모든 일련의 과정을 증여로 보겠다는 포괄주의의 개념이다.

납세자 입장에서 가장 불만이 많은 세금 중 하나다. 근로소득이 있든, 사업소득이 있든 소득을 벌면서 그 많은 세금을 다 냈는데 그 돈을 가족들에게 나눠줄 때 또 세금을 내야 한다고 생각하니 볼멘소리가 나올 수밖에 없다. 하지만 아쉽게도 세법에서 정해져 있는 이상 방법은 없다. 증여세의 취지가 부의 되물림을 방지하고자 만들어진 법이기 때문이다. 단, 가족 간의 특수성을 인정해 일정 금액까지는 세금을 부과하지 않는다.

증여세 면세점을 활용하자

무상으로 타인에게 재산적 이익을 주거나 가치를 증가시키는 행위는 전부 증여세 과세대상이다. 하지만 가족은 특수한 관계이므로 일정 금액까지 증여세를 부과하지는 않는다. 이를 증여세 면세점이라고도 부른다. 정식 용어는 아니지만 세금이 발생하지 않는 증여금액이라고 해서 흔히들 이렇게 칭하고 있다.

증여세 면세점을 알기 위해서는 우선 가족관계를 알아야 한다. 본인을 기준으로 위로 아버지, 어머니, 할아버지, 할머니 등을 직계존속이라고 부른다. 아래로 아들, 딸, 손자, 손녀 등을 직계비속이라고 한다. 결혼을 했다면 배우자가 있고, 그 외 6촌 이내의 혈족과 4촌 이내의 인척을 기타친족이라고 부른다. 증여세가 부과되지 않는

증여재산 공제

관계	증여재산 공제금액
직계존속	5,000만 원
직계비속(미성년자)	5,000만 원(2,000만 원)
배우자	6억 원
기타친족	1,000만 원

기준금액은 이 4가지 관계에 따라 달라진다.

우선, 직계존속에게는 5,000만 원까지 증여세가 부과되지 않는다. 마찬가지로 직계비속에게도 동일한 5,000만 원까지는 증여세가 부과되지 않는다. 직계비속이 미성년자라면 5,000만 원이 아닌 2,000만 원만 가능하다.

결혼해 배우자가 있다면 배우자는 공동 경제를 이루고 있는 사람으로 특별 취급하기 때문에 6억 원까지 세금 없이 증여할 수 있다. 그리고 기타친족에게는 1,000만 원까지 세금 없이 증여해도 된다. 이 증여세가 부과되지 않는 면세점을 정확한 명칭으로는 증여재산 공제금액이라고 부른다.

증여재산 공제금액은 10년을 기준으로 한다. 줄 때마다 '증여재산 공제금액 범위까지는 세금을 부과하지 않는다'가 아니다. 10년간 동일인에게 증여했을 때 증여한 모든 금액이 증여재산 공제금액 범위 내여야만 증여세가 부과되지 않는 것이다.

오늘 자녀에게 5,000만 원을 증여하고 1년 뒤에 자녀에게 또 5,000만 원을 증여한다면, 증여재산 공제금액인 5,000만 원을 제외한 5,000만 원에 대해서는 증여세가 부과된다. 왜냐하면, 증여세는 10년 동안 합산해서 과세하기 때문이다. 증여세를 증여 건별로 과세한다고 생각해보자. 자산이 많은 사람이라면 매번 증여 재산 공제금액만큼만 증여해 세금을 한 푼도 안 낼 수 있지 않을까? 그래서 증여세의 경우 동일인으로부터 증여받는 금액을 10년간 합산해서 부과한다.

증여세는 누진세율구조의 세금이다. 구조는 다른 세목과 같지만 구간과 세율이 다르다. 1억 원 이하까지는 10%, 5억 원 이하까지는 20%, 10억 원 이하까지는 30%, 30억 원 이하까지는 40%, 30억 원을 초과하는 금액에 대해서는 50%의 세율이 적용된다.

10년 동안 증여금액을 합산하기 때문에 추가 증여금액이 커지면 커질수록 동일한 금액이라도 납부해야 하는 세금이 커질 수밖에 없다. 예를 들어, 오늘 1억 5,000만 원을 어머니가 딸에게 증여했다고 가정해보자. 증여재산 공제금액인 5,000만 원을 제외하면 1억 원에 대해 증여세율 10%가 적용된다. 1년 뒤 다시 어머니가 딸에게 1억 원을 증여했다고 한다면, 1년 뒤 증여하는 1억 원에 대해서는 10%의 세율이 아닌 20%의 세율이 적용된다. 1년 전에 증여한 1억 5,000만 원과 1년 뒤 다시 증여한 1억 원을 합치면 2억 5,000만 원이 되고, 여기서 증여재산 공제금액을 제외한 2억 원에 대해 증여세를 계산한다. 2억 원 중 1억 원을 초과하는 1억 원에 대해서는 증여세율 20%가 적용된다. 중복과세를 방지하기 위해 1년 전에 납부한 증여세는 다시 차감해주고 있다. 증여금액이 크면 클수록 더 높은 세율을 적용해 세금을 많이 부과하는 구조이기 때문에 재산을 나눠 증여해도 실익이 없음을 보여준다.

증여재산 공제는 받는 사람을 기준으로 한다. 증여세에서 재산을 주는 사람을 증여자, 받는 사람을 수증자라고 부른다. 따라서 증여재산 공제의 기준은 수증자다. 수증자를 기준으로 증여자가 직계존속이면 5,000만 원을 공제받는다.

G는 아버지로부터 5,000만 원을 증여받았다. 증여재산 공제를 활용해 증여세는 한 푼도 내지 않았다. 1년 뒤 G는 할아버지로부터 5,000만 원을 증여받았다. 이때도 G는 증여재산 공제를 활용해 증여세를 내지 않을 수 있을까? 아니다. G는 증여세를 내야 한다.

증여재산 공제는 수증자를 기준으로 한다. 그리고 수증자와의 관계에 따라 4개의 그룹별로 적용된다. 수증자인 G를 기준으로 아버지는 직계존속그룹에 해당하는 존재다. 할아버지 역시 수증자인 G를 기준으로 하면 직계존속그룹에 해당한다. 1년 전 오늘 G는 직계존속그룹으로부터 증여재산 공제를 한 번 활용했다. 1년이 지난 오늘 할아버지로부터 5,000만 원을 증여받는다면 할아버지는 아버지와 동일한 직계존속그룹에 해당하기 때문에 증여재산 공제를 또 받을 수 없다. 따라서 5,000만 원에 대한 증여세 500만 원을 납부해야 한다.

그렇다면 G가 증여재산 공제를 활용해 증여세 한 푼 없이 받을 수 있는 가장 큰 금액은 얼마일까? 극단적으로는 7억 1,000만 원이다. 각 그룹을 별개의 증여재산 공제금액이라고 보면 된다. 직계존속으로부터 5,000만 원, 직계비속으로부터 5,000만 원, 배우자로부터 6억 원, 기타친족으로부터 1,000만 원이다. 이 모든 그룹으로부터 증여를 받는다면 7억 1,000만 원까지는 증여재산 공제를 활용해 증여세를 납부하지 않을 수 있다.

증여재산 공제는 10년을 기준으로 한다. 증여세가 10년간 증여받은 재산을 합해 계산하는 구조와 그 결이 같다. 따라서 자녀에게 세금 없이 자금을 마련해주고자 한다면 태어났을 때부터 시작해야 한다. 자녀가 태어나자마자 증여를 시작하면 태어났을 때 2,000만 원, 10년이 지난 10살이 됐을 때 2,000만 원, 20살이 됐을 때 5,000만 원, 30살이 됐을 때 5,000만 원, 총 1억 4,000만 원을 세금 한 푼 없이 마련해줄 수 있다. 보통 30대 전후를 결혼적령기라고 본다면 결혼적령기의 자녀에게 결혼자금을 마련해주는 것과도 같다.

물론 적은 금액이 아니다. 10년마다 목돈을 증여하기도 쉽지 않을 수 있다. 그렇다면 매월 적금처럼 주는 방법은 어떨까? 미성년자 자녀라면 매월 16만 6,000원씩 증여해도 증여세는 발생하지 않는다. 성년이 됐을 때는 매월 41만 6,000원씩 증여를 해도 증여재산 공제금액 범위 내이기 때문에 증여세가 발생하지 않는다.

증여세를 줄이기 위한 가장 좋은 플랜은 빨리 증여하고 오래 증여하는 것이다. 10년의 기간은 결코 짧은 기간이 아니므로 하루라도 빨리 증여를 시작해야 세금을 줄이면서 더 많은 재산을 이전할 수 있다.

자녀에게 시기별로 증여를 해주지 못했고, 매월 적금처럼 증여도 하지 못했다면, 결혼할 때 증여를 해줄 수 있다. 2023년 세법 개정안에는 혼인율 감소와 저출산에 대한 대비책으로 혼인 증여재산 공제 제도가 포함됐다.

직계존속으로부터 혼인 신고일 전후 2년 이내에 증여받는 금액에 대해서는 1억 원까지 공제를 적용해준다. 결혼 등을 이유로 독립하고자 하는 자녀의 주거비 부담 등을 덜어주고자 하는 이유에서다.

결혼하는 남자와 여자, 각각 본인의 직계존속으로부터 1억 원의 증여재산 공제를 적용받을 수 있어서 10년간 5,000만 원의 증여재산 공제와 합하면 최대 3억 원까지 세금 없이 증여받을 수 있다. 또한, 해당 자금은 정당한 자금 출처로 활용할 수 있는 자원이 된다(세법 개정안 통과 시 2024년 1월 1일 이후 증여분부터 적용 예정).

02

주택 증여에도
요령이 있다

주택을 2채 또는 3채 이상 보유하고 있는 사람들이 자녀의 세대 분리를 고민하는 이유는 주택 수 줄이기에만 목적이 있지 않다. 주택 가격의 경우 단기적으로는 변동하더라도 장기적인 관점에서 보면 우상향을 보여주고 있는 반면, 소득 증가는 주택 가격 상승을 따라가지 못하는 현실을 알고 있다. 정작 주택을 취득할 때 자녀의 소득이나 재산이 주택 취득자금에 못 미칠 수 있다는 우려도 있다. 그래서 주택 수도 줄이고 자녀에게 미리 주택을 물려주기 위해 증여를 고민한다.

증여 역시 대표적인 주택 취득방법 중 하나다. 단, 매매 거래를 통해 주택을 취득할 때뿐만 아니라 증여를 통해 주택을 물려줄 때도 취득세는 중과됨을 기억해야 한다.

주택 증여 시 취득세율은 2채일 경우, 3채일 경우로 구분되지 않고 일괄적으로 12%의 세율이 적용된다. 여기에 농어촌특별세와 지방교육세까지 포함되면 12.4~13.4%가 된다.

증여하는 모든 주택에 취득세가 중과되지는 않는다. 증여 취득세 중과에도 조건이 있는데 조정대상지역에 있으면서 시가표준액인 공시 가격이 3억 원 이상인 주택이 해당한다. 특이한 점은 자녀가 주택을 소유하고 있는지 여부는 따지지 않는다. 무주택자라고 해도 다주택자인 부모가 주택을 물려줄 때는 취득세율이 중과되어 최대 13.4%가 적용된다는 뜻이다.

서울 조정대상지역에 주택 2채가 있는 사람이 딸에게 주택 증여를 고려하고 있다. 주택 수도 줄일 수 있지만 무엇보다 향후 재건축이 예상되는 주택이라 미리 딸에게 1채를 증여하려고 한다. 현재 공시 가격이 3억 원인 주택을 증여하면 취득세는 얼마나 나올까?

취득세율이 곱해지는 과세표준은 2023년부터 변경되어 증여가액과 동일하게 시가 평가를 해야만 한다. 시가 평가를 했을 때 해당 주택의 시가가 5억 원이라면 취득세 과세표준은 5억 원이 된다. 여기에 공시 가격이 3억 원 이상이므로 취득세율은 12.4~13.4%가 적용된다. 주거 전용면적이 85㎡ 이하인 주택이라면 취득세는

6,200만 원이다. 공시 가격이 2억 9,900만 원이었다면 취득세는 중과 적용을 받지 않았을 것이고 일반적인 증여 취득세율인 3.8%가 적용되어 1,900만 원의 취득세를 납부할 것이다. 4,000만 원 이상의 세금을 덜 낼 수도 있었다.

많은 사람이 증여세만으로도 세금이 부담되는데 취득세까지 고려하다 보니 증여를 포기한다. 주택의 시가 평가금액이 크다면 그만큼 취득세 부담은 더 늘어나는 것을 감안해야 한다.

세율 확인을 위해서 공시 가격의 확인은 필수다. 여러 가지 세금에 꼭 필요한 금액이지만 취득세에서는 중과를 받지 않기 위해 확인해야 하는 필수적인 금액이기도 하다. 공시 가격과 주택의 시세를 잘 판단해 취득세를 중과받지 않아도 되는 주택을 우선 증여해야 증여 효과를 극대화할 수 있다.

취득세는 증여금액 기준

세금이 커지는 이유에는 2가지가 있다. 세율이 높거나 (세율이 곱해지는) 과세표준이 커지면 세금은 커질 수밖에 없다. 그래서 주택 증여를 계획할 때는 취득세를 절대 우습게 봐서는 안 된다.

2023년부터 취득세 과세표준이 변경됐다. 2023년 이전에는 주택을 증여할 때 취득세 과세표준을 시가표준액인 공시 가격으로 책정했었다. 주택을 매매할 때는 실거래금액을 기준으로 하는 것과 달리 저평가되어 있는 공시 가격이 증여 취득세의 과세표준이 되기 때문에 동일한 취득세율이라도 취득세가 낮게 계산됐다. 그러나 이제 취득세 과세표준은 시가표준액이 아닌 시가인정액으로 결정된다.

시가인정액이란, 단어가 의미하는 그대로 실제 가격으로 인정할 수 있는 금액이다. 증여세를 계산하기 위해서는 주택의 가치를 평가해야 한다. 주택의 가치는 시가로 인정할 수 있는 금액이 가장 최우선 금액이 되고, 시가로 인정할 수 있는 금액이 없으면 공시 가격을 사용할 수 있다. 이렇다 보니, 증여세 계산 시 필요한 기준금액과 취득세 계산 시 필요한 기준금액 간에 차이가 생겼다. 그래서 취득세 과세표준을 증여세와 동일하게 변경하는 법안이 통과됐고 그 시행 시기가 2023년부터인 것이다.

시가인정액에는 실제 가치가 반영될 수 있는 금액이 사용되어야 한다. 해당 주택이 거래됐다면 그 매매금액, 경매 또는 공매로 취득했다면 경매 또는 공매금액, 감정평가기관을 통해 정식으로 감정받았다면 감정평가금액 등을 사용해야 한다. 감정평가금액은 감정평가기관에 정식으로 의뢰해 가격을 책정하기 때문에 수수료 등이 발생할 수 있지만 해당 주택의 가격을 정확히 평가할 수 있어 평가방법 중 좋은 수단이 된다. 공정한 감정 평가를 위해 감정기관은 2곳에 의뢰해야 하고 2곳에서 감정한 금액을 평균으로 사용한다. 단, 공시 가격이 10억 원 이하인 주택은 1곳에서만 감정한 가격을 사용할 수 있다.

주변 시세도 시가인정액에 해당할 수 있다. 여기서 주변 시세란, 단순히 부동산 중개 거래에서 부르는 호가가 아닌 실제로 거래가 체결된 금액이어야 한다. 증여하고자 하는 주택과 면적, 위치, 용도 등과 시가표준액이 동일하거나 유사한 주택으로 거래가 성사된 금액이 주변 시세로 인정받을 수 있는 금액에 해당하고, 이 금액을 유사매매 사례가액이라고 부른다. 이 금액은 국토교통부 실거래가 공개 시스템의 홈페이지에 접속하면 쉽게 찾아볼 수 있다. 주택 증여를 할 때 가장 먼저 확인해야 하는 금액이다.

예외적으로 시가인정액을 사용하지 않는 주택도 있다. 시가표준액인 공시 가격이 1억 원 이하인 주택은 기존과 동일하게 공시 가격을 취득세 과세표준으로 사용한다. 따라서 2023년부터는 공시 가격 1억 원 이하 주택이 취득세 측면에서 증여 대상 1순위에 올라가야 한다.

03

기다림의 미학,
증여 후 10년까지 기다리기

        I는 다주택자이다. 그중 시가 20억 원짜리 주택을 조정
대상지역에 보유하고 있었는데 시가에 사겠다는 매수자가 나타났
다. 매도를 고민하던 중 양도세가 걱정됐다.

    10년 전에 10억 원에 취득한 이 주택의 양도차익이 10억 원이
되다 보니 중과 적용된 양도세가 만만치 않은 금액이었다. 그때 I는
친구로부터 배우자에게 증여하고 매도하라는 조언을 듣는다. 배우
자에게 증여하면 배우자의 취득가액은 증여를 받은 날의 증여금액
으로 평가받아 취득가액을 높일 수 있다는 얘기였다. 그리고 배우자

에게 증여할 때는 10년간 6억 원까지 증여세가 없으니 증여세가 없는 6억 원까지만 증여하고 팔아도 양도세를 줄일 수 있다는 달콤한 조언이었다.

I는 배우자에게 20억 원의 주택 지분 중 30%만 배우자에게 증여했고 증여 이후 매수를 원하는 사람에게 20억 원에 매도했다. I는 친구의 조언처럼 양도세를 줄일 수 있었을까?

양도세 이월과세를 잊지 마라

양도세는 달라지지 않는다. 양도세 이월과세가 적용되기 때문이다. 양도세 이월과세란, 부동산을 배우자 또는 직계존비속으로부터 증여받은 사람이 10년 이내에 해당 부동산을 팔았을 때 적용되는 규정이다. 증여받은 금액을 취득 가격으로 인정해주지 않고, 증여한 배우자나 직계존비속의 최초 취득 가격으로 양도세를 계산한다. 증여를 통해 취득 가격을 높여 양도세를 줄이고자 하는 방법을 국세청은 양도세 회피수단으로 보고 있기 때문이다.

I가 배우자에게 일부 지분을 증여한 후 주택을 매도했다고 해도 배우자의 양도세 계산 시 취득 가격은 I의 취득 가격이다.

세금에 대해 관심이 조금이라도 있는 사람이라면, 부동산 양도세의 핵심은 양도차익임을 알 것이다. 매도하는 금액인 양도가액에서 취득한 가액을 차감한 양도차익이 크면 클수록 양도세는 커질 수밖에 없는 구조다. 이 양도차익이 줄어들어야 양도세를 줄일 수 있는데 양도차익을 줄이기 위해서는 파는 금액인 양도가액을 낮추거나 취득한 금액을 높여야 한다. 양도가액을 낮추는 방법이 가장 쉽지만 어느 누구도 선호하지 않는다. 그러다 보니 취득 가격을 높이는 방법을 찾는데 이때 배우자나 자녀에게 증여한 후 매도하는 방법을 사용한다.

I가 30%의 지분을 배우자에게 증여했다면 증여금액은 6억 원이기 때문에 증여세가 발생하지 않고 30%만큼의 취득 가격을 높일 수 있다고 생각하기 쉽다. 그래서 증여재산 공제금액이 큰 배우자에게 증여하면 양도세를 줄일 수 있는 우회로라고 많이 여긴다. 하지만 증여한 후 10년 이내에 해당 부동산을 매도한다면 양도세 이월과세규정이 적용되어 증여 효과를 전혀 볼 수 없다. 오히려 손해가 생긴다.

배우자의 증여재산 공제금액 6억 원을 통해 증여세가 없었다고 해도 증여하면서 취득세는 발생한다. 시가 20억 원짜리 주택이라면 이제 증여 취득세 과세표준도 시가 20억 원을 기준으로 한다. 따라서 증여세 없는 6억 원의 금액에 맞춰 증여를 해도 취득세 과세표준은 6억 원이 되고, 중과 취득세율 13.4%(전용면적 국민주택 규모 초과)인 8,040만 원을 취득세로 납부해야 한다. 납부한 취득세는 돌려받을 수 없다. 결과적으로는 양도세를 한 푼도 줄이지 못하는데 취득세 8,040만 원만 납부한 셈이 된다.

그렇다면 배우자나 자녀들에게 부동산을 증여하는 것은 정말 실익이 없을까? 그렇지 않다. 증여의 효과는 이월과세기간이 지난 후부터 나타난다.

I의 상황을 바꿔보자. 증여한 뒤 주택의 가격이 극단적으로 10년째 20억 원이라고 가정해보자. I가 증여하지 않고 시세차익 10억 원에 대해 양도세를 납부할 경우 양도세 2주택 중과가 적용된다고 하면 약 6억 4,000만 원(지방소득세 포함)이 나온다. 하지만 배우자에게 6억 원만큼 증여한 뒤 10년이 지나 동일한 가격에 매도할 경우 I의 양도세는 동일하게 2주택 중과가 적용된다고 하면 약 4억 3,600만 원(지방소득세 포함)이 나온다. 배우자는 취득가액과 양도가액이 동일하기 때문에 시세차익이 0원이라 양도세가 없다. 취득세 8,040만 원으로 약 2억 원의 세금을 줄일 수 있게 된다.

양도세 중과가 적용됨을 가정한 계산이지만, 양도세 중과가 적용되지 않는다고 해도 세금 측면에서의 이점은 반드시 존재한다. 따라서 양도세에서 사용하는 증여 후 매도는 장기적인 관점에서 사용하는 기다림이 필요한 계획이다.

이월과세 적용기간은 원래 5년이었다. 5년이란 기간도 짧은 기간은 아니기 때문에 장기적인 계획에서 시작해야 하는데 2023년 1월 1일부터 10년으로 연장됐다. 따라서 이월과세를 고려해 증여 후 매도가 실제 양도세에 도움이 되는지 미리 계산해볼 수 있어야 한다. 증여 시점의 적정한 증여금액이 증여자의 취득 당시 가격과 큰 차이가 없다면 오히려 증여는 역효과가 날 수 있다. 또, 증여자의 취득 당시 취득 가격과 증여 시점의 증여금액 간의 차이가 커도 증여세를 고려하면 실제 세 부담 측면에서 불리할 수도 있다. 증여 시점의 증여금액이 크다면 줄어드는 양도세보다 납부해야 하는 증여세가 더 커질 수도 있기 때문이다. 증여 후 매도가 큰 차이의 세금을 줄일 수 있겠지만 다양한 측면에서 여러 가지를 고려한 후 진행해야 실익이 생길 수 있다.

2023년부터 이월과세 적용기간은 10년으로 연장됐지만 5년의 기간을 적용받는 사람들도 있다. 해당 개정 내용은 2023년 1월 1일 이후 증여를 받은 것부터 적용된다. 즉, 2022년 12월 31일까지 증여한 사람이라면 법이 개정되기 전에 증여받은 사람이기 때문에 기존 규정이 적용되어 이월과세 적용기간은 5년이 된다. 세법 개정안에 늘 관심이 있고 세금에 주의를 기울이는 사람들은 2022년이 끝나기 전에 증여를 완료했다. 세법은 늘 개정이 되기 전에 유예기간을 준다는 것을 명심하고 있어야 한다.

사위나 며느리의 경우 다르다

양도세 이월과세규정은 직계비속인 자녀에게도 동일하게 적용된다. 증여재산 공제금액은 배우자에 비해 크지 않지만 장기적인 관점에서 자녀의 재산을 증식시키려고 수증자를 배우자가 아닌 자녀로 결정하기도 한다. 10년이 지나 부동산을 매도하면 양도세도 줄일 수 있고 부동산을 매도한 소득도 자녀의 재산이 될 수 있기 때문이다.

그런데 수증자가 자녀가 아닌 자녀의 배우자라면 10년을 기다릴 필요가 없어진다. 양도세 이월과세규정은 배우자 또는 직계존비속에게만 해당하는 규정이다. 물론 특수관계인에게 증여했는데 증여 자체가 세금을 회피하기 위한 수단으로 사용됐다면 이월과세규정과 동일한 방식으로 양도세를 재계산한다. 부당행위계산부인이라고 한다. 하지만 이때에는 하나의 예외가 있다. 증여를 받은 특수관계인에게 그 소득이 실제로 귀속된다면 이 규정을 적용하지 않는다.

이월과세규정과는 엄연하게 다른 부분이다. 이월과세는 수증자에게 소득이 실제로 귀속되는지 여부를 따지지 않는다. 그런데 특수관계에 있는 사람이지만 배우자 또는 직계가족이 아니라면 증여 시점의 증여금액을 취득 가격으로 인정받을 수 있다. 이때 부동산 매각으로 인한 이익이 실제로 수증자의 주머니에 들어가야 한다는 중요한 포인트가 있다.

자녀의 재산을 증식시키고자 하는 목적이라면 사위나 며느리의 재산 증식도 세대를 기준으로는 자녀의 재산 증식과 같다고 볼 수 있다. 사위나 며느리에게 증여하는 것도 자녀세대의 부를 위해 꼭 필요한 수단이며 활용해야 하는 방법이다.

04

부동산 증여
Step 3

부동산은 사람들 대부분에게서 아주 오래전부터 사랑을 받았고 지금도 사랑받고 있으며 앞으로도 사랑받을 것으로 보이는 대표적인 자산이다. 과거부터 지금까지 보여줬듯이 시간의 문제일 뿐 부동산의 가치 상승은 늘 증명되고 있기 때문이다.

그래서 자산가들은 부동산을 매각하기보다 자녀들에게 물려주고 싶어 한다. 부동산을 물려받은 자녀들은 재산을 축적할 수 있어 좋고, 향후 상속세의 무거운 세금을 대비할 수 있어서도 좋다. 물론 무상으로 물려받는 부동산에는 증여세라는 과중한 세금이 따라온다.

증여세는 누진세율구조를 갖고 있기 때문에 증여받는 재산의 가액이 크면 클수록 세금은 더 많이 납부해야 한다. 수억 원대의 증여세를 납부할 만큼 가치가 있는 부동산이 아니라면 증여할 때도 다양한 측면에서 고민해야 한다. 증여에도 방법이 있고, 순서가 있는 법이다. 그것을 '증여 Step 3'이라고 말한다. '쌀 때', '나눠서', '10년마다'가 그 키워드다.

저평가 부동산부터 증여

J에게는 시골에 꽤 넓은 평수의 상속받은 토지가 있다. 아파트는 3채나 보유하고 있다. 상속받은 토지의 경우 예전부터 개발 호재가 들리고는 있지만 아직 구체적으로 진행되지 않고 있다.

재산이 많으면 상속세를 많이 부담해야 한다는 얘기를 자주 듣다 보니 미리미리 자녀들에게 넘겨주려고 한다. 아파트는 이미 가치가 많이 올라 고점인 것 같지만 그래도 시골의 토지보다는 낮다고 생각한다. 그럼 가치가 높은 아파트를 증여하는 것이 우선일까?

부동산을 증여할 때는 가장 우선 생각해야 할 부분이 있다. 바로 향후 가치 상승분이다. 물론 해당 부동산이 나중에 얼마나 더 큰 가치가 될 수 있을지 정확하게 알고 있는 사람은 존재하지 않는다. 하지만 예상해볼 수는 있다.

J가 보유하고 있는 아파트는 주택 시장의 급격한 상승으로 가치가 치솟은 재산이다. 그렇다고 해도 정부의 정책이나 주변 인프라 등이 중요한 요소인 부동산의 특성상 이미 고점이라고 판단되는 아파트의 가치가 또다시 크게 상승할 것으로 판단되지는 않는다. 반대로 시골의 토지는 그 시기를 명확히 알 수는 없지만 개발 호재가 충분히 존재하고 있다. 즉, 가치 상승분이 아파트보다 더 크게 남아있다고 볼 수 있다.

부동산 증여의 가장 큰 핵심은 가치 상승분에 있다. 미리 증여하면 이후 부동산의 가치 상승분을 자녀가 세금 없이 가져갈 수 있다. 10억 원짜리 아파트를 증여받았는데 5년 뒤에도 10억 원이라면 자녀는 10억 원의 재산이 있는 것이 아니다. 증여세 2억 4,000만 원을 고려하면 실제 재산은 7억 6,000만 원인 셈이 된다. 반대로 현재 5억 원짜리 시골 토지를 자녀에게 증여했는데 5년 뒤 10억 원이 됐다고 가정해보자. 상승한 5억 원만큼의 이익은 자녀가 세금 한 푼 내지 않고 갖게 되는 것이다. 따라서 가치가 상승할 수 있는 시골에 보유하는 토지가 증여재산으로써 더 매력이 있다.

이러한 저평가 부동산은 어떻게 찾을 수 있을까? 미래의 가치 상승분에 대해서는 누구도 쉽게 얘기할 수 없다. 그렇지만 세금 측면에서 부동산의 평가방법으로는 저평가 부동산을 찾을 수 있다.

증여세를 계산할 때는 증여받는 재산이 얼마인지 평가해야 한다. 실제 돈을 주고 거래하는 게 아니라서 적정한 평가금액이 필요하다.

증여세에서는 평가방법이 있는데 여기에는 적용 순서가 있다.

가장 우선은 시가 평가다. 시가란, 해당 재산이 실제 거래된 금액을 의미하는데 보유기간이 오래됐다면 시가를 찾을 수는 없다. 시가를 대신해서 사용할 수 있는 금액으로는 감정을 받은 감정가액, 그리고 비슷한 재산의 실제 거래가 이뤄진 유사 매매 사례가액이 있다. 이 금액들까지 없으면 기준시가라고 부르는 세법상의 평가금액을 사용하게 된다.

J가 보유하고 있는 아파트를 증여할 때는 증여재산금액으로 시세를 사용해야 하는 것이 일반적이다. 정확히 표현하자면, 유사 매매 사례가액이다. 같은 단지, 같은 면적 등 실제 유사하다고 여겨지는 아파트의 실거래 가격이 있다면, 유사한 재산의 가격도 동일한 가격으로 본다는 증여재산 평가방법에 따라 J의 아파트도 그 실거래 가격으로 평가해야 한다. 즉, 저평가된 금액이 아니라는 뜻이다.

하지만 시골의 토지는 얘기가 다르다. 장기간 보유하면서 거래가 이뤄지지 않았고 유사한 땅들의 거래도 찾기 어렵다. 그렇다면 마지막으로 세법상 정해진 기준시가 평가방법에 따라 재산을 평가해야 한다. 흔히 알고 있는 개별공시지가를 사용하는데 이 금액은 실제 시세보다 60~70% 수준이다. 즉, 호가가 10억 원이라도 증여재산금액의 평가는 6억 원이 될 수 있다.

수증자가 많을수록 세금은 줄어든다

K에게는 자녀가 4명이 있다. 그리고 20억 원으로 평가되는 토지가 있다. 이 토지를 자녀에게 증여하려고 할 때 세금을 가장 적게 내는 방법이 있을까?

증여세를 줄이는 방법은 원칙적으로 2가지다. 증여받는 재산의 평가금액이 낮아 과세표준이 낮거나 세율이 낮아야 한다. 세금은 과세표준에 세율을 곱한 금액으로 만들기 때문이다. 과세표준이 낮아지면 세율은 자연스럽게 낮아진다. 이때 과세표준을 낮추는 방법은 하나다. 나눠서 증여하는 분산 증여다.

20억 원으로 평가되는 토지를 자녀 1명에게 증여한다면 증여재산 공제 5,000만 원을 활용해도 증여세는 약 6억 원이 나온다. 적용되는 최고 세율구간이 40%다. 만약 자녀 2명에게 지분 50%씩 나눠준다면 세금은 얼마나 줄어들 수 있을까? 5,000만 원의 증여재산 공제를 한 번 더 받을 수 있다. 그리고 각자 납부해야 하는 증여세는 2억 2,000만 원 정도가 나온다. 합쳐도 4억 4,000만 원으로 1명에게 증여했을 때보다 약 1억 6,000만 원을 줄일 수 있다.

자녀 4명에게 동등하게 25%의 지분을 증여한다면 어떻게 될까? 증여재산 공제는 각자 5,000만 원씩 총 2억 원을 받을 수 있다. 납부해야 하는 증여세는 약 7,700만 원으로 4명의 증여세를 다 합쳐도 3억 800만 원이다. 자녀 1명에게만 증여했을 때 나오는 증여세 약 6

억 원보다 3억 원가량을 줄일 수 있다. 세금이 반으로 줄어든다.

비단 자녀가 많아야만 활용할 수 있는 방법은 아니다. 자녀가 많지 않아도 자녀세대의 가족들에게 적정한 비율로 분산해 증여한다면 증여세는 충분히 줄어들 수 있다. 증여하기까지에는 다양한 측면에서 고려해야 하는 요소가 많지만 세금 측면에서만 본다면 분산 증여만큼 확실하게 증여세를 줄이는 방법은 없다.

10년마다 잊지 말고 증여하자

증여세는 소득세와 마찬가지로 누진세율구조를 갖고 있다. 금액이 클수록 더 높은 세율구간이 적용된다. 하지만 1년 동안의 소득을 종합해서 부과하는 소득세와는 달리 증여세는 10년 동안의 증여금액을 종합해서 부과한다. 즉, 10억 원을 1년마다 1억 원씩 증여해도 총납부해야 하는 증여세에는 차이가 없다. 이를 다르게 말하면, 10년이 지난 시점에는 잊지 말고 증여해야 그 기간을 새로 시작할 수 있다는 말이다.

10년이란 기간의 기산점은 증여한 시점부터 시작한다. 첫 번째 증여를 한 시점부터 10년 이내에 증여한 재산은 첫 번째 증여를 합산해서 증여세를 계산한다. 두 번째로 증여를 하면 두 번째 증여한 재산은 두 번째 증여를 한 시점부터 10년이란 기간 계산이 들어간다. 예를 들어, 2023년 2월에 1억 원을 증여했다면 2023년 2월부터 10년이 되는 2033년 2월까지 증여하는 재산에 해당 1억 원을 합산해서 계산해야 한다. 이때 2023년 2월에 증여한 1억 원은 증여세액공제를 통해 이중과세를 방지한다. 그리고 같은 논리로 만약 2023년 3월에 증여한 금액이 있다면, 이 금액은 2033년 3월까지 증여하는 재산에 합산된다.

10년이란 기간은 2010년부터 2020년까지, 2020년부터 2030년까지의 방식으로 10년 단위를 계산하는 것도 아니고, 첫 번째 증여가 있는 날로부터 10년 안의 증여재산끼리 합산하고 끝나는 것도 아니다.

증여를 효율적으로 하려면 반드시 합산과세가 끝나는 날을 기억해 증여를 서둘러 해야 한다. 합산과세가 종료되는 10년 기간이 끝나는 날로부터 다음 증여까지의 기간이 길수록, 그다음 3차 증여, 4차 증여까지 이어지는 기간이 늘어난다. 증여세 세율은 10%의 단위로 증가하기 때문에 세금의 편차가 크다. 증여세를 줄이는 핵심은 얼마나 효율적인 관점에서 증여 계획을 세우느냐에 따라 달라짐을 기억하자.

05

손자녀에게 증여할 때
주의할 점 2가지

할아버지, 할머니들은 손자녀들에게 맛있는 거 하나라도 더 먹이고 싶고 용돈이라도 한 푼 더 주고 싶어 한다. 그런데 아무런 대가 없이 무상으로 손자녀들에게 주는 돈은 증여에 해당한다는 불편한 사실이 있다.

일상생활에서 가장 보편적으로 발생하는 증여는 할아버지나 할머니가 손자녀에게 생활비나 용돈, 학자금 등을 줄 때다. 보통 생활비, 용돈, 학자금 등은 증여가 아니라고 생각한다. 당연히 증여가 아니다. 단, 그 대상이 피부양자여야 한다. 즉, 부양의무가 있는 사람이 지급하는 것은 증여가 아니지만 부양의무가 없는 사람이 지급하는 것은 증여에 해당한다는 뜻이다. 손자녀의 부모가 있다면 당연히 1차적인 부양의무는 그 부모에게 있기 때문에 할아버지나 할머니가 주는 생활비, 학자금 등은 엄연히 증여에 해당한다.

세대를 건너뛴 증여는 세율이 최대 70%

증여세는 부의 대물림을 방지하고자 하는 취지에서 만들어졌다. 한 세대의 부가 다음 세대로 이어지는 것에 대해 일정한 제재를 가하는 것과 같다. 그렇다면 한 세대의 부가 다음 세대를 건너뛰어 그다음 세대로 이어진다면 더 큰 제재를 가하지 않을까? 그렇다. 증여세에는 세대 생략 할증과세라는 추가 세금이 존재한다.

L1에게는 10억 원짜리 부동산이 있다. 이 부동산을 딸 L2에게 증여할 때와 손녀(성년)인 L3에게 증여할 때 세금 차이가 얼마나 날까?

L1은 딸인 L2와 손녀인 L3의 입장에서 직계존속에 해당한다. 즉, 직계존속으로부터 증여를 받기 때문에 증여재산 공제 5,000만 원은 동일하게 적용받을 수 있다. 10억 원 기준으로 딸 L2의 증여세는 약 2억 2,000만 원이다. 그런데 딸이 아닌 손녀 L3가 받았을 때는 약 2억 8,000만 원이 나온다. 세금 차이가 6,000만 원 정도 발생한다. 세

대 생략 할증과세가 적용됐기 때문이다.

한 세대를 건너뛰고 그다음 세대에게 증여한다면 세대 생략 할증과세 30%가 가산된다. 원래 납부해야 하는 증여세에 30%가 추가되는 것과 같다. 증여재산액이 20억 원을 초과하면 40%를 추가해서 납부해야만 한다. 즉, 증여세 최고 세율이 50%라고 했을 때 세대 생략 할증과세가 적용되면 최대 70%의 세율이 적용되어 어마어마한 세금을 납부해야만 한다.

그렇다고 '손자녀들에게 증여하면 안 된다'라는 말은 아니다. 자녀든 손자녀이든 세율이 높아지면 증여세가 부담스러운 것은 마찬가지다. 손자녀에게 증여할 때는 세대 생략 할증과세가 적용되기 때문에 할증이 되더라도 감당할 수 있는 범위 내에서 증여해야 좋다. 이런 경우가 있을 수 있다. 10억 원짜리 부동산을 자녀에게 증여했는데 자녀가 보유하다가 손자녀에게 다시 증여한다면 증여세나 취득세를 2번 내야 하는 셈이 된다. 이때는 세율구간을 분산하고 세금을 이중 납부하지 않기 위해 세대 생략 할증과세까지 염두에 두고 최적의 증여비율을 고려해 분산 증여하는 방법을 찾아야 한다.

과세표준이 1억 원 이하라면 세율은 10%다. 여기서 30%의 할증과세가 적용돼도 13%의 세율이다. 금액으로 따지면 300만 원 차이다. 앞에 나온 L1의 경우를 다시 보자. 10억 원짜리 부동산을 증여할 때 9억 원만 딸 L2에게 증여하고 1억 원은 손녀 L3에게 증여한다면 할증과세가 적용되더라도 세금은 줄어든다. 딸 L2가 납부해야 하는 증여세는 약 1억 9,000만 원이고 손녀 L3가 납부해야 하는 증여세는 세대 생략 할증과세 30%가 적용되어 약 630만 원이다. 2명의 증여세를 합쳐도 세금은 1억 9,630만 원으로 딸 L2가 단독으로 증여받았을 때보다 2,370만 원 가까이 줄어든다.

세대 생략 할증과세는 30%에서 최대 40%의 고율로 과세된다. 이미 증여재산금액이 커 적용되는 세율구간이 높다면 자산을 분산하면서 세금을 나누는 것도 하나의 전략이 된다. 이처럼 향후 손자녀들에게 재산을 마련해주고 싶다면 적정한 증여대상을 찾거나 증여비율을 고려해 증여를 실행하는 것이 현명한 방법이 된다.

증여세를 대신 납부하면 또 증여가 발생한다

손자, 손녀에게 증여할 때 세대 생략 할증과세보다 더 중요한 것이 있다. 손자, 손녀는 증여세를 납부할 여력이 없다는 것이다. 물론 손자, 손녀에게 재산이 이미 축적되어 있고 소득이 충분히 있어 스스로 증여세를 납부할 수 있다면 문제가 되지 않는다. 하지만 일반적으로 증여를 시작하는 단계에서 손자, 손녀들은 미성년자이거나 이제 막 성인이 된 대학생인 경우가 많다. 이때는 세금도 세금이지만, 납부해야 하는 증여세를 어떻게 납부해야 하는지도 고려해야만 하는 사항이다.

수증자인 손자, 손녀가 증여세를 납부할 능력이 없다고 증여자인 할아버지, 할머니가 그 증여세까지 납부하면 대신 납부하는 증여세까지 증여금액에 포함된다. 증여세를 대신 납부하는 금액이라고 해서 대납액이라고 한다. 이 대납액이 증여재산금액에 포함되면 합쳐지면서 또 다른 증여세가 나온다.

할아버지가 10억 원짜리 부동산을 대학생인 손자에게 증여한다고 가정해보자. 취득세를 고려하지 않는다고 가정해도 납부해야 하는 증여세는 약 2억 8,000만 원이 나온다. 적지 않은 금액이다. 이 적지 않은 금액을 단순히 소득도, 직업도 없는 손자가 납부할 수 있다고 입증하기는 어려운 일이다.

따라서 세금을 대신 납부하는 금액까지 고려해줘야 한다. 이때 증여자인 할아버지가 대신 납부한다면 대납액까지 고려해 증여세를 다시 계산해야 한다. 대납액까지 다시 고려한다면 납부해야 하는 증여세는 약 5억 6,000만 원이 나온다. 10억 원짜리 부동산을 증여하고 현금으로 약 5억 6,000만 원을 증여해야 증여세까지 정확하게 납부할 수 있다. 대납액을 고려했을 때와 고려하지 않았을 때 간의 세금 차이는 2배가량 발생한다. 따라서 이 대납액의 고려는 상당히 중요하다. 자칫 잘못하다가는 증여하는 재산의 반을 세금으로 토해내야 하기 때문이다.

손자녀에게 증여할 때는 항상 고려해야 하는 부분이다. 세금이 약 2배까지 나오는 이유는 동일인 합산과세 때문이다. 동일한 증여자로부터 10년 이내에 증여를 받으면 증여재산금액을 합산해서 계산한다. 할아버지가 10억 원짜리 부동산을 1차로 증여하고, 2차로 납부할 증여세를 또 증여한다면 10억 원짜리 부동산과 납부할 증여세가 합산으로 과세되기 때문에 세금이 상상 이상으로 커진다. 물론 납부할 세금이 많다면 그 금액은 훨씬 더 커진다.

이때는 할아버지, 할머니가 아닌, 아버지 또는 어머니가 증여세를 대신 내주는 것이 방법이 될 수 있다. 아버지와 어머니는 할아버지, 할머니와 동일한 사람이 아니기 때문에 합산과세가 발생하지 않는다. 납부해야 하는 증여세 약 2억 8,000만 원에 약 5,600만 원(대납액)을 합쳐서 증여한다면 10억 원짜리 부동산에 대한 증여세를 해결할 수 있다. 할아버지가 직접 증여세를 납부하는 것보다 약 2억 2,000만 원을 줄일 수 있게 된다. 동일한 직계존속이기 때문에 5,000만 원의 증여재산 공제를 적용받을 수는 없다. 하지만 증여자를 달리함으로써 세금을 2억 2,000만 원가량 줄일 수 있는 방법이니 고려해야만 한다.

여기서 주의할 점이 있다. 할머니가 증여세를 대납하면 안 된다는 점이다. 동일인은 말 그대로 같은 사람을 의미하기 때문에 할아버지와 아버지는 동일인으로 볼 수 없다. 단, 증여자의 배우자는 증여자와 동일인으로 포함된다. 할아버지가 증여하고 할머니가 증여세를 대납한다거나 아버지가 증여하고 어머니가 증여세를 대납하는 경우에는 동일인으로 간주되어 2배가량의 증여세를 납부해야 한다.

06

대출받고 증여세 줄이는 부담부증여

M은 주택을 3채 보유하고 있는 다주택자다. 주택을 당장 매도하려다가 앞으로도 상승 가능성이 더 있을 것 같아 자녀에게 증여를 계획하고 있다. 그런데 만만치 않은 증여세 때문에 고민이다.

그러던 어느 날, 주택에 대출이 포함되어 있으면 대출을 인수하는 조건으로 증여할 경우 증여세를 줄일 수 있다는 말을 들었다. 대출이 포함된 주택을 대출자금과 함께 증여하면 증여세를 줄일 수 있는 것일까?

부담부증여에는 2가지 세금이 있다

M과 같은 경우 증여세는 줄어들 수 있다. 증여세는 아무런 대가를 주지 않고 재산을 이전받는 수증자가 납부해야 하는 세금이다. 그런데 이 재산에 채무가 포함되어 있다면 얘기가 달라진다.

'채무를 인수한다'는 수증자가 미래에 채무를 대신 상환한다는 말과 같다. 미래에 자기 자금으로 채무를 상환해야 한다. 다시 말하면, 증여자가 갚아야 하는 채무를 수증자가 대신 갚는 행위이기 때문에 실제로 대가를 지불하고 재산을 취득하는 것과 같은 셈이 된다. 따라서 주택에 담보되어 있는 채무만큼은 무상으로 이전받는 금액이 아니다. 담보되어 있는 채무는 증여재산금액에서 차감되므로 전체 증여재산금액이 줄어든다. 자연스럽게 증여세는 줄어든다.

그런데 채무금액을 인수한 부분에 대해서는 증여세 외의 다른 세금이 부과된다. 증여자는 자신의 채무를 수증자가 대신 상환하기 때문에 대가를 지불받은 것과 같다. 즉, 채무 부담부분은 유상 거래에 해당한다. 부동산을 유상으로 이전하는 경우에는 세법에서 양도세를 부과한다. 따라서 증여하는 사람에게는 채무 부담부분에 대해 양도세가 부과된다.

이처럼 일정한 부담을 짊어지게 하면서 진행하는 증여를 부담부증여라고 부른다. 부담부증여에는 2가지 세금이 존재한다. 무상으로 이전하는 부분에 대한 증여세, 채무를 인수하는 부분에 대한 양도세다. 증여재산금액이 채무부분만큼 줄어들기 때문에 증여세는 반드시 줄어들지만 양도세는 상황에 따라 달라질 수도 있다. 부담부증여를 고려한다면 반드시 양도세와 증여세의 합계를 확인해야 한다.

예를 들어, M이 증여하려는 주택의 가격은 15억 원이고 조정대상지역에 있다. 취득 가격은 5억 원이고 5년을 보유했으며 현재 담보되어 있는 채무는 10억 원이라고 할 때 부담부증여를 하면 세금의 합계는 얼마일까?

우선, 전체 주택 가격 15억 원에서 채무 10억 원을 차감한 5억 원에 대해서는 증여세가 나온다. 약 7,700만 원의 증여세를 M의 자녀는 납부해야 한다. 그리고 채무 10억 원에 대해 M은 양도세를 납부해야 한다. 다주택자의 양도세 중과 배제가 적용되는 시점을 기준으로 계산해본다면, 양도세는 약 2억 4,000만 원(지방소득세 포함)이 나온다. 증여세와 양도세를 모두 합치면 약 3억 1,700만 원이다.

만약 채무 10억 원을 인수하지 않는 일반 증여를 했을 때 증여세는 얼마일까? 주택 가격 15억 원에 해당하는 금액 전체에 대한 증여세를 내야 하는데 약 4억 700만 원이 나온다. 부담부증여를 한 경우보다 약 9,000만 원이 더 많이 발생한다. 따라서 부담부증여를 통해 주택을 이전하는 것이 세 부담 측면에서 현명한 방법이 된다.

하지만 다주택자 양도세 중과 배제가 적용되지 않는다고 하면 세금이 어떻게 달라질까? 동일한 상황이라면, 증여세는 달라지지 않고 약 7,700만 원이 된다. 그런데 M은 조정대상지역 내 소재하는 주택의 양도에 해당하며 3주택자 양도세 중과가 적용된다. 동일한 금액으로 가정했을 때 양도세는 약 4억 9,000만 원(지방소득세 포함)이 나오고, 증여세와 합치면 전체 세 부담 금액은 약 5억 6,000만 원이 나온다. 부담부증여를 하지 않은 경우 납부해야 하는 증여세가 약 4억 700만 원이기 때문에 부담부증여가 세 부담 측면에서 오히려 역효과를 발생시킨다. 현재는 양도세 중과가 적용되고 있지 않지만, 다시 또 언제 부활할지는 알 수 없다. 부담부증여에서는 양도세가 핵심 포인트임을 인지하고 있어야 한다.

부담부증여의 가장 큰 효과를 볼 수 있는 경우는 증여자의 주택이 1세대 1주택 비과세가 가능할 때다. 채무 부담금액이 아무리 크더라도 양도세가 비과세 혜택을 받을 수 있기 때문에 부담부증여의 효과는 극대화될 수 있다. 또, 취득가액과 증여금액 간의 차이가 크지 않은 주택도 부담부증여의 강점을 살릴 수 있다.

따라서 부담부증여는 반드시 전체 발생하는 세금을 비교한 후 진행해야 합리적이고 유리한 결과를 만들어 낼 수 있다.

부담부증여와 4가지 원칙

부담부증여를 하고자 한다면, 반드시 알고 있어야 하는 4가지 원칙이 있다. 증여일 현재 증여자의 채무인지, 해당 부동산에 담보되어 있는 채무인지, 증여를 받는 수증자가 실제로 채무를 인수하는지, 그리고 수증자가 채무를 상환할 능력이 있는지 여부다. 이 4가지 원칙을 충족하지 못한다면 부담부증여로 인정받을 수 없다.

부담부증여는 보통 상가, 주택에서 많이 활용하는데 핵심은 담보되어 있는 채무다. 가장 흔한 채무는 부동산 취득 잔금 대출이거나 임차인의 보증금이다. 이 2가지 채무는 증여자의 채무로 인정받을 수 있다. 하지만 증여하고 나서 체결하는 채무 계약은 부담부증여에서 인정하는 채무가 아니다. 부담부증여의 핵심은 증여일 현재 담보되어 있는 채무다. 예를 들어, 자녀의 증여세를 줄이기 위해 주택을 자녀에게 증여한 다음, 부모가 자녀와 전세 계약을 체결하는 경우가 있다. 전세 보증금도 정상적으로 다 지급한다면 부담부증여로 인정받을 수 있을까? 그렇지 않다. 증여일 현재 담보되어 있는 채무가 아니기 때문이다. 증여재산인 주택에는 증여일 현재에 담보되어 있는 채무가 없다. 증여한 후 체결하는 부담부증여는 증여가 발생한 이후 자녀가 체결한 계약일 뿐이다.

그다음으로는, 수증자가 채무를 실제로 인수하는지 여부다. 부담부증여 시 반드시 채무를 인수해야 한다. 그리고 자신의 능력으로 상환해야 한다. 부담부증여를 진행하고 채무를 부모가 대신 상환하는 것도 부담부증여로 인정받을 수 없다. 또, 소득이 불충분하다면 채무를 실제로 인수하지 못할 가능성이 높다. 자녀의 소득이 충분하지 않다는 이유로 (주택 담보 대출 등을 해준) 금융기관에서 자녀에게 승계되는 것을 허락하지 않기도 한다. 따라서 부담부증여를 진행하고자 한다면 해당 채무를 수증자인 자녀가 승계 가능한지 여부부터 파악해야 한다. 특히 미성년자 자녀라면 부담부증여를 실행하기 어렵다. 상환할 여력이 없고 소득이 있는 경우가 많지 않기 때문에 자기 능력으로 상환할 수 없다고 판단되어 부담부증여를 인정해주지 않는다.

부담부증여를 진행할 때는 입증서류를 꼼꼼하게 챙겨야 한다. 최우선으로는 증여일 현재 담보되어 있는 채무를 입증할 수 있는 서류가 필요하다. 증여계약서에 채무를 승계하는 내용을 포함하거나 별도의 채무 부담계약서를 작성하는 방법이 유용하다. 그리고 채무를 증명할 부채증명원이나 세입자와의 임대차계약서 등은 필수 서류에 해당한다. 상환 능력을 인정받을 수 있는 서류도 필요하다. 정상적으로 세금을 내는 소득이어야 하며 종합소득세가 신고된 소득금액증명원이나 근로소득이 명시되어 있는 원천징수영수증이 그 증표가될 수 있다.

07

부모 집을 싸게 사는 저가 양도의 비밀

N은 요새 걱정이 많다. 새로 이사를 하기 위해 신규 주택을 취득했는데 부동산 시장이 좋지 않아 기존 주택의 적당한 매수자가 나타나지 않고 있기 때문이다.

1세대 1주택 비과세 혜택을 받을 수 있는 기간의 끝이 점점 다가오고 있는데 매수자가 없어 세금을 왕창 내야 할 수도 있다. 주변 얘기를 들어보니 자녀에게 주택을 파는 방법이 있다고 한다. 또, 가족끼리는 싸게 파는 방법이 있다고도 하는데 가족끼리는 집을 싸게 팔아도 문제가 없을까?

저가 양도의 핵심은 부동산 거래 가격

N이 주택을 자녀에게 적정한 시세대로 제값을 받고 판다면 문제가 될까? 문제가 될 수 없다. 제3자에게 주택을 매도하나 자녀에게 주택을 매도하나 실제로 지급한 대금이 적정한 가격이라면 세법상 문제 소지는 없다. 그렇다면 여기서 핵심은 무엇일까?

첫 번째, 대금의 지급이다. 원칙적으로 세법은 가족 간의 거래를 인정해주지 않는다. 하지만 실제로 대금 지급이 명확하다면 거래의 실체를 매매 거래로 봐서 인정해주고 있다. 즉, 대금 지급이 반드시 수반되는 거래여야 한다. 대금 지급을 하기 위해서는 N의 자녀가 대금을 지급할 수 있는 충분한 소득이 있고 자금이 있어야 한다. 대출 등 채무를 통해 취득한다면 실제 대출 등을 받을 수 있는지 여부도 파악해야만 한다. 이렇게 실제로 대금 지급이 발생하지 않는다면 자녀와의 거래는 증여로 간주할 수밖에 없다.

두 번째, 적정금액의 평가다. 증여할 때는 증여재산의 적정금액 평가가 반드시 선행되어야 한다. 증여재산의 평가는 시가 평가를 우선 하고, 시가가 없으면 기준시가라 불리는 공시 가격을 기준으로 한다. 여기서 시가의 경우 해당 자산이 실제로 거래된 금액이 있다면 그 금액을 우선 적용하고, 없다면 감정 평가금액, 감정 평가를 받지 않았다면 유사 자산의 실거래가액을 적용한다. 즉, 적정금액 평가를 통해 해당 주택의 가격을 우선 산정하고 자녀와 매매 거래를 해야 한다.

그런데 특수관계인과의 거래에서는 일정 금액까지는 저가에 매도해도 되는 규정이 있다. 상증세법에는 특수관계인과의 거래금액이 시가의 30% 또는 3억 원 중 적은 금액보다 큰 금액만큼 차이가 나는 경우 저가에 양수한 사람은 그만큼 이익을 보기 때문에 증여세를 부과한다는 규정이 있다. 즉, 이 규정을 역이용하면 특수관계인끼리 거래금액과 시가 간의 차이가 시가의 30% 또는 3억 원 중 적은 금액보다 크지만 않으면 증여세가 발생하지 않는다는 뜻이 된다.

예를 들어, N의 주택 가격이 10억 원이라고 가정해보자. 이 주택을 N의 자녀가 7억 원에 매입한다면 증여세가 발생할까? 상증세법에서 규정하고 있는 내용처럼, 30%에 해당하는 3억 원을 넘지 않았기 때문에 증여세가 발생하지 않는다. N의 자녀가 7억 원의 자금을 실제로 지급하고 매수했다는 자료만 전부 입증할 수 있다면 증여세는 없는 것이다.

하지만 양도세에서는 다르다. 대가를 받고 주택을 매도하는 N 입장에서는 양도세를 내야 한다. 실제 매매대금은 7억 원이기 때문에 양도가액은 7억 원이 되는 것일까? 그렇지 않다. 양도세에서 규정하는 범위는 증여세 규정과는 다르다. 양도세에서는 실제 거래금액과 시가의 차이가 시가의 5%와 3억 원 중 적은 금액보다 더 크다면 그 양도가액을 인정하지 않는다. 양도세를 회피하기 위한 수단으로 특수관계에 있는 자녀와 저가로 양도 거래를 했다고 간주하기 때문이다. 따라서 10억 원의 5%인 5,000만 원을 초과한 저가로 매도했기 때문에 7억 원의 양도가액은 인정받을 수 없다. 양도세는 7억 원이 아닌 10억 원으로 신고해야만 한다.

N은 양도세를 신고할 때 양도가액을 10억 원으로 신고했다. 달라지는 것이 있을까? 없다. N은 1세대 1주택 비과세 혜택을 받을 수 있는데 1세대 1주택 비과세 혜택을 받는 경우 양도가액 12억 원까지는 세금이 없기 때문이다.

앞의 사례처럼 저가 양도의 효과를 극대화하기 위해서는 매도자의 양도세를 최대한 줄일 수 있어야 한다. 현재와 같이 양도세 중과 배제가 적용된다고 해도 양도가액이 10억 원으로 다시 계산되면서 생각하지 못한 양도세 부담을 감당해야 할 수 있다.

가령 N이 자녀에게 매도하려고 하는 주택이 비과세 조건을 충족하지 못한 경우 양도세가 발생한다. 취득가액은 5억 원, 적정 시가는 10억 원이다. 양도세를 내지 않기 위해 N은 자녀와 5억 원의 매매 거래를 했다. N과 자녀에게 부과되는 세금은 얼마가 될까?

저가 양도의 포인트를 알지 못한 상태에서 이 거래를 본다면, 양도가액이 5억 원, 취득가액이 5억 원이기 때문에 양도세가 없고, 또한 실제 대금을 지급했기 때문에 증여세도 없다고 판단할 수 있다. 하지만 저가 양도를 이해하면 세금은 생각지도 못한 금액이 될 수 있다는 것을 알 수 있다.

적정 시가 10억 원의 30%는 3억 원이다. 따라서 상증세법의 규정을 벗어나지 않으려면 7억 원 이하로 매매대금이 내려가서는 안 된다. 하지만 5억 원에 매매했기 때문에 상증세법에서 용인해주는 7억 원과 5억 원 간의 차이 2억 원에 대해서 증여세가 부과된다. N의 자녀가 납부해야 하는 증여세로 2,000만 원이 나온다.

문제는 여기서 끝이 아니다. 적정 시가 10억 원의 5%는 5,000만 원인데 이 5,000만 원을 초과한 금액으로 양도했기 때문에 N이 자녀와 거래한 양도가액 5억 원은 인정받을 수 없다. 따라서 N의 양도가액은 10억 원으로 다시 계산되고 보유기간을 2년으로 가정하면 납부해야 할 양도세는 약 1억 9,000만 원(지방소득세 포함)이 나온다.

(시가−대가)≧Min(시가×30% 또는 3억 원) _ 증여세 과세 요건
(10억 원−5억 원)=5억 원 > 3억 원(10억×30%) _ 증여세 과세 요건 충족
10억 원−5억 원−3억 원=2억 원 _ 증여재산가액

따라서 저가 양도를 진행하고자 한다면, 가장 우선 매도자의 양도세 파악부터 해야 한다. 1세대 1주택 비과세가 가능하다면 저가 양도의 부담이 없겠지만 일반적인 양도세가 계산된다면, 양도세 부담으로 인해 저가 양도의 실익이 없을 수 있다.

또, 자녀의 대금 지급은 확실하게 입증해야 한다. 특수관계인이기 때문에 실제로 대금을 지급한 거래인지를 국세청은 면밀히 분석한다. 대금을 지급한 후 현금을 인출해 다시 자녀에게 돌려주거나

하는 행위는 전체 거래 자체를 부인당할 수 있기 때문에 특히 유의해야 한다.

마지막으로 해당 부동산의 적정 평가금액이 필요하다. 유사 자산의 실거래가액은 납세자가 판단하기 어렵고 부동산 시장에 따라 가격이 변하기 때문에 그 타이밍을 정확히 잡는 것 또한 쉽지 않다. 해당 자산의 가격을 명확하게 하고 싶다면 감정 평가를 진행하는 것도 하나의 방법이 된다. 감정 평가를 통해 가격을 감정받는다면 주변의 시세가 변동해도 해당 자산의 가격이 고정되어 명확한 기준점을 만들어 놓을 수 있다.

7장

택스 플랜 _ 상속

01

알아두면 유익한
상속 기본 상식

호랑이는 죽어서 가죽을 남기고 사람은 죽어서 재산을
남긴다고 한다. 가족의 사망은 걷잡을 수 없는 슬픔이지만 사망 이
후 처리해야 하는 상속과 관련해서 미리 알아둬야 당황하지 않고 마
무리를 잘할 수 있다.

상속에는 3가지가 있다. 자산과 부채를 모두 무제한으로 승인하
는 포괄상속, 상속인이 취득할 재산의 범위에서만 채무 변제를 약정
하는 조건부 상속인 한정승인, 그리고 피상속인의 자산과 부채를 모
두 포기하는 상속포기가 있다.

채무가 거의 없다면 포괄상속이 유리하지만 채무가 대부분이라면 상속포기를 선택하는 것이 좋다. 자산은 파악되는데 채무가 얼마인지 명확히 알기 힘들다면, 상속받는 자산의 범위 내에서만 채무를 상환하는 한정승인이 현명한 방법이 될 수 있다. 채무가 예상보다 적으면 채무를 제외한 자산은 상속받을 수 있기 때문이다(참고로, 상속포기를 하면 예상하지 못했던 자산까지도 전부 포기해야 한다).

1순위 상속인부터 파악한다

상속세에서 가장 선행되어야 하는 일은 1순위 상속인 파악이다. 상속인 순위는 민법에 명확하게 명시되어 있다. 1순위 상속인은 피상속인의 직계비속이다. 직계비속에 동순위 상속인들이 있다면 동순위 직계비속들은 모두 공동 1순위 상속인이 된다. 피상속인의 자녀가 먼저 사망해 피상속인의 손자 또는 손녀가 상속인이 된다면, 손자 또는 손녀 역시 직계비속으로 1순위 상속인에 해당할 수 있다.

그다음 순위로는 피상속인의 직계존속이다. 자녀가 없는 상태에서 피상속인이 사망했을 때 상속인은 피상속인의 부모가 되는 것이 일반적이다. 3순위는 피상속인의 형제자매가 되고, 마지막 4순위로는 피상속인의 4촌 이내 방계혈족이 된다. 보통 4순위 상속인까지가는 경우는 드물다.

배우자가 있다면 배우자의 상속순위는 1순위 상속인 직계비속과 동일 순위에 놓이게 되고, 1순위가 없는 경우 2순위 상속인인 직계존속과 동일 순위에 놓인다. 1순위와 2순위가 없다면 3순위인 형제자매와 동일선상에서 상속받는 것이 아니라 배우자 단독상속이 된다.

A에게는 자녀가 2명 있는데(B, C) 모두 결혼해 각각 자녀 1명씩(b, c) 두고 있었다. 그런데 A의 자녀 중 B가 먼저 사망해 1순위 상속인으로 자녀 C만 남았을 때 A 사망 시 상속인은 어떻게 될까?

배우자가 없다고 가정한다면, 1순위 상속인은 피상속인의 직계비속이다. 피상속인의 직계비속은 총 3명이다. A의 자녀 C, B의 자녀 b(A의 손자녀), C의 자녀 c(A의 손자녀)이다. 단, 동순위 상속인이 여러 명일 때는 촌수가 가장 가까운 사람이 상속인에 해당한다. 즉, C만이 1순위 상속인에 해당한다는 뜻이다.

이렇게 되면 B의 남은 가족들은 억울할 수 있다. 그래서 상속에는 대습상속제도가 존재한다. 상속인이 될 수 있는 직계비속이나 형제자매가 상속 개시 전에 사망하면, 먼저 사망한 원래 상속인의 직계비속이나 배우자가 원래 상속인을 대신해 상속인이 되게 하는 내용을 담고 있다. B가 먼저 사망하면서 B의 직계비속인 b와 배우자는 B의 대습상속인이 되어 B의 상속분을 받게 된다.

상속의 지분은 동일상속인들끼리는 남녀노소, 결혼 유무를 따지지 않고 동일하게 균등 분배한다. 동일 순위 상속인이 4명이라면, 법

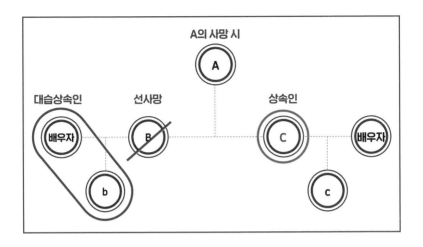

정 상속비율은 각각 1:1:1:1로 안분하도록 되어 있다. 여기서 배우자는 해당 지분에 50% 가산해서 적용한다. 상속인에 배우자와 직계비속 1인이 있다면, 배우자의 법정 상속지분 몫은 3/5이 되고 직계비속은 2/5가 된다.

만일의 상황에 대비해 유류분권리를 알아두자

상속재산은 반드시 법정 상속지분대로 분배되어야 하는 것은 아니다. 피상속인이 생전에 유언을 했다면, 유언이 우선적으로 적용된다. 드라마에서 나오는 것처럼 피상속인의 재산을 노리고 피상속인에게 접근한 사람이 유언으로 모든 재산을 상속받게 된다면 상속인들은 모든 재산을 다 날리게 되는 것일까? 꼭 그렇지는 않다. 상속에는 유류분제도를 마련해두고 있다.

유류분제도는 피상속인의 재산 처분행위로부터 유족의 생존권을 보호하고, 법정 상속분의 일정 비율에 해당하는 부분을 유류분으로 산정해 상속인의 재산권을 보호하게 해준다. 상속인의 상속재산 형성에 대한 기여와 상속재산에 대한 기대를 보장하는 법안이라고 볼 수 있다. 즉, 상속재산에 대한 선순위 상속인이라면 일정 금액까지는 법으로 보장해주는 제도를 말한다.

선순위 상속인이 직계비속이라면 유류분권리는 법정 상속지분의 1/2까지다. 피상속인의 배우자라도 유류분비율은 동일하다. 만약 상속인이 피상속인의 직계존속 또는 형제자매라면 법정 상속지분비율의 1/3이 유류분비율이 된다. 따라서 유언이 있다고 해도 유언이 상속인들의 유류분권리를 침해할 수 없도록 되어 있기 때문에 자신의 권리를 정확히 이해하고 찾을 수 있어야 한다.

상속세는 상속재산 전체에 대해 세금을 부과한다

증여세를 줄일 수 있는 방법 중 하나는 분산 증여다. 수증자가 받는 재산을 기준으로 증여세가 부과되기 때문에 각 수증자가 받는 재산의 크기가 줄어들면 증여세도 줄어든다.

상속세는 다르다. 상속세는 사망한 피상속인의 재산 전체에 대해 세금을 부과하는 구조다. 상속세는 유산 전체에 대해 세금을 부과한 다고 해서 '유산과세형'이라 하고, 증여세는 취득한 재산을 기준으로 세금을 부과한다고 해서 '유산취득형'이라고 부른다. 즉, 상속세는 몇 명의 상속인이 나눠 갖는지가 중요하지 않다. 피상속인의 상속재산이 얼마인지가 세금에 중요한 역할을 한다. 피상속인의 상속재산에 대해 상속세를 부과하고 해당 상속세를 상속인들이 나눠 내는 과정으로 진행된다.

상속세의 구조를 이해하면, 상속이 발생한 후 재산의 분배는 상속세에 영향을 미치지 못함을 이해할 수 있다. 상속재산을 배우자 외의 1순위 상속인들이 어떻게 나누느냐는 전체 상속세를 줄이는 역할을 하지 못한다(상속인 중 배우자가 포함되어 있다면 상속세가 달라질 수 있다). 따라서 상속재산의 분배보다는 전체 상속재산이 얼마인지가 상속세에서는 중요한 역할을 하고 그 최적의 상속재산을 만들기 위해 상속 플랜을 잘 설계해야 한다.

또한, 상속세는 상속재산 전체에 대해 세금이 부과되기 때문에 세금의 크기가 다른 세금에 비해 상당한 부담을 줄 수 있다. 상속세 납부까지 고려해야 상속재산을 지키면서 상속인들에게 피상속인의 재산을 온전히 이전할 수 있다.

02

상속세는 이것만 기억하자! 10억 원, 5억 원

예전에는 우스갯소리로 상속세 내는 사람하고는 친하게 지내야 한다는 말이 있었다. 주변에서 상속세를 낸다는 사람이 흔하지 않았던 시절이었다.

요즘은 부자가 아니어도 상속세에 관심을 가진다. 상속세가 더 이상 남의 이야기가 아니기 때문이다. 상속세는 이제 모든 사람이 납부해야 하는 세금이 된 것일까?

상속세는 상속을 원인으로 시작하는 세금이다. 즉, 피치 못한 사정으로 인해 재산이 이전되면서 발생하는 세금으로 예측이나 예상이 어려운 것이 현실이다. 그래서 상속세에서는 다른 세금과 달리 다양한 공제제도를 마련해두고 있다. 이 공제제도를 잘 활용한다면 상속세가 부과되지 않는 면세점도 찾아낼 수 있다.

상속세 면세점을 활용하자

재산을 이전받는 수증자 중심의 증여세와는 달리 상속세는 피상속인의 재산 전체에 대해 세금을 계산한다. 그래서 재산이 많을수록 세금을 많이 부담해야 한다. 대신 상속이라는 특수한 상황을 고려해 상속세를 계산할 때는 다양한 공제제도를 적용해주고 있다.

가장 기본적인 공제는 기초 공제다. 기초 공제는 피상속인이 거주자인지, 비거주자인지 여부를 따지지 않고 일괄적으로 적용해주는 상속 공제로 단일 금액인 2억 원이다. 상속이 발생하면 2억 원의 기초 공제는 누구나 받을 수 있다.

기초 공제를 적용하면 다음으로 인적 공제를 적용한다. 기초 공제를 제외한 상속 공제들은 피상속인이 거주자인 경우에만 적용되는 항목들이다. 인적 공제는 증여세에서 증여자와의 관계에 따라 수증자별로 적용해주는 증여재산 공제금액과 유사하다. 인적 공제에는 자녀 공제, 미성년자 공제, 연로자 공제, 장애인 공제 등 총 4가지의 공제가 포함되어 있다.

자녀 공제는 자녀 1명당 증여재산 공제금액과 동일한 5,000만 원을 적용해준다. 자녀가 2명이라면 1억 원의 공제를 적용받을 수 있다. 미성년자 공제의 경우에는 상속인 또는 동거가족 중 미성년자가 포함되어 있을 때 적용받을 수 있는 공제로 미성년자 1명당 1년에 1,000만 원씩 만 19세가 될 때까지 남은 기간을 곱해 계산한다. 예를 들어, 만 17세인 미성년자 자녀가 상속인이라면 자녀 공제 5,000만 원과 미성년자 공제 2,000만 원(1,000만 원×2년)을 합쳐 7,000만 원의 인적 공제를 받을 수 있다.

상속인 또는 동거가족 중에 연로자가 있거나 장애인이 있으면 추가 공제가 가능하다. 연로자의 경우 만 65세 이상인 사람을 기준으로 1명당 5,000만 원의 공제금액을 적용하고, 장애인의 경우 미성년자와 같은 방식으로 1년당 1,000만 원씩 기대여명의 연수를 곱해 산정한다.

피상속인의 상속세를 계산할 때 자녀가 2명이고 단순하게 자녀를 통한 인적 공제만 받는다고 가정하면, 기초 공제 2억 원을 포함해 3억 원이 된다. 사실 공제를 받을 수 있는 금액이 생각보다 크지 않다. 이렇다 보니, 상속세에서는 기초 공제와 기타 인적 공제를 전부 합쳐도 5억 원이 되지 않을 경우 일괄적으로 5억 원을 공제해주는 일괄 공제제도를 마련해두고 있다. 보통 상속에서는 일괄 공제를 택하는 것이 유리하다. 바꿔 말하면, 상속재산이 5억 원이 되지 않는다면 상속세는 발생하지 않는다고 할 수 있다.

배우자가 있다면 얘기는 달라진다. 피상속인의 상속인들 중 배우자가 포함되어 있다면 묻지도 따지지도 않고 일괄적으로 5억 원의 공제를 추가로 적용한다. 배우자가 실제로 상속재산을 분배받는지 여부는 중요하지 않다. 배우자가 상속재산을 전혀 배분받지 않는다고 해도 배우자 상속 공제의 최소금액인 5억 원은 공제 적용받을 수 있다. 따라서 피상속인이 사망 당시 법적인 배우자와 배우자 외 상속인이 있다면 배우자 상속 공제 5억 원과 일괄 공제 5억 원을 합쳐 10억 원까지는 상속세가 발생하지 않는다.

이러한 배우자 상속 공제를 통해 상속재산의 분배를 다시 생각해볼 수 있다. 예를 들어, 아버지, 어머니, 자녀 1명이 가족을 이루고 있다. 아버지가 사망하면서 상속재산 10억 원을 남겼다. 피상속인인 아버지를 기준으로 어머니와 상속인인 자녀가 있으므로 상속재산 총금액인 10억 원까지는 상속세가 발생하지 않는다. 이때 자녀가 상속재산을 받지 않고 어머니 앞으로 전부 이전한다면 (어머니 사망 후 발생할) 2차 상속을 생각해봐야 한다.

나중에 어머니가 사망하는 2차 상속이 발생하는 시점에는 어머니 기준으로 배우자가 존재하지 않는다. 배우자 상속 공제의 최저 금액인 5억 원의 공제를 받을 수 없음을 의미한다. 어머니가 상속받은 재산 10억 원을 한 푼도 쓰지 않았다고 한다면, 10억 원의 상속재산에서 일괄 공제 5억 원만이 차감되고 남은 5억 원에 대한 상속세 9,000만 원을 내야 한다. 자녀의 효심이 세금을 만들어냈다고도 볼 수 있다.

상황을 바꿔서, 아버지가 사망한 시점인 1차 상속에서 자녀가 어머니와 5억 원씩 동일하게 분배했다고 해도 상속세는 발생하지 않는다. 각자 한 푼도 쓰지 않았다고 가정하고, 어머니가 사망하는 2차 상속이 발생했을 때를 살펴보자.

어머니가 보유하고 있는 상속재산은 5억 원이기 때문에 자녀가 단독으로 상속받아도 일괄 공제가 적용되어 상속세는 한 푼도 없다. 만약 1차 상속에서 어머니가 한 푼도 받지 않고 자녀가 10억 원의 재산을 다 가져간다면 상속세는 어떻게 될까? 마찬가지로 납부해야 하는 세금은 없어 부모의 재산 전부를 자녀가 다 가져갈 수 있다. 따라서 피상속인의 배우자가 있다면 상속재산 10억 원까지, 배우자가 없다면 5억 원까지 상속세가 없기 때문에 세금이 없는 범위 내에서 상속재산을 효율적으로 분배할 수 있어야 한다.

금융 상속재산은 공제를 더 받을 수 있다

상속재산 공제에서 추가로 기억해야 하는 공제가 하나 더 있다. 금융재산 상속 공제다. 현금과 달리 금융재산의 경우 거래 내역 등 파악이 수월해서 금융재산이 상속재산에 포함되어 있다면 국세청은 추가 공제를 적용한다. 여기서 말하는 금융재산은 금융기관이 취급하는 예금, 적금, 부금, 출자금, 금전신탁, 보험금, 공제금, 주식, 채권 등으로 재산의 유무가 한눈에 파악될 수 있는 금융상품들이다.

이러한 금융재산들을 전부 합한 금액에서 금융채무를 제외한 순금융재산에 대해 20% 공제를 적용한다. 최소 공제금액은 2,000만 원이기 때문에 공제금액이 2,000만 원에 미달한다면 최소 공제금액이 적용되고, 10억 원의 20%인 2억 원을 초과할 경우 최대 공제금액은 한도 2억 원이 된다.

금융재산 상속 공제는 눈에 보이는 금융재산이어야 한다. 상속을 앞두고 금융계좌에 들어있는 돈을 찾아 금고에 보관하는 사람들도 있다. 이런 행동은 상속을 앞둔 상황에서 불필요한 행위다. 거래내역은 전부 조사를 통해 다 드러날 수 있어 세금도 추가로 납부해야 하는 부분도 있지만 금융계좌에 보유하고 있었다면 받을 수 있는 금융재산 상속 공제를 전혀 받을 수 없다. 금융계좌가 있다면 굳이 불필요한 행동을 하지 말고 금융계좌를 포함한 공제금액을 미리 파악해두고 있는 것이 현명하다.

금융재산 상속공제는 배우자 상속 공제와 일괄 공제에 추가로 적용되는 공제다. 상속재산이 전부 금융재산이라고 가정해보자. 상속인으로 배우자와 자녀 1명이 있을 때, 상속세를 한 푼도 내지 않아도 되는 상속재산의 금액은 12억 원이 된다. 상속인 중 피상속인의 배우자 없이 자녀 1명만 있을 때는 6억 2,500만 원이 나온다. 즉, 상속세의 면세점금액이 더 올라가는 결과를 만들어 준다.

보통 막연하게 '상속이 나을까? 증여가 나을까?'라고 고민하는 사람이 많다. 상속과 증여에서는 단순하게 어떤 것이 무조건 나은 방법이라고 설명할 수 없다. 다양한 상황에서 비교 검토를 해야만 올바른 계획을 세울 수 있다. 무엇보다 상속과 증여 중 어떤 방식을 선택하기 전에 상속재산의 면세점은 얼마일지 먼저 파악한 후 의사를 결정하는 것이 중요하다. 상속재산이 5억 원인데 증여가 유리하다고 판단해서 증여한다면 세금에서는 손해를 볼 수밖에 없다.

03

상속세 면세점을
정확히 파악하자

상속세를 계산할 때 피상속인의 배우자 유무는 세금에 커다란 영향을 미친다. 적게는 몇천만 원에서 많게는 몇억 원까지 피상속인의 배우자를 어떻게 활용하느냐에 따라 세금이 줄어들 수도, 늘어날 수도 있다.

상속세에서 배우자 상속 공제를 별도로 두고 있는 의의는 재산 형성 기여도에 있다. 피상속인과 함께 일궈온 재산이기 때문에 배우자가 세금 없이 온전히 가져갈 수 있게 하기 위함이다. 그래서 기본 취지는 배우자가 실제로 상속받는 재산에 대한 전액 공제를 지향한다. 단, 지나칠 정도의 고액 상속재산이 비과세로 이전된다면 또 다른 조세 불평등이 발생할 수 있다고 보고 최고한도를 정해놓고 있다.

배우자 상속 공제를 최대로 받아야 세금이 줄어든다

O의 배우자는 40억 원짜리 부동산을 보유하고 있었는데 최근에 사망했다. 이후 40억 원짜리 부동산이 O에게 상속됐다. O 부부에게는 자녀가 없고 상속받을 직계존속도 없어 O가 배우자 자격으로 단독상속인이 됐다. O가 배우자 상속 공제로 받을 수 있는 금액은 얼마일까?

배우자 상속 공제는 피상속인의 배우자가 실제로 받는 재산을 기준으로 한다. 실제로 상속받는 재산에 대해서는 전부 세금을 부과하지 않겠다는 취지가 크다. 하지만 고액의 재산이 이전되면서 납세 부담이 없으면 또 하나의 불평등이 될 수 있다. 이 점을 해소하고자 상한선을 정하고 있는데 그 금액이 30억 원이다.

O가 받는 상속재산의 금액은 부동산 40억 원이다. 100% 전부 다 상속받기 때문에 실제로 상속받는 금액을 기준으로 배우자 상속 공제를 적용받을 수 있지만, 최대 공제금액 한도 30억 원을 넘을 수 없다. 여기에 기초 공제 2억 원을 합하면 최대로 공제받을 수 있는 금액은 32억 원이다. 만약 O의 배우자가 보유하고 있던 부동산의

상속 평가금액이 40억 원이 아닌 32억 원이었다면, 상속세를 전혀 납부하지 않을 수 있었다.

만약 피상속인의 상속재산 40억 원이 부동산이 아닌 금융재산이었다면 공제금액은 달라질 수 있을까? 달라질 수 있다. 금융재산에 대해서는 금융재산 상속 공제가 별도로 적용된다. 금융재산에 20%를 공제금액으로 적용해주는데 그 한도는 2억 원이다. 상속재산 40억 원이 전부 금융재산이라면 O는 배우자 상속 공제 30억 원과 금융재산 상속 공제 2억 원을 합해 32억 원의 공제를 적용받을 수 있다. 여기에 기초 공제 2억 원도 적용되니, 피상속인의 재산이 전부 금융재산이고 배우자가 단독으로 상속을 받는다면 상속재산 34억 원까지는 세금이 발생하지 않는다고 할 수 있다. 상속이 임박한 시점이라면 금융재산 등의 상속재산을 은닉하려 하지 말고 최적의 면세점을 찾아내야 한다.

배우자 외 다른 상속인이 있다면 공제금액은 달라질 수 있다. 예를 들어보자. 상속인으로 배우자 P와 피상속인의 자녀가 있다. 상속인이 총 2명이라면 배우자 상속 공제금액은 달라진다. 배우자 상속 공제금액의 최소 금액은 5억 원이다. 배우자가 상속재산을 전혀 배분받지 않더라도 최소 공제금액 5억 원은 적용받을 수 있다. 그리고 배우자 외 상속인이 존재하기 때문에 일괄 공제 5억 원까지 받으므로 최소 적용받을 수 있는 공제금액은 10억 원이 된다.

그렇다면 최대 공제금액은 얼마일까? 배우자 상속 공제의 한도금액은 최대 30억 원 기준인데 배우자의 법정 상속분을 넘을 수는 없다. 배우자 P와 자녀의 법정 상속지분율은 1.5대 1이다. 전체 상속재산의 3/5은 P의 몫이고 나머지 2/5는 자녀의 몫이라는 뜻이다. 상속재산이 40억 원이라고 하자. 법정 상속지분의 비율대로 분할한다면 P가 받아야 하는 상속재산은 24억 원이다. 자녀의 몫은 나머지 16억 원이 된다. 이때 배우자 상속 공제는 30억 원이 아닌 24억 원까지만 적용된다.

상속재산이 모두 금융재산인 경우

상속인	면세점	계산
배우자+자녀	12억 원	배우자 공제 5억 원+일괄 공제 5억 원+금융재산 상속 공제 2억 원
배우자 단독	34억 원	배우자 공제 30억 원(한도)+기초 공제 2억 원+금융재산 상속 공제 2억 원
자녀 단독	6억 2,500만 원	일괄 공제 5억 원+금융재산 상속 공제 1억 2,500만 원

상속재산 중 금융재산이 없는 경우

상속인	면세점	계산
배우자+자녀	10억 원	배우자 공제 5억 원+일괄 공제 5억 원
배우자 단독	32억 원	배우자 공제 30억 원(한도)+기초 공제 2억 원
자녀 단독	5억 원	일괄 공제 5억 원

다시 정리해보면, 배우자가 실제로 상속받는 금액까지는 배우자 상속 공제를 적용받을 수 있다. 그런데 배우자 상속 공제에는 한도가 존재한다. 한도는 전체 상속재산에 대한 배우자의 법정 상속분까지다. 상속재산이 상당한 고액이라면 배우자의 법정 상속분 역시 상당한 고액이 될 수도 있다. 그래서 마지막 상한선으로 30억 원의 기준을 두고 있다.

앞의 사례에서 피상속인의 상속재산이 60억 원이라면 배우자의 법정 상속분은 36억 원이 된다. 이때 적용되는 배우자 상속 공제금액은 법정 상속분 36억 원이 아닌, 30억 원이 됨을 기억하자.

상속재산 분할등기를 반드시 하자

상속세도 신고기한이 존재한다. 상속이라는 특수한 경우를 감안해 신고기한은 다른 세금에 비해 더 길다. 상속세 신고기한은 상속이 발생한 날인 상속 개시일이 있는 달의 마지막 날로부터 6개월까지다. 이 기간까지 상속재산 중 부동산이 있다면 등기접수를 하고 취득세를 납부해야 한다. 간혹 상속이 발생했음에도 불구하고 취득세를 납부하고 싶지 않다는 이유로 부동산 등기를 하지 않는 사람들이 있다. 불필요한 행위다. 나중에 부동산을 매도할 때 미등기 전매가 이뤄져야 하는데 현실적으로 어렵기 때문이다.

이것보다 더 중요한 이유가 있다. 배우자 상속 공제를 적용받기 위해서는 반드시 분할등기가 이뤄져야만 하기 때문이다. 이 분할등기는 정해진 기간 안에 완료되어야 하는데 그 기간이 상속세 신고기한으로부터 9개월이 되는 날까지다. 즉, 상속 개시일이 속하는 달의 마지막 날로부터 15개월이 되는 날까지가 해당한다. 사실상 기간이 짧다고 볼 수는 없다. 그런데도 상속재산 분할등기를 진행하지 않는다면 배우자 상속 공제를 적용받을 수 없다.

만약 등기, 등록, 명의개서가 필요한 재산을 배우자 명의로 등기 등을 하지 않는다면, 편법으로 상속세 신고 시 배우자 상속 공제를 전부 적용받고 상속세 납부 이후 상속재산을 다시 배우자 외의 상속인들로 변경할 수도 있다. 예를 들어, 배우자 상속 공제로 상속세를 최대로 줄인 후 상속재산을 자녀들에게 전부 분배한다면 자녀들은 고액의 상속재산을 최저의 상속세로 가져올 수 있어 불합리함이 발생한다.

이런 탈세 방지를 위해 국세청은 등기 등이 필요한 자산의 명의를 확인한다. 배우자가 실제로 협의 분배받았는지 확인이 되어야 배우자 상속 공제를 정상적으로 적용하겠다는 의미다. 소송 등이 있어 협의 분배가 어려운 경우에는 기한 연장을 신청할 수는 있지만 단순한 분쟁 등은 해당하지 않기 때문에 기간을 지나치는 일은 없도록 해야 한다.

04

상속받은 부동산,
양도세 내지 말자

어머니의 사망으로 시골의 작은 토지를 상속받은 Q는 고민이 많다. 거래가 거의 없는 지역이라서 공시 가격으로 평가해보니 4억 원 정도가 나왔다. 다른 상속재산이 특별히 없어서 일괄 공제 5억 원을 적용하면 상속세가 발생하지 않는다.

그런데 10억 원에 토지를 매입하겠다는 매수자가 나타났다. Q는 시골 토지를 언젠가는 매도할 계획이었지만 상속이 개시된 지 얼마 지나지 않아 상속세를 더 많이 낼까 고민이다.

Q의 고민은 합리적인 고민이다. 상속재산의 평가방법을 정확히

이해하고 있기 때문이다. 상속재산 중 부동산의 평가방법은 순서대로 진행이 된다. 해당 부동산이 실제 거래됐다면 그 거래 가격을 우선으로 평가한다. 거래된 가격이 없다면, 감정평가액이나 유사한 부동산의 매매 가격을 기준으로 평가한다. 이 금액마저도 없다면 세법에서 정하고 있는 보충적 평가방법을 통해 기준시가로 평가한다. 이 기준시가가 흔히 알고 있는 공시 가격이라고 할 수 있다.

보통 시골에 있는 작은 토지는 거래가 잘 발생하지 않아 유사한 토지의 거래 가격을 찾기가 어렵다. 거래가 발생해도 종합적으로 고려했을 때 거래가 발생한 토지와 유사한 토지라고 단정 짓기가 어렵다. 따라서 해당 토지가 직접 거래되지 않았다면 일반적으로는 공시 가격으로 평가가 진행된다.

Q의 경우 공시 가격으로 평가하면 상속받는 토지의 가격은 4억 원이다. 일괄 공제 5억 원의 범위 내 금액이기 때문에 토지 외 상속받는 재산이 없는 Q에게는 상속세가 발생하지 않는다. 하지만 매수자에게 토지를 10억 원에 팔면 상속받는 부동산의 평가금액은 4억 원이 아닌 10억 원이 된다. 해당 부동산의 매매 가격이 존재하기 때문에 공시 가격으로 평가할 수가 없다. 따라서 10억 원으로 매매 거래를 하면 상속재산이 10억 원으로 평가되어 일괄 공제를 제외한 금액에 대해서는 상속세를 납부해야 한다.

그렇다면 Q는 시골 토지를 10억 원에 매도할 기회를 포기해야 할까? 여러 측면에서 고려해야 하겠지만 세금 부담을 기준으로 판단한다면, Q는 매수자의 제안대로 10억 원에 토지를 매도하는 것이 유리하다. 10억 원에 토지를 팔면 실제 거래금액인 10억 원이 상속 부동산의 평가가액이 된다. 이때 상속세는 9,000만 원이 나온다. 즉, 실제 거래가 발생했고 상속세까지 납부했으므로 Q가 상속받은 시골 토지는 10억 원짜리로 인정받을 수 있다. 그리고 10억 원에 취득했다고도 할 수 있다.

그럼 Q가 10억 원에 팔고 납부해야 하는 양도세는 얼마일까? 정답은 '0원'이다. 10억 원에 매도한 토지의 취득가액이 10억 원이 되기 때문에 양도차익이 발생하지 않는다. 상속세로 약 9,000만 원을 납부하는 대신, 양도세를 한 푼도 납부하지 않게 되는 것이다.

Q가 10억 원에 토지를 팔 기회를 뒤로 하고 상속을 받으면 세금이 어떻게 달라질까? 상속 부동산의 적정한 평가금액이 존재하지 않기 때문에 공시 가격으로 평가해야 한다. 따라서 상속 부동산의 평가금액은 공시 가격을 기준으로 4억 원이 된다. 일괄 공제 5억 원의 범위 내 금액이기 때문에 상속세는 없다. Q가 상속받은 토지의 취득가액 역시 공시 가격 기준인 4억 원이 된다.

2년 뒤, 동일한 가격을 제안한 매수자가 나타나 10억 원에 토지를 매도한다면 양도세는 얼마를 내야 할까? 양도가액은 10억 원, 취득가액은 4억 원이므로 양도차익은 6억 원이고, 납부해야 하는 양도세는 약 2억 4,000만 원이 나온다. 비록 상속세는 납부하지 않았지만 2년 뒤 납부해야 하는 양도세가 약 2억 4,000만 원이나 된 것이다. 동일한 가격에 팔았는데도 불구하고 세금을 2배 이상 더 납부해야 하는 상황이 된다.

따라서 상속받는 부동산은 상속 이후 처리방안까지 고려해야 한다. 상속재산이 공시 가격으로 평가된다면 실제 거래되는 부동산 시세와 차이가 크기 때문에 납부해야 하는 양도세가 상당할 수 있다. 배우자 상속 공제가 가능하다면 최소 10억 원까지는 공제를 받을 수 있으므로 상속 부동산의 매도 결정이 더 수월해진다.

상속받는 부동산의 평가방법을 선택하는 것은 Q의 경우처럼 거래가 거의 발생하지 않는 토지에 한해서 적용 가능하다. 거래의 빈도수가 높고 시세 형성이 잘 되어 있는 아파트나 빌라와 같은 공동주택은 공시 가격과 고민할 수 있는 상황이 아니다. 상속받는 공동주택을 바로 매각하지 않더라도 주변의 유사 자산의 실거래 가격 등이 잘 형성되어 있기 때문에 실제 매각할 때 받을 수 있는 거래금액과 큰 차이가 발생하지 않는다.

상속주택을 바로 매각할 계획이라면 매각을 서둘러 체결해 가격을 고정하는 방법이 좋은 해결책이 될 수 있다. 유사 자산의 실거래 가격으로 평가해도 실제 매도 가격과 차이는 발생할 수 있다. 가장 좋은 방법은 양도가액과 취득가액을 일치시켜 양도차익을 0으로 만드는 것이다.

그렇다면 언제까지 매각해야 상속재산의 평가금액으로 인정받을 수 있을까? 세법에서는 그 기간을 법으로 정해놓고 있다. 상속재산의 평가금액은 상속 개시일 기준으로 일정 기간 범위 내에서 평가된 금액이어야 한다. 상속 개시일 기준으로 전 6개월, 후 6개월의 범위에서 평가된 금액을 인정한다. 상속 개시일 전후 6개월 이내 실제 매각 거래가 발생했어야만 상속재산 평가금액으로 인정받을 수 있다는 뜻이다.

바로 매각하려는데 상속 개시일로부터 6개월 이내 매각이 잘 성사되지 않을 수도 있다. 이때는 국세청 평가심의위원회에 평가심의를 신청하는 방법이 있다. 평가심의위원회는 상속재산의 평가기간 범위 밖이라고 해도 적정한 금액이라고 인정할 수 있다면 해당 금액을 정당한 금액으로 간주한다. 단, 평가기간 범위 밖이라고 해도 기한은 정해져 있다. 상속 개시일을 기준으로, 전으로는 2년의 기간을 지정하고 있고, 후로는 상속세 신고기한으로부터 9개월이 되는 날까지로 하고 있다. 상속 개시일로부터 6개월 안에 매각이 성사되지 않았다고 해도 상속세 신고기한으로부터 9개월이 되는 날까지 부동산 거래가 성사됐다면 평가심의위원회를 통해 상속 부동산의 평가금액을 정정할 수 있다.

납세자에게만 적용되는 규정이 아니라는 점을 주의한다. 이 규정은 국세청도 자체적으로 평가금액을 해당 기간 내에 선정할 수 있음을 의미한다. 상속재산을 공시 가격으로 평가해 상속세를 적게 내고 상속세 신고기한으로부터 9개월 내에 실제 매매 거래를 체결했을 수도 있다. 이때는 국세청이 자체적으로 평가심의위원회를 거쳐 해당 상속 부동산의 평가금액을 실거래 가격으로 결정할 수 있다.

따라서 상속재산의 평가방법을 공시 가격으로 진행한 후 재평가 받지 않기 위해서는 최소한 상속세 신고기한으로부터 9개월은 지나고 난 뒤에 매매 계약을 체결해야 한다.

05

주택 상속,
세금 한 푼 없이 물려받을 수 있다

결혼하지 않은 R은 부모를 모시고 계속해서 동일세대를 구성하며 살고 있다. 최근 아버지의 사망으로 걱정이 생겼다. 아버지가 보유하고 있던 재산은 거주하고 있는 아파트 1채가 전부다. R과 어머니는 아버지의 사망 이후에도 현재 거주하고 있는 아파트에서 살아야 하는데 상속세를 내려면 아파트를 팔아야만 하기 때문이다.

현재 아파트는 시가 20억 원이고 주택 담보 대출이 4억 원 포함되어 있다. 아파트를 팔지 않고도 상속세를 합리적으로 납부할 수 있는 방법이 있을까?

방법은 존재한다. (1차 상속을 통해) 아파트를 전부 상속받은 어머니가 배우자 상속 공제를 적용받으면 상속세를 납부하지 않을 수 있다. 일괄 공제 5억 원과 배우자 상속 공제 법정 한도금액인 12억 원(20억 원×3/5), 그리고 채무금액 4억 원까지 차감하면 전체 공제금액은 21억 원이 되기 때문에 상속 재산가액 20억 원을 넘어 상속세가 발생하지 않는다. 하지만 어머니의 나이까지 고려해 2차 상속까지 생각한다면 좋은 방법이 될 수는 없다. 2차 상속 때는 일괄 공제 5억 원만 가능하기 때문이다. 따라서 아버지의 아파트는 직계비속인 R이 상속받는 것이 좋다. 이때 사용할 수 있는 방법이 동거주택 상속 공제다.

동거주택 상속 공제는 상속받을 주택의 전체 금액에서 채무금액을 차감한 순수 주택금액에 100% 공제를 적용하는 것을 말한다. 단, 한도를 6억 원으로 지정하고 있다.

앞의 사례에서 동거주택 상속 공제를 적용해 직계비속인 R이 아파트를 전부 상속받는다면 상속세를 납부하지 않을 수 있다. 5억 원의 일괄 공제, 배우자가 상속받지 않더라도 적용받을 수 있는 배우자 상속 공제금액의 최소 금액인 5억 원을 합하면 10억 원이 된다. 그리고 시가 20억 원에서 주택 담보 대출금액 4억 원을 차감한 16억 원의 100%와 한도 6억 원을 비교해 더 적은 금액인 6억 원의 공제를 적용받는다면, 공제받을 수 있는 금액은 총 16억 원이 된다. 피상속인의 순수한 상속 재산은 아파트 시가 20억 원에서 대출금액 4억 원을 차감한 16억 원이 되기 때문에 상속세가 발생하지 않는다.

동거주택 상속 공제의 요건을 정확히 파악하자

동거주택 상속 공제는 일괄 공제 외 추가로 적용되기 때문에 조건이 까다롭다. 조건을 정확히 충족했는지 먼저 파악한 다음에 동거주택 상속 공제가 적용되는지 여부를 판단할 수 있다.

첫째, 상속주택을 피상속인의 직계비속이 상속받아야만 한다. 앞의 사례에서 직계비속 R이 아닌 피상속인의 배우자가 주택을 상속받으면 동거주택 상속 공제의 요건을 충족하지 못한다. 단, 직계비속이 아니더라도 상속인인 직계비속이 먼저 사망해 직계비속의 배우자가 대습상속을 받는 경우에는 가능하다.

둘째, 피상속인과 주택을 상속받을 상속인이 상속 개시일로부터 소급해서 10년 이상 계속 동거해야 한다. 동거주택 상속 공제의 조건 중 가장 까다로우면서도 가장 중요한 조건이라고 볼 수 있다. 우선 상속 개시일로부터 소급해서 10년 이상의 동거기간이 필요하다. 이 10년 이상의 동거기간은 연속적인 기간을 의미한다. 피상속인과의 동거기간을 전체 통합해서 10년 이상을 판단하지 않고 계속적인 동거기간을 의미하기 때문에 동거주택 상속 공제의 조건 중에서 가장 충족하기 어려운 부분이다. 이 10년 이상의 기간에는 미성년자의 기간이 포함되지 않는다. 징집이나 질병 요양 등의 사유로 동거하지 못한 기간은 계속 동거로 보기는 하지만 동거기간에 산입해 주지는 않는다.

2023년 3월 1일에 상속이 개시됐는데 R은 2015년 1월 1일부터 2017년 1월 1일까지 2년간 군대에 다녀왔다고 가정해보자. 동거를 시작한 시점이 2013년 3월 1일이라면 상속 개시일로부터 소급해 계속 동거한 것으로 인정받을 수는 있지만 군대에 다녀온 2년의 기간은 동거기간에 포함되지 않기 때문에 10년의 조건을 충족하지 못했다고 할 수 있다. 만약 2011년 3월 1일부터 동거를 시작했다면 군대 2년의 기간을 제외해도 상속 개시일로부터 소급해 10년 이상 계속 동거한 것으로 인정받을 수 있다.

동거기간의 기산에서는 성년이 된 이후부터의 기간만을 따지며 주민등록등본에 등재되어 있는 것과 상관없이 한집에서 실제 같이 살았던 기간을 말한다. 즉, 주민등록상 동일세대로 등재하는 것은 중요하지 않다는 말이다. 반대로 주민등록상 동일세대로 등재되어 있지 않더라도 실제 동일세대로 거주하며 생활했다면 입증을 통해 동거기간을 증명할 수 있다. 이때는 자기 명의의 공과금 납부내역, 인근 주소지 진료내역, 교통카드 내역, 신용카드 사용내역, 택배 수령내역 및 주차확인증 등의 자료를 갖고 적극적으로 입증해야 한다.

셋째, 1세대 1주택을 유지하며 하나의 주택에서 동거해야 한다.

동거기간 중 1세대 1주택이 아닌 기간이 있다면, 하나의 주택에서 동거해야 한다는 조건을 충족하지 못하기 때문에 동거주택 상속 공제를 적용받을 수 없다.

'하나의 주택에서 동거해야 한다'라고 해서 동일한 주택에서 계속 동거해야 하는 것은 아니다. 피상속인과 동거하는 상속인이 계속 1세대 1주택을 유지하며 이사를 다녀도 무방하다. 무주택인 기간은 1세대 1주택의 기간으로 인정해준다. 또, 일시적 2주택의 기간이 잠시 있다고 해도 신규 주택을 취득하고 2년 이내에 종전 주택을 매도했다면 1세대 1주택을 유지한 것으로 볼 수 있다. 단, 양도세에서 규정하는 일시적 2주택 비과세 유효기간인 3년이 아니라 2년임에 유의해야 한다.

넷째, 상속 개시일 현재 피상속인과 주택을 상속받을 상속인이 동거하고 있어야 한다. 그렇다고 동거주택 상속 공제를 적용받을 주택에서 반드시 동거해야 하는 것은 아니다. 하나의 주택에서 계속 10년 이상 동거했고, 상속 개시일 현재 피상속인과 상속인이 동거하며 1세대를 구성하고 있는 상황에서 상속주택이 아닌 주택에서 임차해 동거하고 있어도 동거주택 상속 공제는 적용이 가능하다.

마지막으로 주택을 상속받는 상속인은 무주택자여야 한다. 주택이 없는 상속인에게 주거권을 보호하기 위해 만들어진 규정이기 때문에 주택을 1채라도 소유하고 있는 상속인이라면 동거주택 상속 공제를 받을 수 없다. 만약 상속받을 주택을 피상속인과 상속인이 공동으로 소유하고 있다면, 상속인은 1주택자에 해당하지만 동거주택 상속 공제는 적용받을 수 있다.

동거주택 상속 공제의 조건은 다른 공제에 비해 다소 까다롭지만 최대 6억 원까지 추가적인 공제를 받는 방법이므로 조건에 해당하는지 우선적으로 파악해야 한다. 특히 미혼인 자녀가 있다면 추후 발생할 상속에 미리 대비해 1세대 1주택으로 동거기간을 만드는 것도 하나의 방안이 될 수 있다.

06

상속주택
양도세 비과세 가이드

상속이 발생하면 상속으로 인한 슬픔과는 별개로 현실적인 문제가 뒤따라 온다. 상속재산의 분할이다. 상속재산을 어떻게 나누느냐에 따라 상속세가 달라질 수 있고, 향후 상속인들의 세금에도 영향을 줄 수 있다. 그중 가장 대표적인 상속재산이 바로 피상속인이 소유하고 있던 (상속)주택이다.

피상속인의 주택은 상속 개시일로부터 상속인들에게 소유권이 이전된다. 주택이다 보니 상속인들의 주택 수에 영향을 미칠 수 있어 상속재산의 협의 분할이 굉장히 중요한 이슈가 된다.

상속주택은 주택 수에 포함하지 않는다

상속주택도 주택이다. 주택 수를 계산할 때 포함될 수 있다는 말이다. 하지만 상속주택은 자신의 의지로 취득하는 주택이라고 하기보다는 불가피한 상황에서 피치 못하게 취득해야 하는 주택으로 보는 것이 더 맞다. 그렇다 보니 세법에서도 상속주택에는 특별한 혜택을 주고 있다.

우선, 세법이 주고 있는 상속주택의 혜택부터 알고 있어야 한다. 1주택을 소유하고 있는 상속인이 상속으로 인해 주택을 취득하는 경우 2주택자가 되어도 이미 소유하고 있는 1주택을 매도할 때는 1세대 1주택 비과세 혜택을 받을 수 있다. 부득이하게 2주택이 되는 경우에 특례 혜택을 주는 규정과 같다고 볼 수 있는데 중요한 포인트는 상속으로 인해 2주택자가 될 때는 기간의 제한이 없다는 것이다. 1주택을 보유하다가 상속으로 인해 1주택을 취득하게 되었고 20년 뒤에 기존에 보유하고 있는 1주택을 매도해도 그 1주택에 대해서는 1세대 1주택 비과세 혜택을 받을 수 있다.

단, 본인이 소유하고 있는 주택을 매도할 때에만 해당한다. 상속받은 주택을 매도하는 경우에는 1세대 1주택 비과세 혜택이 주어지지 않는다. 보통 내가 거주하는 집은 거주의 이유가 크므로 상속으로 인해 불가피하게 2주택자가 되어도 기존에 보유하고 있는 주택 수에 영향을 주지 않기 위해서다. 그러므로 상속받은 주택은 비과세대상이 아님을 알고 있어야 한다.

또, 1주택을 보유하고 있을 때 상속으로 주택을 취득해야 한다. 상속으로 인한 주택을 먼저 취득하고 내가 실거주하려는 주택을 취득했다면 실거주한 주택 매도 시 1세대 1주택 비과세 혜택을 받을 수가 없다. 따라서 이런 경우에는 상속주택에서 직접 거주하거나 상속주택의 비과세 조건을 충족시킨 후 매도하고 새로운 주택을 취득해야 불필요한 세금을 납부하는 일이 없어진다.

2013년 이전까지는 상속주택을 먼저 취득해도 1세대 1주택 비과세 혜택이 가능했었다. 하지만 취득 순서에 상관없이 상속주택이 아닌 일반주택을 반복적으로 매수 및 매도를 하다 보니 상속주택을 보유하고 있지 않은 사람과의 불합리가 생겼다. 2013년 이후부터는 1주택을 보유하고 있는 상황에서 상속주택을 취득했을 때만 적용해주는 규정으로 개정됐다. 2013년 2월 15일 이후부터 상속주택을 먼저 취득하고 이후 일반주택을 취득 및 매도하는 경우에는 상속주택 비과세 특례를 적용받을 수 없다. 바꿔 말하면, 2013년 법이 개정되기 전에 상속으로 주택을 먼저 취득하고 나서 일반주택을 취득했다면 이 경우에는 일반주택을 매도해도 1세대 1주택 비과세 혜택을 받을 수 있다는 것이다.

상속받은 주택이 농어촌 상속주택에 해당한다면 얘기는 달라진다. 여기서 말하는 농어촌 상속주택은 피상속인이 취득한 후 5년 이상 거주한 주택으로 수도권 밖의 지역 중 읍·면 지역에 소재하는 주택을 의미한다. 농어촌 상속주택에 해당하면 상속인이 상속받기 전에 주택을 보유하고 있는지는 관계가 없다. 1세대 1주택을 판단할 때 농어촌 상속주택은 주택 수에 포함하지 않기 때문이다. 따라서 농어촌 상속주택을 계속 보유하고 있으면서 주택을 반복적으로 매수 및 매도를 해도 그 일반주택이 1세대 1주택 비과세 조건을 충족한다면 계속 비과세받는 데 문제가 없다.

상속인이 여러 명이면 협의 분할을 진행하자

상속재산을 반드시 법정 상속지분의 비율대로 나누지 않아도 된다. 상속재산에 대한 법정 상속지분의 비율은 동일 순위 상의 상속인들에게 1/N의 지분을 보장하고, 피상속인의 배우자에게는 해당 지분에 50%를 가산해 적용하는 것이다. 따라서 아버지가 사망하고 상속인으로 어머니와 아들, 딸이 있다면 어머니의 지분은 3/7이고 아들과 딸의 지분은 각각 2/7가 된다. 하지만 상속인들 간의 협의(유언 등이 없다고 가정)에 따라 상속인 중 1인이 상속재산을 다 가져갈 수도 있고 서로 다른 지분비율로 나눠 가질 수도 있다.

상속주택을 취득할 때 이 협의 분할은 중요하다. 상속주택을 여러 명의 상속인이 공동으로 취득한다면 해당 상속주택은 상속인 중 1인의 주택 수에만 포함될 수 있기 때문이다. 이때 상속주택을 소유하고 있는 1인의 판단은 최우선으로 지분율을 기준으로 한다. 상속인들 중 동일한 지분율을 소유하고 있는 사람이 2인 이상이라면 해당 상속주택에 거주하는 사람, 그리고 거주하는 사람이 없다면 최연장자 순으로 주택의 소유 여부를 판단한다.

이렇게 협의 분할을 통해 상속주택의 소유자를 판단했다면, 나머지 상속인들은 상속주택의 소수지분자가 된다. 소수지분자란, 해당 상속주택의 실질적인 소유자가 아니라는 말과 같다. 소수지분자에 해당하면 주택을 소유하고 있는 것으로 판단하지 않아 주택 수 계산 시 유리하게 적용될 수 있다.

상속주택의 소수지분자는 1세대 1주택 비과세 여부를 판단할 때 상속주택 자체를 소유하고 있지 않다고 본다. 상속주택 비과세 특례와 차이가 없다고 볼 수 있지만 상속 개시일 당시 주택 소유 여부에 있어서는 차이가 분명히 존재한다.

상속주택 비과세 특례는 상속 개시일 당시 상속인이 자기 소유의 주택을 1채 보유하고 있어야 적용받을 수 있는 규정이다. 하지만 상속주택의 소수지분자에 해당한다면 상속 개시일 당시 주택을 소유하고 있지 않아도 상관이 없다. 나중에 자기 소유 주택을 취득한 후 매도하면서 비과세를 판단할 때 주택 수에 포함되지 않기 때문이다.

아쉽게도 모든 상속주택이 해당하지는 않는다. 세법에서 정의하는 상속주택이란, 피상속인이 상속 개시일 당시 보유한 주택 중 1채만을 의미한다. 피상속인이 주택을 2채 이상 보유하고 있었다면 그 중 1채만이 상속주택에 해당하고 그 상속주택을 기준으로 상속주택 비과세와 상속주택 소수지분을 판단한다. 피상속인이 상속 개시일 당시 2채 이상의 주택을 소유하고 있었다면 최우선 순위가 되는 상속주택의 판단은 소유기간을 기준으로 한다. 소유기간이 가장 긴 주택이 상속주택에 해당하는 주택이 된다. 만약 소유기간이 동일하다면 피상속인의 거주기간이 가장 긴 1주택을 상속주택으로 한다. 흔하지 않은 경우이지만, 소유기간과 거주기간이 모두 같으면 상속 개시 당시 거주한 주택을 기준으로 하고, 거주하지 않았다면 상속 개시 당시 기준시가가 가장 높은 주택을 상속주택으로 판단한다. 따라서 최우선 상속주택에 해당해야만 상속주택 비과세 특례와 상속주택 소수지분자 혜택이 주어지는 것이고, 이 외 주택에 대해서는 아무런 혜택이 주어지지 않는다.

앞의 사례에서 아버지가 2채의 주택을 소유하고 있었다면 가장 우선 상속주택에 해당하는 주택을 판단해야 한다. 그리고 그 상속주택을 상속인들 중 누가 가져갈지 협의할 수 있어야 한다.

아들은 자기 소유의 주택을 1채 소유하고 있고, 딸은 무주택자라고 해보자. 상속주택의 최대 지분은 아들이 가져가는 것이 좋다. 딸은 상속주택의 소수지분만을 가져가도록 한다. 이렇게 되면 아들은 상속주택 비과세 특례를 받아 자기 소유의 주택을 매도할 때 주택 수에 영향을 받지 않게 되고, 딸은 추후 자신의 주택을 취득해 1세대

1주택 비과세 혜택을 받을 때 상속주택 소수지분자로 영향을 받지 않을 수 있다. 그리고 상속주택에 해당하지 않는 피상속인의 다른 주택은 어머니가 취득한 후 비과세 요건을 채워 매도하면 해당하는 주택의 양도세도 비과세 혜택을 받을 수 있어 세금 측면에서 유리한 결정이 된다.

07

피상속인의 금융 거래내역 10년 치는 숨길 수 없다

상속이 임박하면 상속인들은 분주하다. 그동안 무심했던 상속세에 직면하기 때문이다. 그래서 주변 지인들로부터 여러 이야기를 듣기도 하고, 아는 세무사를 찾기도 한다.

당연한 상황이기도 하다. 상속세를 조금이라도 덜 내는 방법이 있다면 누구라도 그렇게 할 수밖에 없다. 여기서 주의해야 하는 부분이 있다. 상속재산을 건드리려는 시도다.

많은 상속인이 피상속인의 계좌에서 조금씩 인출하면 상속재산을 줄일 수 있다는 소리를 듣거나 생각을 하게 된다. 과연 그럴까?

그렇다고 해도 피상속인의 많은 재산을 언제까지 조금씩 인출하고 있을 수 있을까? 또한, 국세청을 너무 우습게 생각하는 이야기다. 상속이 발생하면 국세청이 가장 우선 하는 일이 피상속인의 금융계좌 거래내역 검토다. 국세청은 납세자가 생각하는 변칙을 무수히 많이 겪어왔기 때문에 모든 부분에서 준비가 되어 있다고 생각해야 한다.

상속이 발생하기 전 어느 순간부터 피상속인의 계좌에서 현금을 계속 인출하면 상속 개시일 당시에는 피상속인의 상속재산이 줄어든다. 당연히 상속재산이 줄어든 만큼 상속세가 줄어든다. 이런 상황을 예방하기 위해 상속세에서는 추정상속재산을 명시해두고 있다.

추정상속재산이란, 피상속인이 재산을 처분해 받은 금액이나 피상속인의 계좌에서 인출한 금액 중 용도를 입증하지 못한 금액은 상속재산에 포함해 과세하는 재산을 의미한다. 물론 아무런 기준 없이 적용하지는 않는다.

추정상속재산의 기준은 1년 이내와 2년 이내의 기준으로 나누고 있다. 재산 종류별로 상속 개시일 전 1년 이내 2억 원 이상, 2년 이내 5억 원 이상의 금액 중 용도를 입증하지 못하는 금액은 피상속인의 상속재산에 포함해 상속세를 과세한다. 따라서 기준금액 이상이라면 상속인은 객관적으로 증명할 수 있는 자료를 갖고 사용처를 소명해야 한다.

여기서 말하는 재산 종류란, 현금 및 예금, 부동산 및 부동산에 관한 권리, 그리고 이 외 재산으로 종류별 금액이다. 예를 들어, 상속 개시일 전 1년 이내 예금 인출금액이 1억 원, 부동산 처분금액이 3억 원이라면 예금 인출금액은 사용처 소명대상이 아니지만 부동산 처분금액은 기준금액인 2억 원 이상이기 때문에 사용처를 소명해야만 한다.

상속인이라도 피상속인의 모든 재산을 낱낱이 파악하기 힘들다. 그래서 사용 용도를 재산 종류별로 20% 또는 2억 원 중 적은 금액까지는 입증하지 않아도 추정상속재산으로 포함하지 않는다. 기준금액을 초과해 입증하지 못한다면 미소명금액에서 20%와 2억 원 중 적은 금액까지는 추정상속재산에 포함하지 않는다.

S의 어머니는 시골의 토지를 10억 원에 팔았다. 그 10억 원을 금융계좌에 입금하지 않았다. 토지를 매도한 뒤 1년이 지나지 않아 S의 어머니가 사망하는 바람에 상속의 상황이 발생했다. 이때 추정상속재산은 얼마일까?

단계별로 판단해보자. 1단계, 사용처 소명대상의 금액인지 살펴보면, 1년 이내 부동산의 처분금액인데 2억 원 이상의 금액이다. 따라서 10억 원 전체 금액이 사용처 소명대상의 금액이다. 2단계, 사용처 미소명금액을 계산해야 한다. 매각 10억 원 중 사용처를 소명할 수 없는 금액이 미소명금액이 된다. 마지막 3단계로, 상속추정재산 적용 여부를 판단한다. S가 사용처를 8억 원 이상 소명했다면 미소명금액이 10억 원의 20%인 2억 원 미만이 되기 때문에 전체 금액 10억 원은 추정상속재산에 포함되지 않는다.

하지만 S가 사용처를 입증할 수 있는 금액이 5억 원이라면 미소명금액이 2억 원 이상이 되어 추정상속재산을 계산해야 한다. 이때 추정상속재산은 미소명금액 5억 원에서 입증하지 않아도 되는 금액 10억 원의 20%인 2억 원을 차감한 3억 원이 해당한다.

추정이 아닌 증여재산은 금액 기준이 없다

S의 사례를 보면 오해할 수도 있다. 추정상속재산에 포함되지 않으려면 1년 이내 2억 원까지만, 2년 이내 5억 원까지만 피상속인의 계좌에서 인출한다면 문제가 없지 않을까? 입증하지 않아도 되는 금액이 1년 이내 2억 원, 2년 이내 5억 원이기 때문에 피상속인의 재산을 인출해서 입증하지 않아도 상속세를 줄일 수 있다고 생각할 수 있다. 위험한 생각이다.

추정상속재산은 사용처를 소명할 수 있는 기회를 주는 것이다. 납세자가 생각할 수 있는 방법은 국세청도 생각할 수 있다. 피상속인의 계좌에서 현금이 꾸준히 인출되는 상황에서 상속인의 계좌에 입금이 됐거나 상속인의 재산에 변화가 생겼다면 사전증여재산임을 고려해 조사가 시작된다. 즉, 추정상속재산에 해당하지 않아도 그 재산이 상속인에게 이전된 것이 확인된다면 이는 사전증여재산에 해당한다. 금액의 크기는 상관이 없다.

사전증여재산에 해당하면 우선 증여세가 과세된다. 그리고 증여세를 적법하게 신고 및 납부를 하지 않았기 때문에 무신고 가산세와 납부 지연 가산세가 추가된다. 무신고 가산세는 납부해야 하는 증여세에 20%, 납부 지연 가산세는 1일당 0.022%씩 계산되기 때문에 1년에 약 8%가 된다. 1년 전에 증여받은 금액이라면 가산세만 약 30%가 되는 셈이다. 여기서 끝나지 않고, 10년 이내 피상속인으로부터 받은 사전증여재산에 해당하기 때문에 상속재산에 다시 포함해 상속세를 계산한다. 상속세 역시 증여세와 마찬가지로 누진세율 구조이기 때문에 상속세는 재산이 커질수록 더 늘어날 수밖에 없다.

사전증여재산을 포착하기 위해 국세청은 피상속인이 생전에 보유하고 있던 모든 금융계좌를 조사한다. 그 조사기간을 특정할 수는 없지만 일반적으로는 상속 개시일로부터 과거 10년이다. 상속 개시일로부터 과거 10년 이내에 피상속인으로부터 증여받은 재산은 사전증여재산으로 다시 상속재산에 포함되기 때문에 통상적으로 10년의 기간을 조사한다.

피상속인의 상속 개시일로부터 9년 전에 상속인이 주택을 취득하면서 2억 원을 증여받았다고 가정해보자. 증여 당시 증여세 신고를 전혀 하지 않았고 기간이 많이 흘러 2억 원의 증여금액은 걸리지 않았다고 생각할 수 있다. 하지만 상속이 발생하면서 국세청이 피상속인의 금융계좌를 검토하기 시작하면 9년 전 증여받은 무신고 증여금액 2억 원도 사전증여재산에 포함될 수 있다. 이때는 가산세가 본세인 증여세만큼 발생하기도 한다.

특히 상속 개시일로부터 과거로 소급해 1년 이내, 2년 이내의 금액은 더욱 엄격하게 조사한다. 따라서 상속이 임박한 상황이라고 해서 계좌의 금액을 함부로 인출하는 것은 어리석은 행동이다. 모든 사람을 100% 엄격하게 조사한다고 할 수는 없다. 하지만 10명 중 그 1명이 나라면 확률은 100%이지 않을까?

피상속인의 계좌에 있는 돈은 피상속인을 위해서 써야 한다. 간병인에게 지급하는 돈이라면 지급 기록을 반드시 명시해두고 정리해서 입증할 수 있는 자료로 만들어 놔야 한다. 병원에 장기 입원하고 있다면 피상속인의 재산으로 병원비, 수술비 등 모든 비용을 지불해야만 한다. 피상속인은 재산을 상속인이 사용하는 것이 아니라 피상속인을 위해 사용해야 상속재산을 줄이는 방법이 됨을 알고 있어야 한다.

08

상속 대비는
장기전

몇 년 전, 국내 굴지의 대기업 회장이 타계하면서 전 국민의 관심이 오너 일가의 상속세에 쏠린 적이 있었다. 회장의 유산은 대략 26조 원이어서 상속세만 거의 12조 원에 육박했다. 전 세계적으로 최대 규모의 상속세가 부과되다 보니 해외 언론의 관심도 뜨거웠다. 그만큼 대한민국의 상속세는 세계 다른 나라에 비해 아주 많이 부과되고 있다.

이슈가 된 사례만을 보면서 금액이 현실적이지 않다고 상속세를 나 몰라라 할 수 있는 상황은 아니다. 상속세는 더 이상 부자들만 내는 세금이 아니기 때문이다. 최근 많이 하락했음에도 불구하고 서울 아파트 매매 중위 가격은 약 10억 원에 가깝다고 한다. 아파트 1채만 보유하고 있어도 상속세에서 자유로울 수 없다.

상속세는 상속이 발생한 뒤에 설계할 수 있는 세금이 아니다. 모든 세금은 사전에 준비하고 계획한 뒤에 진행해야 하는데 상속세는 더 특별하다. 흔히 사람들은 상속은 먼 미래의 일이고 아직은 준비하지 않아도 된다고 생각한다. 그래서 상속과 관련된 상담을 받으려는 사람들은 진지하게 상속을 고민하는 단계에서 찾아온다. 하지만 이미 그 단계에서는 늦는다.

상속세 대비는 장기전이다. 최소 20년을 내다보고 준비해야 하는 장기 프로젝트임을 기억하고 있어야 한다.

증여가 좋을까? 상속이 좋을까?

상담을 진행하다 보면 10명 중 8명에게서 나오는 질문이 있다. "증여가 좋을까요? 상속이 좋을까요?"

진짜 뭐가 좋을까? 개인적으로는 '아빠가 좋아? 엄마가 좋아?'와 비슷한 질문이라고 생각한다. 상황에 따라서 다양하고 다르다. 아빠가 잘해줄 때는 아빠가 좋고, 엄마가 잘해줄 때는 엄마가 좋은 것처럼 다양한 상황에 따라 증여가 좋을 수도, 상속이 좋을 수도 있다.

현재 상속세는 유산과세형, 증여세는 취득과세형을 과세 베이스로 하고 있다. 유산과세형인 상속세는 피상속인이 남긴 유산 전체에 세금을 부과하는 방식이고, 취득과세형인 증여세는 증여를 받는 수증자가 취득한 재산에 대해서만 세금을 부과하는 방식이다. 이 부분만 본다면 유산 전체에 대해 세금을 부과하는 상속세가 더 안 좋아 보이기 때문에 증여가 유리한 것처럼 느껴진다. 그런데 상속세에서는 다양하고 폭넓은 공제를 적용해 과세표준을 줄여주고 있지만, 증여세는 공제금액이 제한적이다.

배우자가 없는 T의 재산은 30억 원이다. T 입장에서는 증여와 상속 중 어느 쪽을 선택해야 할까? 정답은 증여와 상속을 적절히 설계해서 진행해야 한다.

증여세와 상속세는 동일한 10~50%의 누진세율구조를 기본으로 하기 때문에 재산가액이 커질수록 더 많은 세금을 납부해야 한다. 30억 원을 전부 자녀에게 증여한다면 증여재산 공제 5,000만 원을 제외한 금액에 대해 증여세를 납부해야 한다. 그렇다고 30억 원을 전부 상속으로만 가져가는 것도 옳은 방법은 아니다.

30억 원이 전부 금융재산이라고 했을 때 상속세에서 적용받을 수 있는 공제금액은 일괄 공제 5억 원과 금융재산 상속 공제 2억 원을 합친 7억 원이다. 30억 원에서 7억 원을 제외한 23억 원에 대해서는 상속세가 발생한다. 상속세로 계산해본다면 약 7억 6,000만 원이다. 이때 적용되는 상속세 최고 세율은 40% 구간이 된다. 23억 원 중 10억 원을 초과하는 금액인 13억 원에 대해서는 40%의 세율이 적용된다. 그렇다면 이 13억 원에 적용되는 세율만 40%보다 낮게 적용된다면 세금을 줄일 수 있다는 결론이 나온다.

상속 개시일 20년 전에 6억 5,000만 원, 10년 전에 6억 5,000만 원을 증여하면 각각 증여재산에 적용되는 최고 세율은 30%로 낮아진다. 여기에 추가로 10%, 20% 세율은 증여 2번, 상속 1번 등 총 3번을 적용받을 수 있으므로 세금은 더 낮아진다.

첫 번째 6억 5,000만 원을 증여하면 증여세는 1억 2,000만 원, 두 번째 6억 5,000만 원을 증여할 때도 증여세는 1억 2,000만 원이 나온다. 그리고 남은 17억 원의 재산을 상속받으면 상속 공제금액 7억 원을 제외한 10억 원에 대해 2억 4,000만 원의 상속세가 부과된다. 3번의 세금을 전부 합쳐도 4억 8,000만 원이다. 약 2억 8,000만 원의 차이가 발생한다.

상속을 위한 증여는 반드시 10년에 걸쳐서 한다

'상속 설계를 장기간에 걸쳐 진행해야 한다'의 속뜻은 바로 사전증여재산 때문이다.

상속세를 줄이기 위해 상속이 임박한 시점에 미리 증여한다면 상속 개시일에는 상속재산이 없어 상속세를 내지 않을 수 있다. 이를 예방하기 위해 상속세는 상속인들에게 사전에 증여한 재산은 다시 상속재산에 포함해 누진세율을 적용한 세금을 부과하고, 증여를 받을 때 납부했던 증여세를 차감해주는 구조를 두고 있다. 단, 이 사전증여재산이 기한의 제한도 없이 전부 상속재산에 포함되지는 않는다. 상속 개시일을 기준으로 과거 10년 이내에 증여한 재산만을 합산한다. 따라서 증여를 한 시점부터 10년이 지난 뒤에 상속이 발생한다면 이 사전증여재산금액은 상속재산에 포함되지 않는 증여재산이 된다. 세율을 낮추기 위한 목적의 증여이기 때문에 반드시 상속 개시일로부터 10년 전에 증여가 발생해야 상속재산에 합산되지 않는다.

증여대상이 현금이 아닌 부동산이라면, 상속 개시일로부터 10년 이내 증여를 했어도 증여의 효과는 발생한다. 과거 추이를 보면, 일반적으로 부동산의 가치는 시간에 비례해 상승한다. 즉, 오늘 10억 원의 부동산이 5년 뒤에는 15억 원이 될 수 있다.

여기서 오늘 증여할 때와 5년 뒤 상속할 때 부동산의 가격을 보면 답이 보인다. 오늘 증여를 한다면 10억 원에 해당하는 세금을 납부해야 한다. 하지만 동일한 부동산이라고 해도 5년 뒤 상속으로 받으면 15억 원에 해당하는 세금을 납부해야 한다. 똑같은 부동산이지만 상속으로 받으면 5억 원의 재산이 늘어난 것과 같아지는 셈이다.

사전증여재산은 상속재산에 다시 합산되기 때문에 증여를 미리 한다고 끝이 아니다. 10억 원에 부동산을 증여받았다고 해도 10여

이내에 상속이 발생하면 증여받은 부동산은 다시 상속재산에 포함해야만 한다. 이때 포함되는 사전증여재산의 금액은 현재 가치가 15억 원이라고 해도 증여받을 당시의 가치인 10억 원으로 합산된다. 따라서 5억 원만큼의 가치 상승분은 증여를 받은 수증자가 세금 한 푼 없이 취할 수 있는 이득이 된다.

매달 월세를 받을 수 있는 수익형 부동산이라면, 증여를 받은 수증자의 월세소득은 추가로 늘릴 수 있고, 증여자의 월세소득은 줄일 수 있다. 또, 부동산을 증여한 만큼 재산도 줄어든다. 종합적으로 증여자와 수증자 모두 재산 측면과 세금 측면에서 유리해진다.

재산이 많다거나 10년 이내 증여재산의 합산을 원하지 않는다면 상속인이 아닌 상속인 외의 사람에게 증여하는 방법이 있다. 일반적이고 보편적인 상황에서 상속인은 직계비속인 자녀가 된다. 자녀가 상속인에 해당하기 때문에 10년 이내 증여받은 재산은 사전증여재산으로 다시 상속재산에 합산된다. 하지만 상속인이 아닌 사람에게 증여한 재산은 10년의 기간이 아닌 5년의 기간만을 적용한다.

따라서 증여의 대상을 자녀로 한정 짓지 말아야 한다. 자녀가 아닌 자녀세대를 대상으로 증여하면 증여재산 분산을 통해 증여세도 줄일 수 있으면서 사전증여재산의 합산기간이 5년으로 줄어 상속재산에도 유리한 영향을 줄 수 있다. 결국 사위, 며느리를 포함해서 증여해야 한다는 말이다.

손자녀에게 증여할 수도 있다. 손자녀 역시 1순위 상속인은 아니므로 사전증여재산의 합산기간은 5년이 적용된다. 그런데 세대를 건너뛴 증여라서 30~40%의 할증이 추가되는 문제점이 발생한다. 또한, 보통 손자녀는 금액이 큰 세금을 납부할 여력이 없어 2차 증여의 문제점까지 발생할 수 있다. 그래서 손자녀에게 증여할 때는 일정 금액 이상은 증여하지 않는 게 좋다.

상속 설계는 장기적인 관점에서 시작하는 증여 설계라고 생각해야 한다. 증여대상이 되는 물건부터 시점까지, 언제 누구에게 어떤 물건을 증여할지 고민하고 계획해서 실행할 수 있어야 궁극적으로 상속 설계가 완성된다.

09

상속세 납부에도
요령이 있다

가슴 아픈 일이지만 누구에게나 죽음은 피할 수 없이 정해져 있다. 나이가 들면 죽음에 가까워지고 있다는 사실을 알면서도 막상 현실로 다가오면 감당하기 힘들어진다. 가족 중 누군가가 죽는다면 우리는 그 슬픔을 이겨내기 위해 노력해야 한다. 그런데 안타깝게도 상속세는 그 기간을 오래 기다려주지 않는다.

상속에서는 사망한 사람을 피상속인이라고 부른다. 피상속인이 사망한 날을 상속세에서는 상속 개시일이라고 한다. 상속이 시작되는 날이다. 그리고 상속세는 이날로부터 6개월이 되는 달의 마지막 날까지 신고와 납부를 해야 한다. 6개월이라고는 하지만 가족의 사망이라는 큰 사건을 기준으로 본다면 어쩌면 긴 기간이라고 볼 수도 없다. 따라서 상속은 미리 대비하고 준비해야 올바른 의사결정을 할 수 있다.

그중에서도 상속세 납부는 중요하다. 증여세는 수증자가 받는 재산에 대해서만 세금을 납부하면 된다. 즉, 받는 재산의 크기가 작다면 세금도 적다. 하지만 상속세는 피상속인의 재산 전체에 대해서 부과된다. 배우자를 제외한 나머지 상속인들이 상속재산을 어떻게 배분하는지와 관계없이 상속세는 달라지지 않는다. 따라서 피상속인의 보유재산이 크면 클수록 납부해야 하는 상속세는 당연히 커진다. 상속재산을 물려받는다고 해도 상속세를 납부하고 나면 재산이 얼마 남지 않을 수도 있다.

상속세는 상속재산 전체에 대해 부과되고, 상속인들은 받은 재산의 비율대로 나눠서 납부한다. 일반적으로는 그렇다. 공평하게 내가 받은 재산의 비율에 맞춰 세금을 납부하는 것이다.

그런데 상속인들 중 어느 한 명이 다른 사람의 세금을 납부해줘도 상관이 없다. 이를 연대납세의무라고 한다. '공동의 상속인들은 상속세에 대해 똑같이 납세의 의무가 있다'라는 뜻이기 때문에 어느 상속인이 상속세를 더 많이 낸다고 해도 문제가 되지는 않는다. 단, 내가 받은 상속재산의 범위 내에서 상속세를 납부해야 한다. 자신이 받은 상속재산을 초과해서 다른 상속인의 상속세를 대신 납부해주면 그 초과한 금액에 대해서는 증여세가 과세된다.

여기서 1가지 고민해봐야 하는 부분이 있다. 피상속인의 배우자가 살아 있다면 2차 상속까지 고려해야 한다는 점이다. 피상속인의 배우자와 다른 상속인들이 상속재산을 동등하게 나눠 갖고 상속세를 동등한 비율로 납부했어도 이후 피상속인의 배우자가 사망할 때 발생하는 2차 상속에 대해서 또 상속세를 부담해야 할 수 있다.

상속세 납부는 연대납부를 활용하자

U의 아버지는 30억 원의 현금을 보유하고 있는 상태에서 사망했다. 상속인으로는 U의 어머니, U, U의 동생 2명으로 총 4명이다. 현금 30억 원을 똑같이 25%씩 동등하게 배분한다고 하면 U의 어머니를 포함해 각자 7억 5,000만 원씩을 배분받게 된다. 그리고 납부해야 하는 상속세는 약 5억 2,000만 원이다. 이 상속세를 똑같이 4분의 1씩 분배한다면 각자 납부해야 하는 상속세는 1억 3,000만 원씩이다. 즉, 7억 5,000만 원을 받았지만 상속재산으로 남는 금액은 6억 2,000만 원으로 줄어든다.

시간이 지난 뒤 U의 어머니가 사망했다고 가정해보자. 보유재산은 상속세를 납부하고 난 6억 2,000만 원으로 동일하다고 했을 때, 일괄 공제 5억 원을 제외한 나머지 금액에 대해서는 상속세가 부과된다. 이때 상속세는 약 1,400만 원이 나온다.

상황을 바꿔서 상속재산은 똑같이 25%씩 분배했지만 상속세는 U의 어머니가 전부 납부했다고 해보자. U의 어머니가 받은 상속재산은 7억 5,000만 원이기 때문에 전체 상속세인 5억 2,000만 원을 혼자 납부해도 증여세는 발생하지 않는다. 상속세를 납부하고 나면 U의 어머니는 상속으로 받은 재산이 2억 3,000만 원으로 줄어든다. 반대로 상속인인 자녀 3명은 모두 7억 5,000만 원씩을 세금을 내지 않고 보유할 수 있게 된다. 시간이 흘러 U의 어머니가 사망하면 보유하고 있는 상속재산 2억 3,000만 원은 일괄 공제 5억 원을 통해 전액 공제를 적용받을 수 있다.

세금만 놓고 고민한다면, 상속세를 2번 내지 않는 것이 납세자 입장에서는 유리하다. 자녀들에게 재산을 물려주고 싶은 부모라면 재산을 온전하게 넘겨주는 방법이 될 수도 있다. 따라서 상속세는 2차 상속까지를 대비해 피상속인의 배우자가 전액 납부하는 것이 세부담 측면에서 효과적이다.

상속재산에 부동산과 현금성 자산이 섞여 있다면 현금화하기 쉬운 현금성 자산을 피상속인의 배우자에게 배분하고 부동산 등 향후 가치 상승이 예상되는 자산은 자녀에게 배분해야 효과적인 상속재산 분배를 완성할 수 있다.

상속세 납부 설계가 필요하다

|||||||||||||||||||||||||||||||||||||||||||||||||||||

피상속인의 재산 전체에 대해 상속세가 부과되다 보니 한 번에 큰 금액이 필요하다. 피상속인의 재산이 전부 부동산이라면 상속세를 납부하기 위해 부동산을 매각해야 하는 상황도 벌어질 수 있다. 하지만 상속세를 납부하기 위해 물려받은 부동산을 매각하고자 하는 상속인은 거의 없다.

상속세 납부금액이 부담된다면 연부연납을 활용한다. 연부연납이란, 1년에 한 번씩 상속세를 나눠서 납부하는 것을 말한다. 최초 상속세를 신고하면서 납부하는 금액 외에 총 10번에 걸쳐 나눠 납부할 수 있다. 최초 납부금액까지 포함하면 총 11회다. 10년간 납부할 수 있다.

연부연납은 납부할 상속세액이 2,000만 원을 초과해야 신청이 가능하고 1회 납부금액은 1,000만 원 이상이어야만 한다. 금액이 크다 보니 조건이 따라붙는다. 납세자가 납부하지 못하는 상황을 대비해 국세청은 담보를 제공받는다. 그리고 추가로 연이자가 가산된다. 현재 연이자율은 2.9%인데 시중 금리와 비교해봐도 저금리의 이자율에 해당한다. 예를 들어, 연부연납을 신청해서 상속세를 나눠 내고, 그 자금으로 연이자율보다 좀 더 높은 곳에 투자한다면 이익을 얻을 수 있다. 즉, 레버리지효과가 발생할 수 있다는 말이다.

반드시 세금을 일시에 다 납부할 필요는 없다. 자금을 운용하고 활용할 수 있는 능력이 있다면 장기간에 걸쳐 상속세를 납부하고 그 자금으로 투자 수익을 얻는 것이 훨씬 유리할 수 있다.

　대한민국 사람들의 보유재산 중 70%는 부동산이라고 한다. 상속이 발생했을 때 상속세를 납부할 수 있는 현금 재원이 부족하다는 말과 같다. 상속받은 부동산을 매각해 받은 자금으로 상속세를 납부할 수도 있지만 상속세를 내려고 물려받은 부동산을 팔려는 사람은 드물다. 따라서 상속세 납부 재원을 미리 마련해 놓아야 한다.

　상속세를 내게 될 경우 갑작스럽게 목돈이 필요할 수 있기 때문에 사망보험금을 갖고 상속세 납부 재원을 마련하는 방법도 있다. 사망으로 인해 발생하는 보험금이 생기기 때문에 상속세를 납부할 수 있는 자금 마련의 방안이 된다. 그런데 피상속인이 직접 보험료를 불입한 보험에서 피상속인의 사망으로 수령하는 보험금이 자녀들에게 간다면 이 사망보험금은 상속재산에 포함되므로 상속세가 추가로 발생할 수 있다. 보험금도 상속재산에 포함되기 때문이다. 따라서 사망보험금으로 상속세 납부 재원을 마련하려면 보험료 불입인은 반드시 상속인이 되어야 한다.

　상속인이 계약자이면서 직접 보험료 전액을 불입하고 보험대상이 되는 피보험자는 피상속인으로 한다. 그리고 상속인이 수익자가 된다면 피상속인의 사망으로 사망보험금을 수령해도 이 보험금의 주인은 보험료를 불입한 상속인이 되기 때문에 상속세 부과대상이 아니다. 또, 사망보험금이 순수하게 상속세 납부 재원 마련이라고 한다면 해지환급금을 최대한 낮춰 납입보험료를 적게 만들 수도 있다. 상속세 납부 재원이라면 중간에 해지할 필요가 없기 때문에 적은 금액의 보험료로 큰 효과를 볼 수 있다.

부는 어떻게 완성되는가
부동산 세금 편

2023년 11월 15일 초판 1쇄 인쇄
2023년 11월 22일 초판 1쇄 발행

지은이 | 고경남
펴낸이 | 이종춘
펴낸곳 | (주)첨단

주소 | 서울시 마포구 양화로 127 (서교동) 첨단빌딩 3층
전화 | 02-338-9151
팩스 | 02-338-9155
인터넷 홈페이지 | www.goldenowl.co.kr
출판등록 | 2000년 2월 15일 제2000-000035호

본부장 | 홍종훈
편집 | 전용준, 한슬기
전략마케팅 | 구본철, 차정욱, 오영일, 나진호, 강호묵
제작 | 김유석
경영지원 | 이금선, 최미숙

ISBN 978-89-6030-624-0   13320

- **BM** 황금부엉이는 (주)첨단의 단행본 출판 브랜드입니다.

- 값은 뒤표지에 있습니다. 잘못된 책은 구입하신 서점에서 바꾸어 드립니다.
- 이 책에 나오는 법령, 세법, 행정 절차, 예측, 경제 상황 등은 집필 당시의 기준이며 오류가 있을 수 있습니다. 저자와 출판사는 책의 내용에 대한 민·형사상 책임을 지지 않습니다.
- 이 책은 신저작권법에 의거해 한국 내에서 보호를 받는 저작물이므로 무단 전재 및 복제를 금합니다.

황금부엉이에서 출간하고 싶은 원고가 있으신가요? 생각해보신 책의 제목(가제), 내용에 대한 소개, 간단한 자기소개, 연락처를 book@goldenowl.co.kr 메일로 보내주세요. 집필하신 원고가 있다면 원고의 일부 또는 전체를 함께 보내주시면 더욱 좋습니다. 책의 집필이 아닌 기획안을 제안해주셔도 좋습니다. 보내주신 분이 저 자신이라는 마음으로 정성을 다해 검토하겠습니다.